Christian Immler

Der App-Entwickler-Crashkurs

Christian Immler

Der App-Entwickler-Crashkurs

für Android, iOS und Windows Phone

Mit 309 Abbildungen

Bibliografische Information der Deutschen Bibliothek

Die Deutsche Bibliothek verzeichnet diese Publikation in der Deutschen Nationalbibliografie; detaillierte Daten sind im Internet über http://dnb.ddb.de abrufbar.

© 2012 Franzis Verlag GmbH, 85540 Haar bei München

Lektorat: Ulrich Dorn, Anton Schmid
Satz: DTP-Satz A. Kugge, München
art & design: www.ideehoch2.de
Druck: Bercker, 47623 Kevelaer
Printed in Germany

ISBN 978-3-645-60161-0

Inhaltsverzeichnis

1 App-Plattformen – die Großen Drei

Programmierer wie auch Webdesigner werden von Auftraggebern immer häufiger mit der Anforderung konfrontiert:

Wir brauchen eine App!

Häufig hört es an dieser Stelle mit weiteren Informationen auch schon wieder auf. Das Wissen rund um das neue Thema »Apps« reicht oft nicht viel weiter, als dass irgendwelche Inhalte, welcher Art auch immer, auf Handys dargestellt werden sollen.

Bild 1.1: Moderne Smartphones leben von der Vielfalt verfügbarer Apps zu nahezu jedem Themenbereich.

Dabei sind Apps eigentlich nichts Neues. Bereits 1996 stellte US Robotics den ersten »Pilot« vor, einen Organizer, noch ohne Internetzugang, mit Schwarz-Weiß-Display und dem Betriebssystem Palm OS. Nur ein Jahr später gelang mit dem WAP-Standard der erste große Schritt ins mobile Internet. Textbasierte Webseiten und Schwarz-Weiß-Grafiken konnten auf Handys dargestellt werden, auch einfache Skripte waren möglich, die Vorgänger der modernen Web-Apps. Das heutige Konzept der Appstores lag noch in ferner Zukunft und wäre mit den damaligen Geschwindigkeiten und Preisen im GSM-Netz auch gar nicht möglich gewesen.

Dieses Buch richtet sich an alle, die sich für die Möglichkeiten der neuen Smartphone-Plattformen interessieren und vor der Entscheidung stehen, eigene Inhalte in Form von Apps präsentieren zu wollen. Dabei setzen wir keine Kenntnisse in Sachen Programmierung voraus. Vielmehr geht es darum, einen Überblick zu geben und die notwendigen Kenntnisse zu vermitteln, um Entscheidungen vor oder während der Entwicklung von

Apps treffen zu können – egal ob man selbst entwickelt oder nur Ideengeber ist. Dazu liefert das Buch ausführliche Informationen über die wichtigsten Typen von Apps sowie darüber, womit sie sich programmieren lassen, welche Voraussetzungen nötig sind etc. – und gleich hier im ersten Kapitel erhalten Sie einen Überblick über die drei wichtigsten Smartphone-Plattformen.

▣ Lesezeichen

Zu vielen Themen gibt es weitere interessante Informationen im Internet, die wir Ihnen in Form dieser Lesezeichen im Buch präsentieren, z. B.:

http://www.softwarehandbuch.de

Ist eine Webseite dazu bestimmt, mit dem Smartphone besucht zu werden und nicht mit dem PC, ist das Lesezeichen mit einem Handysymbol gekennzeichnet. Bei diesen Adressen sind im Buch QR-Codes abgedruckt, die Sie mit einem QR-Code-Reader auf dem Smartphone einlesen können. Damit ersparen Sie sich das mühsame Abtippen auf den Bildschirmtastaturen.

1.1   Kultspielzeuge für jedermann

Die Vorstellung des ersten Apple iPhone im Januar 2007 war auch gleichzeitig die Geburtsstunde einer völlig neuen Smartphone-Generation. Steve Jobs entwickelte das iPhone mit dem Ziel, die bisherige Welt der Mobiltelefone komplett auf den Kopf zu stellen (*Apple Reinvents the Phone*) – und das gelang auf Anhieb. Auf einmal – und das gilt bis heute – waren Smartphones keine Geräte für Technikfreaks und Geschäftsleute mehr, sondern wurden zu kultigen Spielzeugen für jedermann, vor allem für eine deutlich jüngere Zielgruppe, die damit ihren Onlinealltag organisiert.

Einer Studie des Branchenverbands BITKOM zufolge waren 43 % aller im Jahr 2011 in Deutschland verkauften Handys Smartphones. BITKOM gibt dabei aber leider nicht an, welche Plattformen zu den Smartphones gezählt worden sind.

Mit dem iPhone wurde gleichzeitig der Begriff »App« geboren. Die Benutzeroberfläche der Apps wurde speziell zum Antippen und Wischen mit dem Finger konzipiert. Apps sollten nicht mehr nur ein Abklatsch eines Windows-Programms mit winzigen verschachtelten Pull-down-Menüs sein, sondern sich mit dem neuen, innovativen Bedienkonzept deutlich davon abgrenzen.

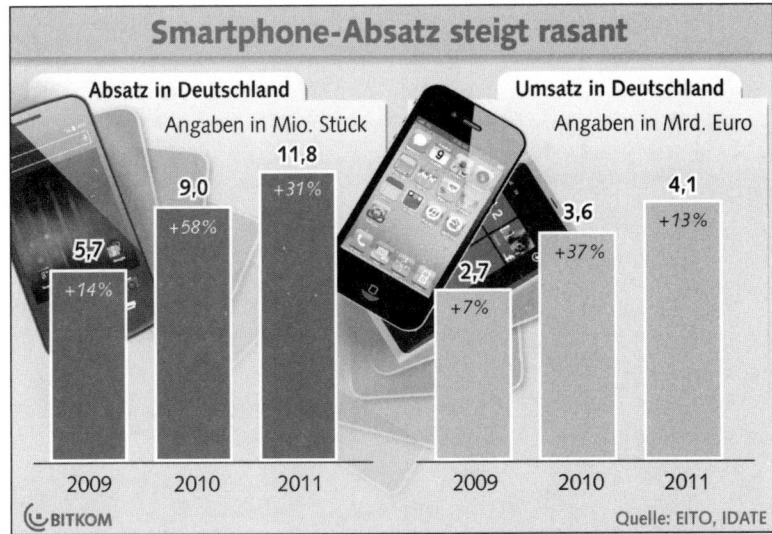

Bild 1.2: Ansteigender Smartphone-Absatz in Deutschland. (Quelle: *www.bitkom.org*)

Viele der Bedienkonzepte des iPhone wurden von anderen Smartphone-Plattformen wie Android übernommen. Findige Entwickler bauten auch für Windows Mobile und ältere Symbian-Versionen eigene Oberflächen, die die neuartige Fingerbedienung auf diesen Geräten möglich machten, was allerdings mit deutlichen technischen Einschränkungen verbunden war.

Das iPhone nutzte als erstes Smartphone einen kapazitiven Touchscreen, der auf das kapazitive Feld der Hand reagiert, wodurch sanftes Antippen und Wischbewegungen mit den Fingern möglich werden. Frühere resistive Touchscreens waren druckempfindlich, ließen sich aber nicht per Fingertipp, sondern nur mit einem Stift zielgenau bedienen. Daher lassen sich neue Bedienkonzepte nur mit Einschränkungen auf älteren Geräten umsetzen.

1.2 Android: der Herausforderer

Android, das federführend von Google entwickelt wird, ist auf dem besten Weg, die führende Softwareplattform für mobile Geräte, Smartphones wie auch Tablets, zu werden. Android ist Anfang des Jahres 2009 mit großen Erwartungen gestartet und hat diese inzwischen längst übertroffen.

Nach einer Studie des Marktforschungsunternehmens Nielsen vom Dezember 2011 hält das noch vergleichsweise junge Android mit einem Marktanteil von 30 % inzwischen die Spitze unter den Smartphone-Betriebssystemen in Deutschland, dicht gefolgt von Symbian mit 29 %, das seit vielen Jahren auf dem Markt ist. Der Marktanteil von Android wird in den nächsten Jahren voraussichtlich weiter zunehmen, da Nutzer anderer Plattformen vermehrt umsteigen.

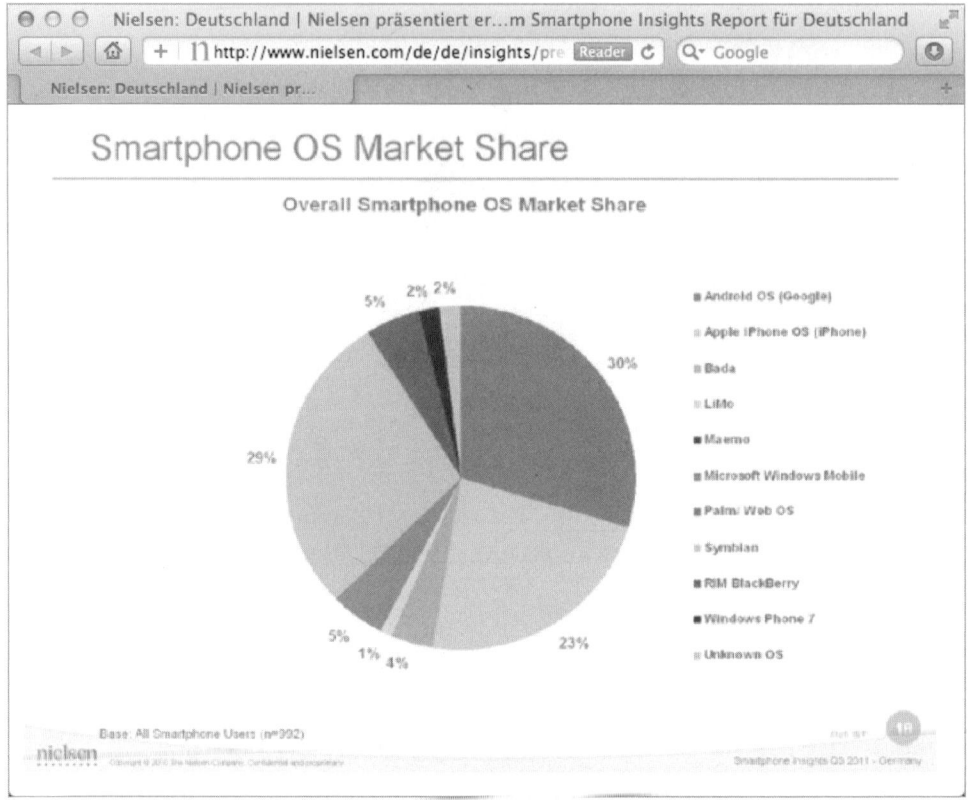

Bild 1.3: Marktverteilung der Smartphone-Betriebssysteme in Deutschland. (Quelle: Nielsen)

1.2.1   Die wichtigsten Android-Geräte

Seit dem ersten Android-Handy mit dem schlichten Namen G1 werden jede Woche neue Smartphones mit Android-Betriebssystem angekündigt. Bekannte Handyhersteller wie HTC, Sony Ericsson, Samsung, Motorola, Asus, LG, ZTE und Huawei setzen auf Android als Plattform. Unter den großen Handymarken folgen nur Nokia, Apple und BlackBerry diesem Trend nicht und arbeiten weiterhin mit eigenen Betriebssystemen. Alle paar Tage taucht ein Gerücht, eine Ankündigung oder ein neues Smartphone in den Nachrichten auf. Fast alle nutzen sie Android. Nur selten gesellt sich ein neues Symbian-Handy, ein Windows Phone oder ein BlackBerry dazu.

Google selbst stellt zwar keine Handys her, veröffentlichte aber zusammen mit den Hardwarepartnern HTC und Samsung zu den wichtigen Android-Versionen ein Referenzhandy unter der Eigenmarke Nexus. Diese Handys sind bei Entwicklern sehr beliebt, da sie pures Android ohne irgendwelche herstellerseitigen Anpassungen verwenden. Die Geräte wurden bisher immer über die Webseite *www.google.de/nexus* sowie über Vertriebspartner in den einzelnen Ländern, in Deutschland unter anderem über Vodafone, verkauft.

Google Nexus One

Das erste Google-Handy, das Google Nexus One, von HTC gebaut, erschien Anfang des Jahres 2010 mit der Android-Version 2.1. Es war das erste Gerät, das betriebssystemseitig Multitouch unterstützte. Nachdem der freie Verkauf nach einem halben Jahr eingestellt wurde, war das Nexus One noch lange Zeit für Entwickler als Android Dev Phone 3 erhältlich. Google lieferte bis zur Android-Version 2.3.6 Gingerbread regelmäßig Updates für dieses Handy.

Bild 1.4: Links das erste Google-Handy Google Nexus One mit Android 2.1, rechts das fast baugleiche HTC Desire.

HTC lieferte unter eigener Marke ein fast baugleiches Smartphone mit dem Namen HTC Desire, das deutlich länger als das Nexus One auf dem Markt war. Anders als beim Nexus One sind beim HTC Desire die HTC-eigene Sense-Oberfläche sowie einige weitere Anpassungen im ROM vorinstalliert. Statt der Sensortasten des Google Nexus One verwendet das HTC Desire echte Tasten, anstelle des Trackballs aus dem Google Nexus One verwendet das HTC Desire ein optisches Sensorfeld zur Cursorsteuerung.

Google Nexus S

Das zweite Google-Handy, das Google Nexus S, wurde im Gegensatz zu seinem Vorgänger nicht bei HTC, sondern bei Samsung gebaut. Es wurde im Dezember 2010 als das erste Handy mit Android 2.3 Gingerbread vorgestellt. Erstmals in einem Android-Handy war ein NFC-Chip integriert. Diese als »Near-field communication« bezeichnete Kurzstreckenfunktechnik ermöglicht die Übertragung von Daten z. B. aus Werbeplakaten oder Preisschildern in Supermärkten. Auch der Verkauf von Fahrkarten und ein Bezahlen an Supermarktkassen werden damit möglich. Android 2.3 unterstützt NFC auf Betriebssystemebene.

Bild 1.5: Links das zweite Google-Handy Google Nexus S mit Android 2.3, rechts das technisch sehr ähnliche Samsung Galaxy S i9000.

Die Hardware ähnelt deutlich dem Samsung Galaxy S i9000, allerdings wurde für das Nexus S eine neue Gehäuseform entwickelt. Das Google Nexus S verwendet reines Android 2.3, wogegen das Samsung Galaxy S ursprünglich mit Android 2.1 und Samsungs eigener Touchwiz-Oberfläche ausgeliefert wurde. Später wurde es auf Android 2.2 und 2.3 aktualisiert, die angepasste Oberfläche blieb aber.

Google Galaxy Nexus

Zeitgleich mit der neuen Android-Version 4.0 Ice Cream Sandwich stellt Google das dritte eigene Handy, das Galaxy Nexus, vor, das ebenfalls bei Samsung gebaut wird. Die eigens dafür entwickelte Hardware unterstützt alle Funktionen von Android Ice Cream Sandwich, unter anderem die Datenübertragung per NFC, die Anmeldung über Gesichtserkennung, Panoramafotos oder WiFi Direct.

Bild 1.6: Das dritte Google-Handy, Google Galaxy Nexus, gebaut von Samsung.

Das Google Galaxy Nexus setzt mit einer Bildschirmauflösung von 720 x 1200 einen neuen Maßstab für Bildschirme, dem sicher bald andere High-End-Smartphones folgen werden. Bisher bietet Samsung noch kein vergleichbares Gerät als Eigenmarke an.

Typische Android-Handys

Der typische Smartphone-Nutzer, der sich neben dem Telefonieren Informationen aus dem Internet holt, Apps nutzt, E-Mails schreibt und ab und an ein Spielchen spielt, möchte dennoch kein überdimensionales Handy mit sich herumtragen. Für diese Zielgruppe hat fast jeder Hersteller mittlerweile mehrere Android-Handys im Programm. Diese Geräte haben Bildschirme mit Diagonalen im Bereich von 9 cm (3,5 bis 3,7 Zoll) und typischerweise eine Auflösung von 320 x 480 oder auch 480 x 800 Pixeln.

Bild 1.7: Zwei weitverbreitete Android-Smartphones – links das Samsung Galaxy Ace, rechts das HTC Desire S.

High-End-Smartphones

Der echte Poweruser, der viel im Internet surft und Multimedia-Anwendungen nutzt, braucht einen leistungsfähigen Prozessor und einen großen Bildschirm für Fotos und Videos, der ebenfalls bei der Orientierung auf Landkarten hilfreich ist. In dieser Kategorie sind diverse Handys mit Bildschirmen, die Diagonalen im Bereich von 11 cm (4,3 bis 4,7 Zoll) aufweisen, sowie typischen Auflösungen von 480 x 800 Pixeln und höher auf dem Markt. Hier sind häufig Speicher von 16 oder 32 GByte fest eingebaut, sodass Speicherkarten kaum noch nötig sind.

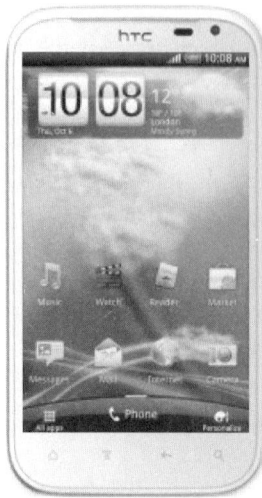

Bild 1.8: Zwei Android-Smartphones der Oberklasse – links das HTC Sensation XL, rechts das Samsung Galaxy S II.

Sonderformen

Neben den typischen Smartphones mit großflächigen Touchscreens sind im Laufe der Zeit auch einige Sonderformen von Android-Handys entstanden. So gibt es viele Nutzer, die auf eine echte Tastatur schwören. Hier gibt es deutliche Qualitätsunterschiede. Beispielsweise werden Tastaturen mit drei, vier oder auch fünf Tastenreihen angeboten. Sieht man sich eine PC-Tastatur an, hat diese einschließlich der Funktionstasten, die Android nicht braucht, sechs Tastenreihen. Eine Tastatur mit nur drei Reihen ist schon fast unbrauchbar. Die Ziffern müssen auf vielen Tastaturen per Doppelfunktion eingegeben werden, was aber nicht weiter stört, da Ziffern in E-Mails und Blogeinträgen nicht so häufig vorkommen und man zum Telefonieren im geschlossenen Zustand eine großflächige Bildschirmtastatur zur Verfügung hat.

Bild 1.9: Zwei Android-Smartphones mit Tastatur – links das HTC Desire Z, rechts das Samsung Galaxy Y Pro.

Das HTC ChaCha sowie die Samsung-Geräte der Pro-Serie haben fest eingebaute Tastaturen unterhalb des Bildschirms – vergleichbar mit den Tastaturen der BlackBerrys –, die nicht erst herausgeschoben werden müssen. Outdoor-Handys waren teure Spezialgeräte für Bauleiter oder Industriemonteure. Heute fragen immer mehr Camper, Radfahrer und Outdoor-Freizeitsportler nach Smartphones, die gegen Wetter und leichte Stöße geschützt sind. Bei den Outdoor-Handys wird besonders auf Robustheit in Bezug auf mechanische Beanspruchungen geachtet. Durch spezielle Ummantelungen und Abdichtungen aus Gummi sind sie nicht nur ausgesprochen schlagfest, sondern auch dicht gegen Staub und Wasser, was die typischen Smartphones nicht bieten.

Bild 1.10: Zwei Android-Outdoor-Handys – links das Sony Ericsson Xperia active, rechts das Samsung Galaxy xcover.

Spielefreaks haben lange darauf gewartet: Das Sony Ericsson Xperia Play bietet eine Kombination aus Playstation und Handy. Die neue Spielkonsole mit eingebautem Smartphone verfügt auch über die typischen Konsolenspieltasten. Diese werden, wie bei anderen Smartphones die Tastatur, seitlich unter dem Touchscreen heraus geschoben. Diese Bedienelemente werden nur von speziell dafür programmierten Spielen unterstützt, nicht standardmäßig über das Betriebssystem und von jeder App.

Bild 1.11: Handyspielkonsole mit Android: SonyEricsson Xperia Play.

Veraltete Geräte

In der schnelllebigen Handywelt gibt es auch bei einer relativ jungen Plattform wie Android schon Geräte, die als veraltet zu bezeichnen sind und die man mit eigenen Apps auch nicht mehr zu unterstützen braucht. Dazu gehören unter anderem die Geräte HTC Magic, Hero und Tattoo, Samsung Galaxy Spica und Leo, das über Medion verkaufte Samsung Galaxy 5, T-Mobile Pulse, Vodafone 845 und Orange Boston. Mit diesen Handys, die immer noch in einigen Läden zu finden sind, tun sich weder Benutzer noch Entwickler einen Gefallen. Wer heute eine App entwickelt, muss nicht mehr unbedingt darauf achten, diese alten Geräte mit ihren kleinen Bildschirmauflösungen zu unterstützen.

1.2.2   Das unterscheidet die Android-Versionen

Im Laufe seiner noch jungen Geschichte wurde Android ständig weiterentwickelt. Es sind und waren verschiedene Versionen auf dem Markt. Nutzer wie auch Entwickler sollten diese Versionen und deren wichtigste Neuerungen kennen, da bei Weitem nicht jede App auf jeder Android-Version läuft. Besonders Android-Kritiker sprechen hier gern von einer Fragmentierung des Markts. Die ist aber in der Praxis gar nicht so dramatisch, wie es die Medien gern hinstellen. Betrachtet man die aktuellen Zahlen (siehe weiter unten), erkennt man leicht, dass ältere Android-Versionen sehr schnell an Bedeutung verlieren.

Android-Version herausfinden

Da Apps teilweise eine bestimmte Version voraussetzen, ist es wichtig, zu wissen, welche Version auf dem eigenen Handy installiert ist. Tippen Sie in der Liste der Apps auf *Einstellungen* und suchen Sie dort einen Punkt *Telefoninfo*, *Geräteinfo* oder ähnlich. Unter *Software-Informationen* steht die installierte Android-Version.

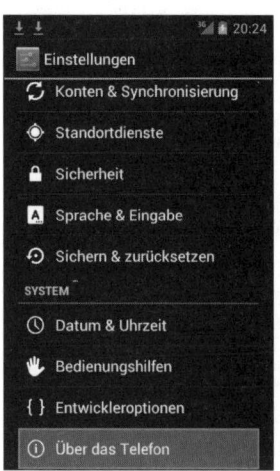 

Bild 1.12: Android-Version auf einem Smartphone anzeigen.

Alle Android-Versionen sind nach amerikanischen Namen von Süßigkeiten benannt, und zwar in alphabetischer Folge. Zu jeder Version hat Google ein eigenes Logo veröffentlicht. Erst bei Version 1.5 und dem Buchstaben C beginnen die Versionen, die öffentlich auf tatsächlichen Geräten verfügbar waren.

Android 1.5 Cupcake

Die erste Version, die öffentlich verfügbar und auch auf Geräten vorinstalliert war, lief unter der Nummer 1.5. Das T-Mobile G1 und das HTC Magic (in Deutschland bei Vodafone) waren die ersten Android-Handys auf dem Markt und auf ihnen war diese Version vorinstalliert.

Android 1.6 Donut

Diese Android-Version bringt eine verbesserte Suche, die in mehreren Quellen neben der Google-Suche im Internet sucht. So sind unter anderem auch der Browserverlauf und das Adressbuch durchsuchbar. Das System ist lernfähig und bringt so häufig gewählte Suchergebnisse weiter nach oben. Die Kamera arbeitet deutlich schneller, und die Oberfläche zu ihrer Bedienung wurde verbessert. Benutzer können jetzt sehr einfach zwischen Foto- und Videoaufnahme hin- und herschalten. Die neue Batterieanzeige liefert ausführliche Informationen darüber, welche Komponenten viel Strom verbrauchen. Weiterhin werden erstmals verschiedene Bildschirmauflösungen, VPN-Netzwerkverbindungen und die Text-to-speech-Engine unterstützt.

Microsoft bezeichnet das im Februar ausgelieferte Update seines mobilen Betriebssystems Windows Phone 7 als »NoDO«. Dies ist die Abkürzung für »No Donut« und eine Anspielung auf diese Android-Version.

Android 2.0 Eclair

Seit dieser Version können mehrere Konten zur Datensynchronisation auf einem Handy eingerichtet werden. Dabei kann es sich um Google- oder Exchange-Konten handeln. Die Exchange-Unterstützung wird jedoch von einigen Geräteherstellern wegen hoher Lizenzkosten an Microsoft abgeschaltet. Über die neue Quick-Contact-Funktion kann man beim Antippen eines Kontaktfotos direkt E-Mails oder SMS verschicken, die Adresse in Google Maps anzeigen oder die Person anrufen.

Der Android-Standardbrowser unterstützt HTML5 (mit Einschränkungen) und Zoomen durch doppeltes Antippen. Die Funktion des Eingabefelds für URLs und die Suche wurde erweitert, Lesezeichen werden mit Vorschaubild angezeigt. Die Kamera-App unterstützt jetzt standardmäßig eingebaute Blitzlichter und Fotoleuchten, Digitalzoom, Szenenmodus, Weißabgleich, Farbeffekte und Makro. Allerdings verwenden viele Gerätehersteller eigene angepasste Kamera-Apps auf ihren Smartphones. Die Bildschirmtastatur wurde verbessert, sodass man schneller tippen kann. Fehler durch die inzwischen immer mehr verbreitete Multitouch-Technik sind behoben, das interne Wörterbuch zur Wortvervollständigung und Autokorrektur ist besser geworden.

Live-Hintergrundbilder bringen Animationen auf den Startbildschirm. Dabei handelt es sich nicht um Videos – die Live-Hintergründe werden direkt auf dem Gerät berechnet. Diese Funktion ist hardwareabhängig und wird nicht auf jedem Gerät unterstützt. Hier ist eine Mindestleistung in Bezug auf Prozessor und Grafikchip erforderlich. Außerdem ist zu überlegen, ob man den erheblichen Akkuverbrauch einer solchen Hintergrundanimation in Kauf nehmen möchte.

Android 2.1 Eclair

Das kleine Update zu Android 2.0 behebt nur diverse Fehler und bringt kleine technische Anpassungen. Es wurde kein neuer Name vergeben. Android 2.1 heißt ebenfalls Eclair. Das Update wurde für fast alle Handys zur Verfügung gestellt, sodass Android 2.0 fast völlig verschwunden ist. Zum Start von Android 2.1 veröffentlichte Google sein erstes eigenes Handy, das Nexus One.

Android 2.2 Froyo

Android 2.2 Froyo bringt wieder viele Neuerungen mit. Apps können unter Android 2.2 endlich wahlweise im Hauptspeicher des Handys oder auf der Speicherkarte installiert werden, auch ein nachträgliches Verschieben installierter Anwendungen vom Hauptspeicher auf die Speicherkarte ist möglich. Dies konnte bisher nur für Fotos, Musik und Videos genutzt werden. Viele Apps legten dort  auch große Daten wie zum Beispiel Stadtpläne, Landkarten oder Wörterbücher ab – die Apps selbst mussten aber im Hauptspeicher liegen. Die Update-Funktion im Android Market wird mit Android 2.2 verbessert, sodass mehrere Apps auf einmal und auch im Hintergrund ohne Zutun des Anwenders aktualisiert werden können.

Auf der verbesserten Oberfläche haben wichtige Apps wie Browser und Telefon jetzt transparente Symbole, die permanent zu sehen sind. Der verbesserte Browser ist sichtbar schneller und unterstützt erstmals die Adobe-Flash-Technologie. Auch insgesamt ist Android 2.2 deutlich schneller als seine Vorgänger.

Eine der wichtigsten Neuerungen betrifft die Nutzung des Smartphones als Internetzugang für Notebooks. Android 2.2 beherrscht Tethering. Ein Notebook kann per USB-Kabel angeschlossen werden und kommt über das Handy ins Internet, was bisher nur mit speziellen Apps möglich war. Bestimmte Geräte können auch als eigener WLAN-Hotspot laufen, sodass sich bis zu acht Computer drahtlos am Handy anmelden und dessen Internetverbindung nutzen können.

Für geschäftliche Nutzer wird die Unterstützung von Exchange zur Synchronisation verbessert. Eine automatische Erkennung erleichtert die Einrichtung eines Exchange-Kontos auf dem Smartphone. Das Handy kann per Exchange mit einem Passwort geschützt werden, wobei globale Passwortrichtlinien Anwendung finden. Administratoren können gestohlene Geräte über die Exchange-Fernwartungsfunktion auf den Auslieferungszustand zurücksetzen, damit der Dieb keinen Zugriff auf die Daten hat.

Android 2.3 Gingerbread

In Android 2.3 Gingerbread wurde die Oberfläche erneut verbessert, sie ist intuitiver und kontrastreicher. Außerdem werden verschiedenste Bildschirmauflösungen und auch resistive Touchscreens besser unterstützt. Auf der ersten Tablet-Generation, deren Bildschirmauflösung nicht wesentlich höher als die von Smartphones ist, können kleinere Icons genutzt werden.

Weiterhin wird der Energieverbrauch optimiert. Apps, die viel Strom verbrauchen, können vom System automatisch beendet werden. Der Benutzer bekommt einen besseren Überblick über die Stromfresser, um besser Strom sparen zu können. Der neue Task-Manager bietet eine umfassende Kontrolle über laufende Anwendungen. Hier kann man auch störende Apps sofort beenden, ohne dass ein externer Task-Manager nötig ist.

Die neue Bildschirmtastatur zeigt beim Tippen Wortvorschläge schneller und übersichtlicher an. Wörter lassen sich auch später noch einfach markieren und mithilfe des eingebauten Wörterbuchs korrigieren. Die Tastatur unterstützt Multitouch-Funktionen, sodass man z. B. wie auf einer PC-Tastatur einen Buchstaben und die Taste für die Großschreibung gleichzeitig drücken kann und nicht mehr in einen anderen Eingabemodus umschalten muss.

Außerdem unterstützt Android 2.3 Gingerbread die »Near Field Communication« (NFC), eine drahtlose Übertragungstechnik für sehr kurze Strecken. Diese sehr sichere Form der Datenübertragung soll mit den Handys der Zukunft einfache Zahlungen ermöglichen, ähnlich wie mit Geldkarten. Die Deutsche Bahn startete 2011 nach einem großen Feldversuch das Bezahlsystem Touch&Travel mit NFC-Technik zur Bezahlung von Fahrkarten direkt beim Einsteigen auf dem Bahnsteig. Touch&Travel läuft parallel auf Basis von QR-Codes, was eine deutlich preisgünstigere und plattformunabhängige Lösung ist und NFC möglicherweise den Rang abläuft.

Android Gingerbread bekam auf einigen Handys die kleinen Updates 2.3.4 bis 2.3.7. Die neueren Versionen enthalten den Bezahldienst Google Wallet, der allerdings in Deutschland noch nicht zu nutzen ist.

Verteilung der Android-Versionen

Android Gingerbread 2.3 hatte Anfang Dezember 2011 erstmals über 50 % Marktanteil und damit alle Vorgängerversionen einschließlich Android 2.2 Froyo überholt. Die beiden Smartphone-Versionen erreichen zusammen inzwischen 86,4 %. Die alten Android-Versionen 1.x und 2.1 werden zunehmend bedeutungslos. Das aktuelle Android 4.0 schaffte Anfang Februar 2012 gerade mal 1 % Marktanteil. Insgesamt haben seit der letzten Statistik erstmals über 90 % aller Android-Geräte Version 2.2 oder neuer.

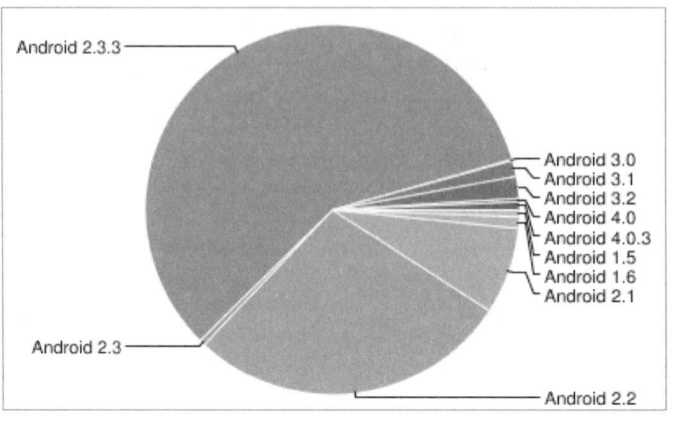

Bild 1.13: Verteilung der Android-Versionen, Stand 03.02.2012. (Quelle: Google)

⊡ Lesezeichen

http://bit.ly/z8GpSO

Google veröffentlicht monatlich Zahlen zur Verbreitung der einzelnen Android-Versionen. Die Zahlen stammen nicht aus verkauften Handys, sondern werden über die Besucherzahlen des Android Market ermittelt.

1.2.3 Darin sind alle Android-Geräte gleich

Würde man den diversen Kaufberatungsvideos im Internet oder auch im Fernsehen glauben, könnte man denken, die Funktionen der überaus zahlreichen verschiedenen Android-Handys auf dem Markt seien völlig unterschiedlich. Dort werden Werbeaussagen von Geräteherstellern ungefiltert übernommen und als das einzig Wahre verkauft. Ein Handyhersteller wirbt mit E-Mail-Funktionen, ein anderer mit der Google-Suche. Dass jedes Android-Handy dieser Welt beides kann, gerät dann ganz schnell in den Hintergrund. Tatsächlich unterscheiden sich die Geräte eher in der Hardwareausstattung, im Design und teilweise noch in der verwendeten Android-Version. Die großen Gerätehersteller Samsung, HTC und Motorola legen eigene Benutzeroberflächen (mit Vor- und Nachteilen) über das Betriebssystem, um sich voneinander zu unterscheiden. Fehlende Softwareausstattung lässt sich aber immer per App nachrüsten.

Internetzugang

Fast alle Android-Handys kommen über UMTS/HSPA ins Internet. Nur wenige besonders preisgünstige Handys sowie Billiggeräte aus chinesischer Produktion müssen sich mit EDGE zufriedengeben. WLAN ist fast überall eingebaut. Die meisten aktuellen Android-Handys unterstützen dabei bereits den neuen WLAN-Standard 802.11n.

GPS-Lokalisierung

Fast alle Android-Handys verfügen über einen eingebauten GPS-Empfänger. Dieser dient heute längst nicht mehr nur der Navigation für Autofahrer. So lassen sich per GPS Fotos mit den Koordinaten des Aufnahmeorts versehen oder lokale Infos zu Restaurants, Sehenswürdigkeiten oder Geldautomaten in der Umgebung finden. Der eigene Standort kann auf Google Maps jederzeit angezeigt und per Google Latitude auch an Freunde weitergegeben werden. Die Google Maps-App beinhaltet in der neuesten Version einen Navigationsmodus mit Sprachausgabe, sodass auch das kein Alleinstellungsmerkmal bestimmter Geräte oder Hersteller mehr ist. Das Android-Betriebssystem kann die Position bei fehlendem GPS-Empfang in Gebäuden auch anhand anderer Kriterien, wie z. B. Mobilfunkzelle oder WLAN, ermitteln.

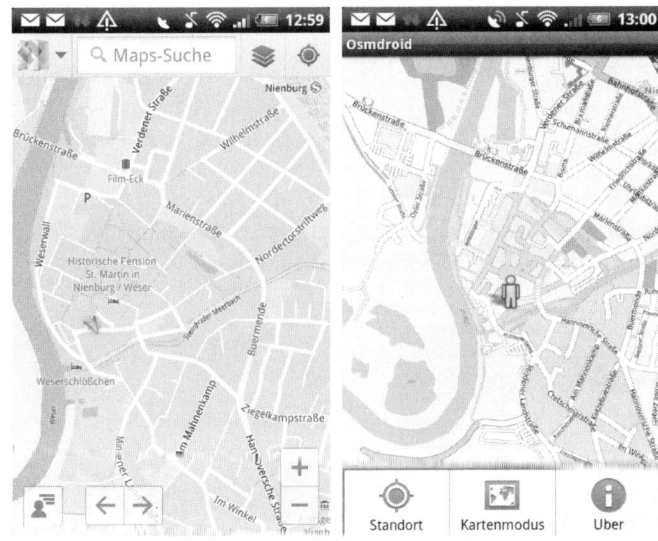

Bild 1.14: Google Maps und die freie Alternative OpenStreetMaps auf einem Android-Handy.

Synchronisation und Kommunikation

Die Anbindung an soziale Netzwerke und die Onlinesynchronisation von Kalender und Adressbuch sind ebenfalls nichts, womit ein Hersteller ernsthaft werben kann. Jedes Android-Handy fragt bei der Ersteinrichtung nach einem Google-Konto, das alle Nutzer, die noch keins haben, auch direkt auf dem Gerät anlegen können. Dieses Konto wird automatisch zur Synchronisation von Adressen und Terminen genutzt sowie auch für die auf den meisten Geräten vorinstallierte Google Mail-App. Diese schickt eingehende E-Mails per Push-Technik in Echtzeit aufs Handy – früher eine Domäne von BlackBerry.

Auf Facebook kann man mittels einer App zugreifen, die, sollte sie nicht vorinstalliert sein, kostenlos im Android Market bezogen werden kann. Lediglich bei der Integration ins Adressbuch unterscheiden sich die Geräte teilweise. HTC, Samsung und Motorola integrieren Facebook-Kontakte automatisch in das Standardadressbuch auf den Geräten. Manche Handys, z. B. das HTC Wildfire S, zeigen die aktuelle Facebook-Statusmeldung einer Person an, wenn diese anruft oder wenn man die entsprechende Telefonnummer wählt.

Suche im Internet

Die häufig beworbene Suche im Internet und innerhalb der auf dem Handy gespeicherten Daten ist ebenfalls kein Merkmal bestimmter Geräte, sondern des Betriebssystems. Sollte das Suchfeld nicht auf dem Startbildschirm zu sehen sein, zieht man es einfach als Widget darauf. Ab Android 2.2 ist die Google-Sprachsuche ins Betriebssystem integriert und damit auf allen Geräten verfügbar. Sogar beim älteren Android 2.1 kann man diese Funktion kostenlos nachinstallieren – also auch kein Alleinstellungsmerkmal bestimmter Hersteller. Bei der eigentlich recht nützlichen Sprachsuche ist zu bedenken, dass die aufgezeichnete Spracheingabe zu Google gesendet und dort ausgewertet wird, was zu deutlich mehr Datenvolumen führt als eine Texteingabe.

1.2.4   Android auch auf Tablet-PCs

Android läuft nicht nur auf Smartphones, sondern auch auf Tablets. Diese neue Geräteklasse unterscheidet sich vor allem durch die deutlich größeren Bildschirme, deren Auflösung von 1.280 x 800 Pixeln der von PC-Bildschirmen schon recht nahekommt.

Bild 1.15: Das Tablet Samsung Galaxy Tab 10.1N mit Android Honeycomb.

Aber auch das Nutzungsverhalten auf Tablets ist ein anderes. Während Smartphones im Wesentlichen unterwegs und draußen genutzt werden, verwenden viele Tablet-Anwender ihr Gerät zu Hause auf dem Sofa oder an einem stationären Urlaubsort, in der Ferienwohnung oder im Hotel. Solche Unterschiede im Nutzerverhalten sollten bei der App-Entwicklung berücksichtigt werden.

Die Android-Version 3.0 Honeycomb war die erste, die eigens für Tablets entwickelt wurde. Sie kann auch nicht auf Smartphones installiert werden. Die neue Benutzeroberfläche von Android 3.0 ist speziell auf größere Bilddiagonalen ausgelegt und enthält neue interaktive Widgets. Mit Android 2.x hat Android 3.0 kaum noch optische Ähnlichkeiten.

Die mitgelieferten Google-Apps wurden ebenfalls runderneuert. So enthält Android Honeycomb den neuen Google-E-Book-Dienst, Google Talk für Chat und Videotelefonie, einen neuen Browser, die neue Tablet-optimierte Oberfläche von YouTube sowie das neue Google Maps 5 mit 3D-Gebäuden und verbesserter Integration von Street View.

Android 3.1

Das auf der Entwicklerkonferenz Google I/O 2011 im Mai 2011 erstmals gezeigte Android 3.1 trägt ebenfalls den Codenamen Honeycomb. Es läuft auf Tablets wie auch auf Google-TV-Fernsehern und bringt wieder einige interessante Neuerungen. So sind die Widgets für den Honeycomb-Startbildschirm flexibler und lassen sich relativ frei in der Größe anpassen. Der neue Browser verfügt über eine komfortable Daumensteuerung.

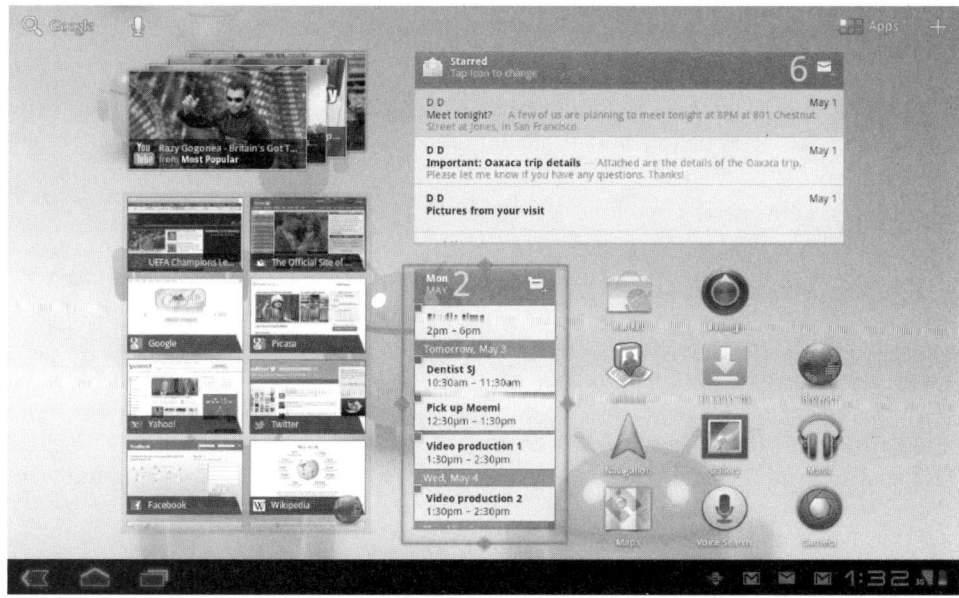

Bild 1.16: Die Oberfläche von Android 3.1.

Weiterhin unterstützt Android 3.1 zwei neue Google-Dienste, die gleichzeitig mit der neuen Android-Version vorgestellt wurden. Bei Music Beta können Anwender bis zu 20.000 eigene Musiktitel online speichern, um von verschiedenen Geräten aus darauf zugreifen zu können. Medienbibliotheken aus dem Windows Media Player oder aus iTunes lassen sich importieren. Die Abspiellisten können auch zur Offlineverwendung auf das Tablet oder Handy heruntergeladen werden. Dazu kommt eine neue Online-videothek, in der man sich Filme in HD-Qualität per Streaming oder Download ausleihen kann. Beide Dienste sind in Android 3.1 fest integriert, werden aber zum Start zunächst nur in den USA angeboten.

Geplant war, dass Android 3.1 bei der Bildschirmauflösung sehr variabel reagieren sollte, um sowohl kleine Tablets mit geringer Auflösung als auch hochauflösende Fernseher zu unterstützen. Entsprechende Hardwareanschlüsse vorausgesetzt, lassen sich Tablets jetzt auch als USB-Host einsetzen, sodass sie mit USB-Speichersticks, Tastaturen oder Game-pads genutzt werden können. Fotos können so direkt von Digitalkameras auf das Tablet übertragen werden.

Für fast alle Tablets, die ursprünglich mit Android 3.0 auf den Markt gekommen waren, bieten die Hersteller mittlerweile Updates auf Android 3.1 an, sodass die erste Tablet-Version weitgehend an Bedeutung verloren hat.

Android 3.2

Die ursprünglich für Android 3.1 geplante Variabilität in der Bildschirmauflösung funktionierte in der Praxis nicht. Tablets mit 7-Zoll-Bildschirm müssen immer noch mit der Smartphone-Version Gingerbread laufen, da Android 3.1 diese Bildschirmgröße nicht unterstützt. Android 3.2 ist die erste Honeycomb-Version, die auf Tablets aller Größen läuft. Dazu kommen noch verbesserte Hardwarebeschleunigung, die Unterstützung von Snapdragon-Prozessoren und weitere interne Optimierungen.

Eine neue *Compatibility Zoom*-Funktion in Android 3.2 kann Smartphone-optimierte Apps in der Größe skalieren und auf dem Tablet im Vollbildmodus anstatt in einem kleinen Bildschirmfenster darstellen. Dazu gibt es in der Benachrichtigungszeile neben der Uhr ein neues Zoomsymbol.

1.2.5   Android 4.0 Ice Cream Sandwich

Android 4.0 Ice Cream Sandwich bringt die Produktlinien Ginger-bread für Smartphones und Honeycomb für Tablets wieder zu-sammen und bietet diverse neue Funktionen, die bisher nur über externe Apps verfügbar waren, sowie eine moderne Benutzeroberfläche mit einfachem Multitasking, vielfältigen Benachrichtigungen und noch weiteren Anpassungsmöglich-keiten.

Bild 1.17: Der neue Sperrbildschirm und der Startbildschirm in Android 4.0.

Oberfläche

Ähnlich wie bei der Tablet-Version Honeycomb werden wichtige Buttons am unteren Bildschirmrand immer sichtbar bleiben und können von einzelnen Apps, die eine Vollbildansicht nutzen, abgedimmt werden. Auch das Symbol zur Anzeige und Umschaltung zwischen den zuletzt verwendeten Apps mit kleinen Vorschaubildern wurde aus Honeycomb übernommen. Die Benachrichtigungen über E-Mails, Updates und andere Systemnachrichten erscheinen auf Smartphones wie bisher am oberen Bildschirmrand. Auf größeren Bildschirmen werden sie unten eingeblendet, wie schon von Honeycomb-Tablets bekannt.

Bild 1.18: Neues Kalender-Widget und eine Übersicht aller installierten Apps.

Für eine bessere Übersicht bei vielen Apps bietet der Startbildschirm jetzt die Möglichkeit, Apps in Ordnern zu gruppieren. Besonders wichtige Apps können in eine Favoritenleiste gezogen werden, die auf allen Startbildschirmseiten zur Verfügung steht. Die Android-Oberfläche Touchwiz der Samsung-Smartphones bietet eine ähnliche Leiste schon seit einiger Zeit.

Sperrbildschirm

Der Sperrbildschirm des Handys wurde um weitere Funktionen ergänzt. So lassen sich jetzt Benachrichtigungen anzeigen, ohne vorher die Sperre aufheben zu müssen. Ähnlich wie bei Windows Phone 7 lässt sich auch die Kamera direkt vom Sperrbildschirm aus aufrufen, um ganz schnell fotografieren zu können.

Texteingabe

Die Bildschirmtastatur, ein ewiges Problem bei Android, wurde verbessert, die Wortvorschläge sowie die Rechtschreibkorrektur wurden erweitert. Sogar für richtig geschriebene Wörter lassen sich Vorschläge anzeigen, was bei ähnlichen Schreibweisen von Wörtern unterschiedlicher Bedeutung nützlich sein kann. Dazu kommt eine Funktion zur Spracheingabe, die nicht mehr nur für die Suche, sondern auch zur Eingabe kompletter Texte verwendet werden kann.

Datenverbrauchsanzeige

Viele Mobilfunkverträge rechnen den Internetnutzung nach verbrauchtem Datenvolumen ab, was bei einem Android-Handy aufgrund der Hintergrundaktivitäten für Synchronisation und Updates schwer einschätzbar ist. Android 4.0 bietet eine detaillierte Anzeige des übertragenen Datenvolumens, getrennt für Mobilfunk und WLAN, und gibt Anwendern die Möglichkeit, Begrenzungen für das Datenvolumen zu setzen. Die Hintergrundaktivitäten einzelner Apps lassen sich ebenfalls einschränken.

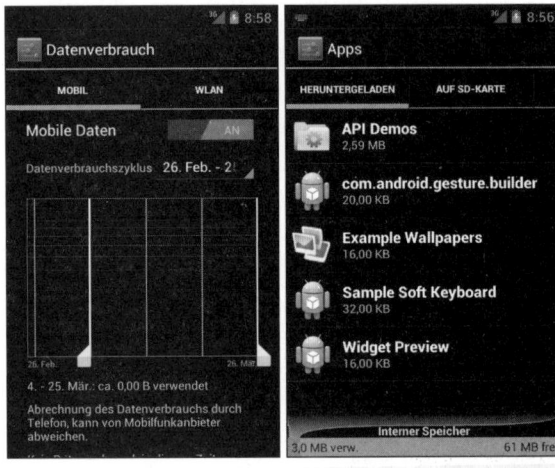

Bild 1.19: Detaillierte Anzeige für übertragenes Datenvolumen und installierte Apps.

Kommunikation

Die neue People-App fasst alle Informationen zu Personen zusammen und bietet noch mehr Möglichkeiten, mit Freunden in Kontakt zu treten oder Nachrichten, Fotos und Weblinks auszutauschen. Der Kalender wurde ebenfalls erweitert, um verschiedene Kalender für den privaten Bereich, die Arbeit oder die Kalender von Freunden besser zu integrieren.

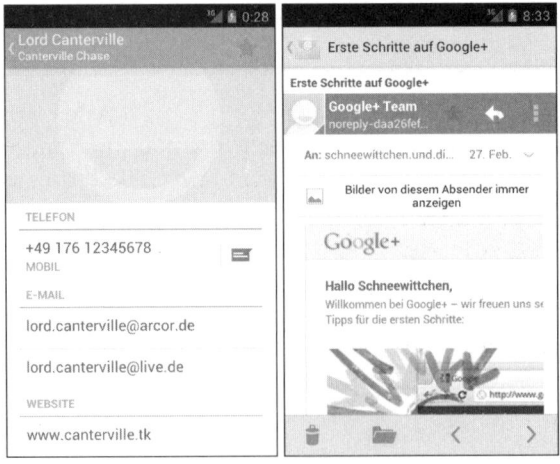

Bild 1.20: Neue Kommunikationsfunktionen fürs Adressbuch und Google+.

Kamera und Bildbearbeitung

Die neue Kamera-App bietet mehr Komfort, ein stabilisiertes Zoom sowie einen Panoramamodus, bei dem der Benutzer die Kamera langsam schwenkt und damit ein Panoramabild seiner Umgebung fotografieren kann. Eine eingebaute Bildbearbeitung ermöglicht das Zuschneiden und Drehen sowie diverse Korrekturfunktionen und Fotoeffekte, mit denen externe Bildbearbeitungs-Apps weitgehend überflüssig werden. Eine neue Screenshot-Funktion speichert jederzeit den aktuellen Bildschirminhalt, um ihn an Freunde zu verschicken oder zu veröffentlichen.

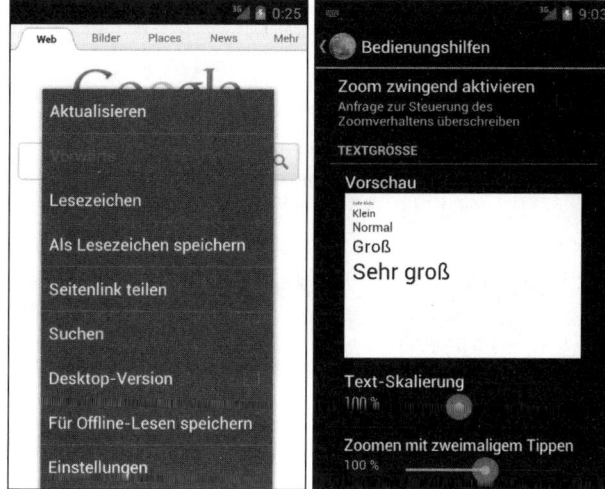

Bild 1.21: Der neue Browser in Android 4.0

Browser

Der neue verbesserte Browser mit mehreren Tabs ermöglicht die einfache Umschaltung zwischen mobiler Ansicht und voller Desktopansicht für jede angezeigte Webseite. Zur besseren Lesbarkeit lassen sich Seiten nicht nur zoomen, sondern man kann unabhängig vom Zoomfaktor auch die Schriftgröße verändern. Außerdem wurde die Geschwindigkeit des Browsers deutlich verbessert.

Innovationen

Jede neue große Android-Version bringt auch technische Innovationen mit. So unterstützt Android 4.0 Ice Cream Sandwich die direkte Datenübertragung per WiFi Direct, ohne dass ein WLAN-Router vorhanden sein muss. Fotos, Musik, Videos und Apps lassen sich über NFC direkt und schnell zwischen zwei Geräten austauschen. Die neue Gesichtserkennung ermöglicht es, ein Smartphone nur für einen bestimmten Benutzer freizuschalten, ohne dass dieser ein Passwort eingeben muss. Hier bleibt noch abzuwarten, ob dies möglicherweise auch mit einem Foto der berechtigten Person funktioniert.

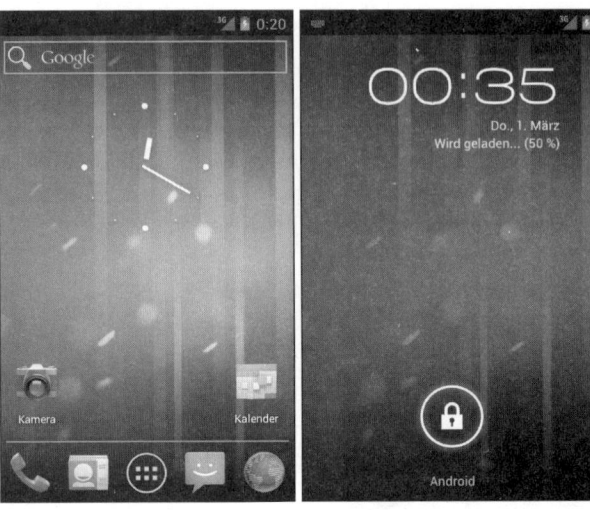

Bild 1.22: Neuer Start- und Sperrbildschirm in Android 4.0

Android 4.0 steht seit Ende Oktober 2011 für Entwickler zur Verfügung. Theoretisch soll die neue Version auf allen Smartphones laufen, die Android 2.3 Gingerbread nutzen. Alle großen Handyhersteller haben bereits Updates für ihre High-End-Smartphones angekündigt. Die preisgünstigen Mittelklassehandys bekommen meist kein Update auf Ice Cream Sandwich. Das erste Handy, das standardmäßig mit Android 4.0 ausgeliefert wurde, ist das Google Galaxy Nexus.

1.2.6   So kommen die Apps aufs Handy

Android ist als einzige der drei hier beschriebenen Handyplattformen sehr offen, was die Installation von Apps aus verschiedenen Quellen angeht. Die erste Anlaufstelle, um Apps auf ein Android-Gerät herunterzuladen, ist für die meisten Nutzer der Android Market. Zum Download aus dem großen Angebot des Market ist eine spezielle App nötig, die auf fast allen Android-Smartphones und -Tablets vorinstalliert ist. Tablets mit Android 2.x sowie Smartphones aus chinesischer Billigproduktion haben häufig keinen Zugang zum Android Market. Der Android Market listet alle Apps getrennt nach Anwendungen und Spielen in unterschiedlichen Kategorien auf. Um eine bestimmte App zu finden, kann man die Listen oder die Suchfunktion nutzen.

Bild 1.23: Der aktuelle Android Market für Smartphones.

Im Android Market ist vorgesehen, immer nur die Apps, die auf dem jeweiligen Gerät auch funktionieren, anzuzeigen. Leider klappt das nicht immer, sodass auf vielen Geräten Apps fehlen, die laufen würden und auf anderen Geräten des gleichen Typs auch angezeigt werden. Zu jeder App werden eine Beschreibung sowie Screenshots angezeigt. Bei einigen Apps gibt es auch YouTube-Videos im Market, die die Funktion näher erläutern. Da diese nicht von Google selbst stammen, sondern von den Entwicklern geliefert werden müssen, sind sie von sehr unterschiedlicher Qualität und bei vielen Apps auch gar nicht vorhanden.

Für die Installation auf dem Smartphone sind nur noch zwei Klicks erforderlich. Der Android Market zeigt an dieser Stelle an, auf welche Systemkomponenten die jeweilige App zugreifen kann. Wer bei den Zugriffsberechtigungen Sicherheitsbedenken hat, kann die Installation an dieser Stelle noch abbrechen.

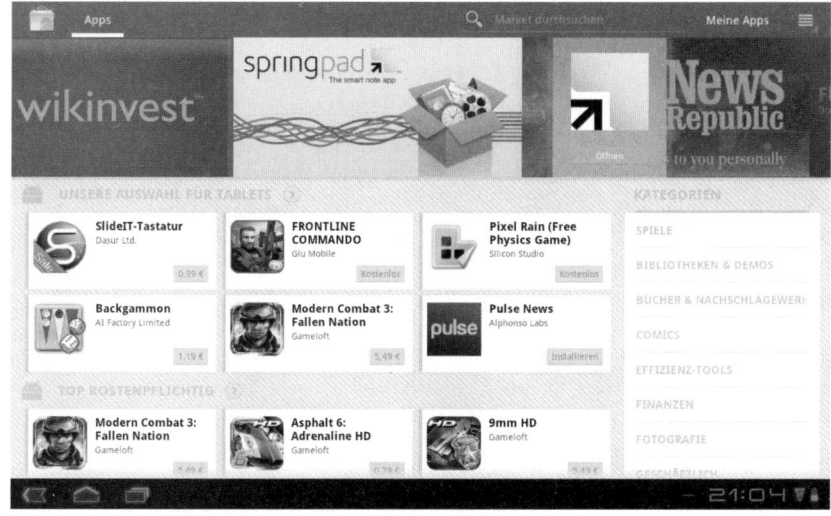

Bild 1.24: Der Android Market auf dem Tablet.

Die Market-App wurde immer mal wieder aktualisiert, sodass sie nicht auf allen Geräten gleich aussieht. Auf aktuellen Gerätemodellen aktualisiert sich die Market-App automatisch, auf älteren Handys laufen bis heute ältere Market-Versionen. Für Tablets gibt es eine ganz eigene Version des Android Market, bei der speziell für Tablets optimierte Apps besonders hervorgehoben sind.

Updates im Android Market

Unter *Meine Apps* speichert der Android Market alle von dort heruntergeladenen Apps. In dieser Liste werden auch Update-Benachrichtigungen angezeigt, wenn von einer App eine neue Version verfügbar ist. Einige Apps erhalten häufig Updates. Um nicht jede App manuell updaten zu müssen, können Sie vor der Installation die Option *Automatische Updates zulassen* einschalten. Diese lassen sich dann automatisch gemeinsam aktualisieren.

Bild 1.25: Automatische und manuelle App-Updates im Android Market.

Wenn sich bei einer App die geforderten Zugriffsberechtigungen ändern, wird die App nicht mehr automatisch aktualisiert. In solchen Fällen erscheint die Meldung *Update (manuell)*. Hier muss man als Benutzer erneut den Zugriffsberechtigungen zustimmen. Das ist häufig dann der Fall, wenn ein Entwickler in eine App Werbung einbaut, die Zugriff auf das Internet oder auf den aktuellen Standort des Geräts erfordert.

Der Android Market auf dem PC

Der Android Market ist auch vom PC aus über einen beliebigen Webbrowser unter *market.android.com* zu erreichen. Hier können Benutzer Apps finden und diese auch direkt auf ihren Geräten installieren.

Bild 1.26: Der Android Market auf dem PC.

Zur Installation von Apps muss man auf dem PC im Browser mit dem Google-Konto angemeldet sein, das auch auf dem Android-Gerät verwendet wird. Unter dem Link *Mein Konto* können Benutzer die verwendeten Geräte verwalten. Hier sehen Sie ebenfalls alle auf Ihren Android-Geräten installierten Apps.

Bevor Sie eine App zur Installation auswählen, prüfen Sie unterhalb des App-Icons im grünen Feld die Gerätekompatibilität. Ein Klick auf das Plussymbol vergrößert dieses Feld. Hier werden alle in diesem Google-Konto eingetragenen Android-Geräte aufgelistet. Anhand von Betriebssystemversion, Bildschirmgröße und einigen anderen technischen Kriterien wird ermittelt, mit welchem der Geräte die App kompatibel ist. Als Entwickler müssen Sie diese Daten beim Einstellen Ihrer App in den Android Market angeben.

Im Android Market auf den Geräten fehlt diese Kompatibilitätsanzeige. Hier werden automatisch nur die Apps angezeigt, die auf dem jeweiligen Gerät auch laufen. Um eine App auf dem Smartphone oder Tablet zu installieren, klicken Sie einfach auf dem PC auf den *Installieren*-Button bei der jeweiligen App. Wählen Sie jetzt noch das gewünschte Gerät aus, wenn Sie unter Ihrem Google-Konto mehrere Android-Geräte angemeldet haben, z. B. ein Smartphone und ein Tablet.

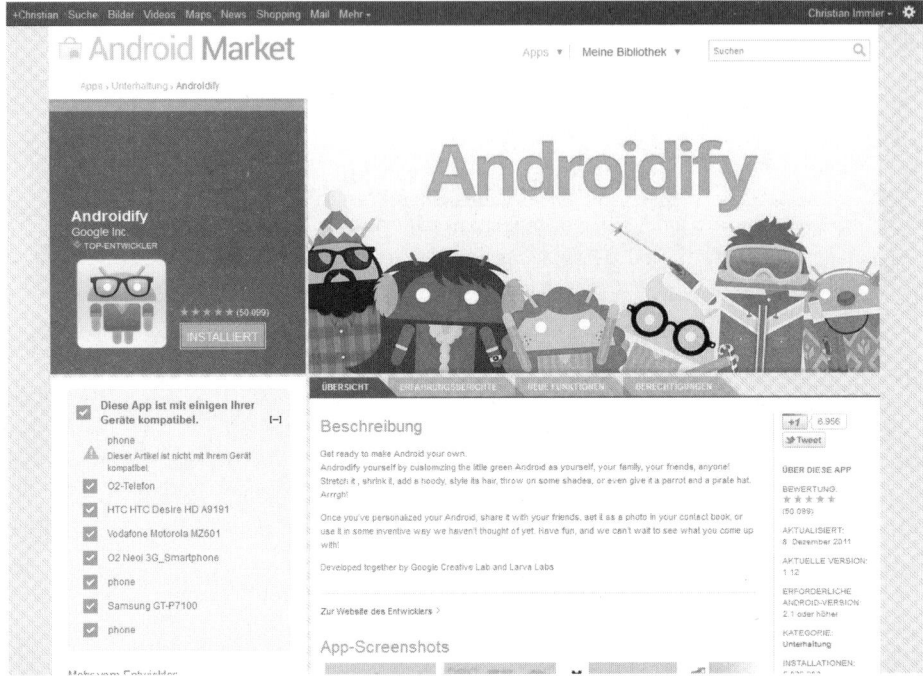

Bild 1.27: Gerätekompatibilität im Android Market auf dem PC.

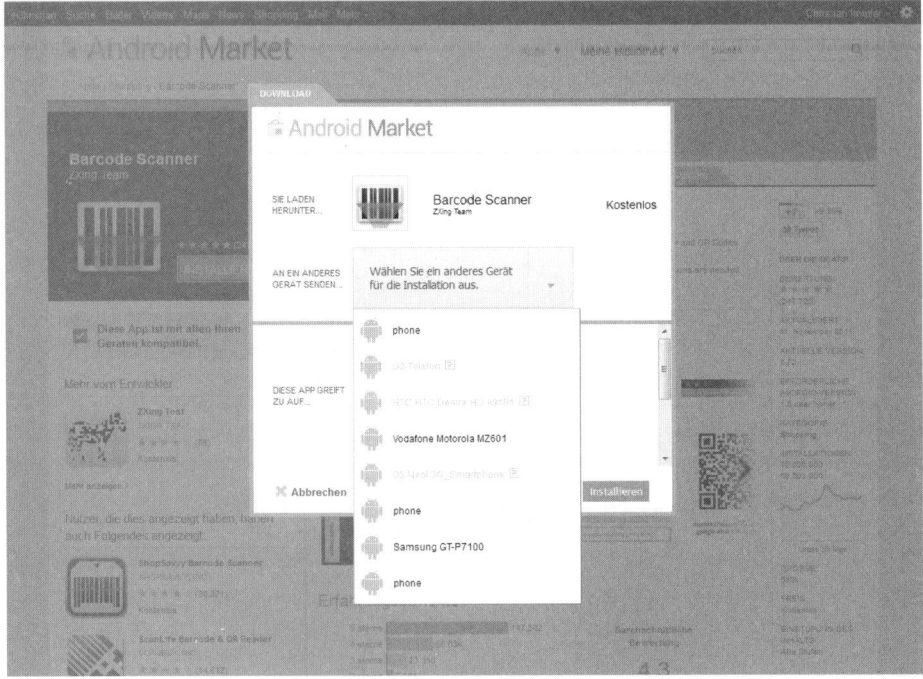

Bild 1.28: App vom PC aus auf dem Handy installieren.

Über die Installation auf dem jeweiligen Gerät brauchen sich Benutzer keine Gedanken mehr zu machen. Die App wird vollautomatisch installiert und steht kurz danach auf dem Smartphone oder Tablet zur Verfügung.

Bezahlung kostenpflichtiger Apps

Kostenpflichtige Apps werden im Android Market mit Googles eigenem Bezahlsystem Google Checkout bezahlt. Dies funktioniert zurzeit nur per Kreditkarte. Spätestens beim ersten Kauf einer App müssen Benutzer in ihrem Google-Konto Kreditkartendaten und auch eine gültige Postanschrift hinterlegen.

Mit dem QR-Code zur App

Eine sehr bequeme Art der Installation von Apps, die mittlerweile auf vielen Webseiten angeboten wird, aber auch in gedruckten Medien und auf Werbeplakaten, sind QR-Codes – Schwarz-Weiß-Grafiken, die mit dem Handy oder Tablet abfotografiert werden können. Über QR-Codes lassen sich nicht nur Apps, sondern auch beliebige Weblinks offline, außerhalb des Internets, weitergeben, wie zum Beispiel in Büchern, Zeitschriften oder auf Plakatwänden.

Bild 1.29: QR-Code an einem Fahrkartenautomaten zum Download der offiziellen App der Deutschen Bahn.

Eine QR-Code-Lesesoftware, die die Handykamera zur Erkennung des QR-Codes nutzt, startet den Browser oder die Market-App und führt zur jeweiligen Information im Internet, ohne dass der Benutzer auf seiner kleinen Handytastatur oder der Bildschirmtastatur seines Tablets eine Internetadresse einzugeben braucht.

1.3 Apple iOS: der Platzhirsch

iOS, ursprünglich als iPhone OS bezeichnet, war die erste der hier beschriebenen Smartphone-Plattformen. Im Juni 2009 veröffentlichte Apple die erste als iOS bezeichnete Version mit der Versionsnummer 3.0. Sie lief auf dem iPhone Classic und dem iPod touch der ersten Generation.

1.3.1   Die wichtigsten iOS-Geräte

Nur Apple baut Geräte mit iOS, und die Produktpalette ist nicht besonders groß. Der eine mag es als Vorteil sehen, dass man als Entwickler nicht mit einer riesigen Vielfalt unterschiedlicher Geräte rechnen muss, andere sehen darin einen großen Nachteil dieser Plattform. Auf den folgenden Seiten finden Sie eine chronologische Übersicht aller Geräte mit iOS.

iPhone Classic

Steve Jobs, Mitgründer und langjähriger Chef von Apple, stellte am 9. Januar 2007 das erste iPhone vor, das heute als iPhone Classic bezeichnet wird, aber damals einfach nur den Namen iPhone trug.

Bild 1.30: Das erste iPhone aus dem Jahr 2007.

Bereits das erste iPhone verfügte über alle wichtigen Merkmale, die diese Plattform heute auszeichnen, wie einen kapazitiven Touchscreen, die typischen quadratischen App-Symbole mit den abgerundeten Ecken sowie eine einzige Taste, mit der man jederzeit zum Startbildschirm zurückkommt. Ebenfalls für damalige Smartphones neu war der Lagesensor, der zusammen mit entsprechenden Softwarefunktionen die Bildschirmausrichtung automatisch umschaltet, wenn das Gerät waagerecht gehalten wird.

Das erste iPhone bot noch keine Unterstützung für das auch damals schon weitverbreitete UMTS-Netz. Datenverbindungen waren nur über EDGE oder WLAN möglich. Auch bot es keine Unterstützung für MMS. Ein GPS-Empfänger, der heute zum Standard eines jeden Smartphones gehört, war im ersten iPhone ebenfalls noch nicht enthalten. Über Google Maps war aber trotzdem schon eine Positionsbestimmung möglich. Dazu wurden die Daten der Mobilfunkzellen sowie bekannte Standorte von WLANs verwendet.

iPod touch – erste Generation

Im September 2007 stellte Apple den ersten iPod touch vor, eine Art iPhone ohne Telefonfunktion. Das Betriebssystem und fast alle Funktionen gleichen dem ersten iPhone, ins Internet kommt man aber nur über WLAN. Es gibt keine Mobilfunkanbindung. Der erste iPod touch enthält weder Lautsprecher noch Mikrofon, er kann nur mit einem Kopfhörer oder Headset verwendet werden. Auch Bluetooth und Kamera gehören noch nicht zur Ausstattung. Der Name iPod wurde bis dahin für die Musikabspielgeräte von Apple verwendet. Der iPod touch bietet aber deutlich mehr – ein mobiles Internetterminal, einen Videoplayer, eine Spielkonsole. Natürlich lässt sich auch Musik abspielen. Zur Übertragung von PC oder Mac wird wie bei früheren iPods die Software iTunes verwendet, die auch zentrale Funktionen zur Geräteverwaltung enthält. Seitdem präsentierte Apple immer abwechselnd ein neues iPhone und ein neues Modell der iPod-touch-Serie.

iPhone 3G

Im Juni 2008 stellte Apple mit dem iPhone 3G den Nachfolger des ersten iPhone vor. Das Gehäusedesign wurde verändert, das Gerät ist jetzt etwas dünner, die Rückseite aus Kunststoff. Erstmals unterstützt das iPhone Datenübertragungen im Mobilfunknetz über UMTS oder HSDPA. Das iPhone 3G verfügt über einen eingebauten GPS-Empfänger zur exakten Positionsbestimmung.

iPod touch – zweite Generation

Die zweite Generation des iPod touch wurde im September 2008, fast genau ein Jahr nach der ersten Serie, vorgestellt. Das neue Gehäuse ist etwas runder und ähnelt noch mehr dem ersten iPhone. Außerdem ist ein wenn auch schwächlicher Lautsprecher in den Geräten eingebaut. Neue Tasten an der Seite regeln dessen Lautstärke. Seit der zweiten Generation ist auch Bluetooth in den iPods eingebaut. Mit der neuen Firmware 2.0 kommt erstmals der App Store auf den iPod touch und damit die Möglichkeit, Apps nachträglich auf den Geräten zu installieren. Diese Firmware wird auch für die iPod-touch-Modelle der ersten Generation kostenlos zum Download angeboten.

iPhone 3GS

Im Juni 2009 stellt Apple mit dem iPhone 3GS einen technisch verbesserten, aber optisch weitgehend gleichen Nachfolger des iPhone 3G vor. Diesmal übernahm erstmals nicht Steve Jobs, sondern Marketingchef Phil Schiller die Präsentation eines neuen iPhone.

Das zusätzliche »S« im Namen steht für »Speed«. Die Datenübertragung im Mobilfunknetz wurde beim iPhone 3GS gegenüber dem Vorgängermodell verbessert. Das iPhone 3GS unterstützt jetzt Übertragungsraten bis 7,2 MBit/s im HSDPA-Netz. Weiterhin wurden die Akkuleistung, die Grafikfähigkeiten und die Kamera verbessert. Das iPhone 3GS verfügt über ein Magnetometer und somit über einen echten digitalen Kompass.

Bild 1.31: Das iPhone 3GS.

iPod touch – dritte Generation

Im September 2009, ein Jahr nach der zweiten Generation, kam die dritte Generation des iPod touch auf den Markt – mit neuem Prozessor und 32 oder 64 GByte Speicherplatz, äußerlich optisch aber unverändert. Für diese Gerätegeneration wurde erstmals iOS 3 angeboten.

iPad

Im Januar 2010 stieg Apple mit dem iPad in den Tablet-Markt ein. Das iPad verwendet eine Variante von iOS, die speziell auf den 24,6 cm großen Bildschirm mit 1.024 x 768 Bildpunkten optimiert ist. Die Bedienung des iPad gleicht weitgehend der von iPhone und iPod touch. Auch hier gibt es nur eine einzige Taste. Das iPad war in der 3G-Version das erste Gerät, das die neuen Micro-SIM-Karten nutzt. Der App Store enthält speziell für das iPad entwickelte Apps, die den großen Bildschirm voll ausnutzen. Andere Apps können skaliert werden, bieten dann aber keine zusätzlichen Funktionen.

iPhone 4

Im Juni 2010 präsentierte Steve Jobs das iPhone 4 mit einem neuen, deutlich kantigeren Gehäusedesign. Der neue metallische Rahmen dient als Mobilfunkantenne.

Bild 1.32: Das iPhone 4.

Das iPhone 4 verwendet als erstes iPhone eine Micro-SIM-Karte. Eine weitere Neuerung ist das sogenannte Retina-Display, ein Bildschirm mit einer hohen Punktdichte, die das menschliche Auge aus normalem Betrachtungsabstand nicht mehr unterscheiden kann. Der Bildschirm des iPhone 4 hat wie der des Vorgängermodells iPhone 3GS eine Diagonale von 89 mm. Allerdings wurde die Pixelzahl vervierfacht. Die Auflösung beträgt jetzt 960 x 640 Pixel statt der früheren 480 x 320 Pixel. Durch die sogenannte In-Plane-Switching-Technologie wird der Betrachtungswinkel des Bildschirms erweitert.

iPod touch – vierte Generation

Die vierte Generation des iPod touch vom September 2010 brachte wieder einige Neuerungen. So wurde das Gerätedesign an die klaren Formen des iPhone 3 angeglichen. Und wie dieses ist der iPod touch seit Oktober 2011 außer in Schwarz auch in Weiß erhältlich.

Der iPod touch der vierten Generation enthält erstmals ein Mikrofon sowie zwei Kameras. Wie bei Smartphones dient die rückwärtige hochauflösende Kamera zum Fotografieren, die Frontkamera für die Videotelefonie, die auf dem iPod touch nur über WLAN möglich ist. Die Bildschirmauflösung wurde ebenfalls erhöht und an das iPhone angepasst. Auch der iPod touch der vierten Generation verfügt über ein Retina-Display mit 960 x 640 Pixeln.

Bild 1.33: Der iPod touch der vierten Generation.

iPad 2

Im März 2011 stellte Apple das iPad 2 vor, einen etwas dünneren und technisch verbesserten Nachfolger des iPad. Das neue Tablet verwendet den Doppelkernprozessor Apple A5, der auch im iPhone 4S eingebaut ist, sowie einen neunmal schnelleren Grafikprozessor als sein Vorgänger.

Bild 1.34: Das iPad 2 mit der Schutzhülle »Smart Cover«, die auch als Geräteständer dient.

iPhone 4S

Am 4. Oktober 2011 stellte Phil Schiller von Apple das iPhone 4S vor. Fachleute und Fans hatten mit einem iPhone 5 gerechnet, wie auch mit einer Rückkehr des kranken Firmengründers in die Öffentlichkeit. Doch es kam alles anders, Steve Jobs verstarb am Tag darauf. Auch hier steht das »S« im Namen für »Speed«. Die maximale Übertragungsgeschwindigkeit im HSDPA-Netz wurde auf 14,4 MBit/s erhöht, eine Geschwindigkeit, die noch bei Weitem nicht flächendeckend im Netz verfügbar ist. Der Doppelkernprozessor erhöht auch die Rechengeschwindigkeit des iPhone.

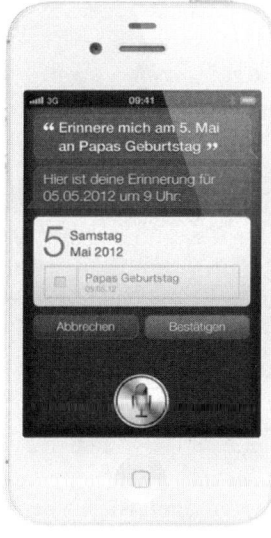

Bild 1.35: Das iPhone 4S.

Eine weitere viel beachtete Neuerung ist die Sprachsteuerung Siri, die menschliche Sprache erkennt und auswertet und nicht nur wie bisherige Systeme auf einfache Kommandos reagiert. Siri wertet die Sprache nicht direkt auf dem iPhone aus, sondern überträgt die Sprachdaten an einen Apple-Server, wo sie ausgewertet und als Sprachausgabe zurück auf das iPhone übertragen werden. Das iPhone 4S hat eine 8-Megapixel-Kamera und erstmals das neue Betriebssystem iOS 5. Neben dem hierzulande gebräuchlichen GSM-Standard wird auch der Mobilfunk-Standard CDMA unterstützt, sodass das iPhone 4 weltweit einsetzbar ist.

1.3.2 Darin sind alle iOS-Geräte gleich

iOS ist vollständig auf die Bedienung mit dem Finger ausgelegt. Es gibt keinen Unterschied zwischen Markieren und Ausführen. Die Berührung eines Symbols führt sofort zu einer Reaktion. Die Navigation auf dem Bildschirm erfolgt durch einfaches Verschieben des Bildschirminhalts. So sind deutlich größere logische Bildschirme möglich, als physikalisch auf dem Display darstellbar. Der Startbildschirm ist auf jedem iOS-Gerät gleich und zeigt ein Raster quadratischer App-Symbole. Auch systeminterne Funktionen werden über solche Symbole abgebildet.

Bild 1.36: Links iOS 3 auf einem iPod touch, rechts iOS 4 auf einem iPhone 4.

Tippt man auf ein Symbol, wird die jeweilige App gestartet. iOS-Apps haben keinen Menüpunkt zum Beenden. Dafür drückt man einfach die einzige Taste unterhalb des Bildschirms und kommt so immer zurück auf den Startbildschirm. iOS bietet nur wenige Personalisierungsmöglichkeiten. Alternative Programmstarter und Widgets für den Startbildschirm, wie aus Android bekannt, gibt es hier nicht.

Benutzer können aber zumindest die Anordnung der Apps auf dem Bildschirm verändern. Berührt man ein App-Symbol länger, beginnen alle Symbole zu wackeln, und es erscheinen Kreuze in den oberen Ecken. Tippt man auf eine App, lässt sich diese verschieben. Tippt man auf ein Kreuz, kann die App nach einer Sicherheitsabfrage vom Gerät gelöscht werden. Ein Druck auf die Taste stellt das normale Verhalten wieder her.

Bild 1.37: Apps auf dem Bildschirm verschieben.

1.3.3 Das unterscheidet die iOS-Versionen

Das heutige iOS entstand aus dem iPhone OS, dem Betriebssystem des ersten iPhone, das ein auf die ARM-Prozessoren portierter Ableger von Apples Mac OS X war. Das ehemalige iPhone OS, das mittlerweile auch auf dem iPod touch und dem iPad läuft, wurde in iOS umbenannt.

iOS 3.x

iOS 3.x wurde zusammen mit dem iPhone 3GS vorgestellt und war die erste Version mit diesem Namen. Es konnte nachträglich auf allen früheren iPhone- und iPod touch-Modellen installiert werden. iOS 3 bot erstmals die Möglichkeit, MMS zu versenden und zu empfangen, allerdings nicht auf dem iPhone Classic. Nach zahlreichen Beschwerden von Nutzern entschied sich Apple, die eigentlich damals schon veraltete MMS-Technologie doch noch in iOS zu integrieren. Mittlerweile ist MMS fast komplett durch E-Mail und Messenger-Apps wie WhatsApp abgelöst worden.

Eine weitere wichtige Neuerung, die bei Mobilfunknetzbetreibern wenig beliebt ist, war das Tethering. Damit kann man die UMTS-Internetverbindung eines iPhone anderen Geräten in der Umgebung zur Verfügung stellen.

iOS 4.2.x

Mit der Version iOS 4.2 eröffnete Apple die Möglichkeit des Multitaskings auch für Apps von anderen Entwicklern. Bis dahin war dies Apple eigenen Apps vorbehalten. Außerdem wurden mit dieser Version neue Dienste eingeführt, wie der iBook Store mit eigenem iBooks Reader, die drahtlose Druckfunktion Apple AirPrint sowie das Multimedia-Streaming Apple AirPlay.

iOS 4.2 konnte auf allen Geräten bis hinunter zu iPhone 3G und iPod touch der zweiten Generation nachträglich installiert werden. Auf älteren Geräten war die Installation von iOS 4.2 nicht mehr möglich.

iOS 4.3.x

Im März 2011 stellte Apple zusammen mit dem iPad 2 die iOS-Version 4.3 vor. Die wichtigste Neuerung ist die WLAN-Hotspot-Funktion. Geräte ab dem iPhone 4 können als WLAN-Hotspot eingerichtet werden und so ihre HSDPA-Internetverbindung für bis zu fünf andere Geräte freigeben. Auf diese Weise kommen beliebige WLAN-fähige Endgeräte, z. B. Netbooks, über das iPhone ins Internet.

Weiterhin wurden der Safari-Browser und die Freigabe der iTunes-Bibliothek über WLAN verbessert. Apple AirPlay unterstützt seit iOS 4.3 auch Videostreaming. Die Systemvoraussetzungen für iOS 4.3 sind die gleichen wie für Version 4.2.

iOS 5.x

Mit iOS 5 im Oktober 2011 baute Apple nach eigenen Angaben über 200 neue Funktionen in das Betriebssystem ein.

Bild 1.38: Wichtige Neuerungen in der Werbung für iOS 5.

Die wohl bemerkenswerteste Neuerung in iOS 5 ist, dass man zur Aktivierung und Einrichtung des Geräts keinen PC oder Mac mehr braucht. Alle notwendigen Schritte können direkt auf dem iPhone durchgeführt werden. Auch zukünftige Updates werden direkt drahtlos auf die Geräte gebracht. Bisher war immer ein PC oder ein Mac mit iTunes notwendig.

Der Sperrbildschirm wurde in seiner Funktionalität erweitert. So kann man jetzt, wie auch beim Windows Phone, ohne das Handy erst freigeben zu müssen, direkt ein Foto aufnehmen. Auch der Musikplayer und wichtige Erinnerungsmeldungen erscheinen direkt auf dem Sperrbildschirm. Für die Kamera kann zusätzlich zum Bildschirmsymbol auch die Taste *Lauter* als Auslöser verwendet werden.

Die weiteren Neuerungen sind eher klein und hätten sich theoretisch auch mit speziellen Apps ohne Betriebssystem-Update einführen lassen. Die neue Mitteilungszentrale bringt alle Benachrichtigungen über neue E-Mails, SMS und Nachrichten aus sozialen Netzwerken übersichtlich an eine Stelle. Wie bei Android braucht man nur die Benachrichtigungsleiste vom oberen Bildschirmrand nach unten zu ziehen und sieht dann alle Nachrichten auf einen Blick.

Mit iMessage führt Apple einen neuen Messenger in das Betriebssystem ein, der ein komfortabler Ersatz für die altmodische SMS sein könnte, wenn er nicht ausschließlich auf iOS-Geräten funktionieren würde. Messenger wie WhatsApp, die mehrere Plattformen unterstützen, haben deutlich mehr Zukunftschancen.

Der Zeitungskiosk ist ein neuer Ordner, in dem online abonnierte Magazine und Zeitungen übersichtlich zu finden sind. Die neue App Erinnerungen hilft, in Zukunft nichts mehr zu vergessen. Die Erinnerungen können mit Terminen und Orten versehen werden und erinnern einen automatisch, wenn man in die Nähe eines bestimmten Orts kommt. Twitter wurde noch stärker als bisher ins Betriebssystem integriert. Aus dem Browser und aus vielen Apps heraus kann man jetzt direkt twittern.

iOS-Version herausfinden
iPhones und iPods behalten oft das von Anfang an installierte Betriebssystem. Nur größere Updates können von Benutzern installiert werden – und das auch nicht auf allen Geräten. Trotzdem kann es wichtig sein, die auf einem iPhone oder iPod installierte Version zu kennen. Tippen Sie auf dem Startbildschirm auf *Einstellungen*, tippen Sie dort auf *Allgemein* und im nächsten Bildschirm auf *Info*. Hier wird die Softwareversion angezeigt.

Bild 1.39: Das Betriebssystem iOS 5.0.1 auf einem iPod touch.

1.3.4 Cloud-Computing vom Feinsten

Mit iOS 5 stellte Apple auch die iCloud vor, einen Onlinespeicher, in dem Benutzer ihre Musik, Fotos, Dokumente und Apps ablegen und so auf mehreren Geräten nutzen können. Es ist nur eine einfache Anmeldung erforderlich, danach nutzen alle iCloud-fähigen Apps diese Funktionen automatisch, sodass die Daten ohne zusätzliche Aktionen des Benutzers auf allen seinen Geräten zur Verfügung stehen.

Bild 1.40: Datensynchronisation ohne eigenes Zutun.

1.3.5 Wie kommen Apps aufs Handy?

iOS-Apps lassen sich ausschließlich über den Apple App Store auf den Geräten installieren. Dieser ist eine Weiterentwicklung des iTunes Store, über den Apple bereits seit einiger Zeit Musik für iPods verkauft. Die zur Nutzung des App Store notwendige App ist auf allen aktuellen iOS-Geräten vorinstalliert.

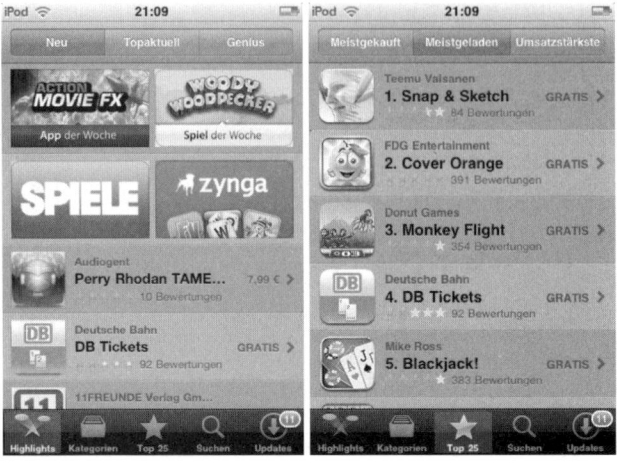

Bild 1.41: Der App Store auf einem iPod touch.

Der Begriff Appstore

Apple hat diese Art der App-Distribution im Jahr 2008 erfunden, viele andere Hersteller mobiler Betriebssysteme haben bald ähnliche Verkaufsplattformen entwickelt, wie Ovi Store, BlackBerry Appworld, Windows Phone Marketplace und Android Market. Der Begriff Appstore hat schnell Zugang in den allgemeinen Sprachgebrauch von Nutzern wie von Entwicklern gefunden und wird auch von alternativen Anbietern für andere Plattformen gern genutzt. Apple steht zurzeit im Rechtsstreit mit Amazon, das bis jetzt nur in den USA einen »Amazon Appstore for Android« anbietet.

In diesem Buch wird der Begriff Appstore wie im allgemeinen Sprachgebrauch immer wieder auch zur generellen Bezeichnung dieser Art von Verkaufsplattform verwendet. Zur klaren Unterscheidung von allgemeinen Appstores wird der Apple App Store immer in Originalschreibweise mit zwei getrennten Wörtern und einem großen »S« geschrieben.

Im Apple App Store findet man Apps über die verschiedenen Kategorien oder per Suchfunktion. Die meisten Besucher gehen über die Top-25-Listen der beliebtesten Apps, was allerdings dazu führt, dass unbekannte Apps nur schwer bekannt werden, wogegen einige wenige Apps sehr hohe Downloadzahlen verzeichnen können. Zur eigentlichen Installation sind nur noch ein Klick und die Anmeldung erforderlich.

Bild 1.42: Installation einer App aus dem App Store.

Zur Nutzung des App Store ist eine sogenannte Apple ID erforderlich. Benutzer können sich diese direkt im App Store leicht anlegen. Auch beim Download kostenloser Apps muss man sich mit dieser ID anmelden. Spätestens beim ersten Kauf einer kostenpflichtigen App müssen auch Zahlungsdaten hinterlegt werden. Apple bietet nur die Möglichkeit, über Kreditkarte einzukaufen, andere Zahlungsmethoden sind im App Store nicht vorgesehen.

Die Daten des App Store-Benutzerkontos lassen sich jederzeit unter *Einstellungen* einsehen und verändern.

Bild 1.43: Benutzer- und Zahlungsdaten für den App Store in den *Einstellungen*.

Updates im App Store

Gibt es Updates für installierte Apps, zeigt eine auffällige rote Zahl am App Store-Symbol die Anzahl der Updates an, vergleichbar mit der Anzeige noch nicht gelesener E-Mails.

Bild 1.44:
Nach Anmeldung im App Store kann man alle Apps auf einmal aktualisieren, ohne jedes Update einzeln bestätigen zu müssen.

Der App Store in iTunes

Apple verwendet seit dem ersten iPod die Software iTunes zur Übertragung von Musik und Filmen vom PC auf iOS-Geräte. iTunes wird auf dem Mac als zentraler Medienplayer genutzt und auch für Windows als alternative Musikverwaltung anstelle des Windows Media Player beworben. In iTunes ist ein Onlineshop für Musikdownloads und Leihvideos integriert. Das Angebot wurde mit dem Start des App Store auf dem iPhone auch um einen App Store direkt in iTunes erweitert.

Die iTunes-Software kann unter *www.itunes.de* kostenlos heruntergeladen werden und ist bis iOS 4 zur Einrichtung und Aktivierung eines iOS-Geräts zwingend erforderlich. Mit iTunes werden unter Windows automatisch Gerätetreiber zum Zugriff auf iOS-Geräte über USB-Kabel installiert.

Benutzer können in iTunes bequem den App Store durchstöbern und Apps auf den Computer herunterladen. Für jede App werden ausführliche Beschreibungen und meistens auch Screenshots angezeigt.

Bild 1.45: Der App Store, eingegliedert im iTunes Store.

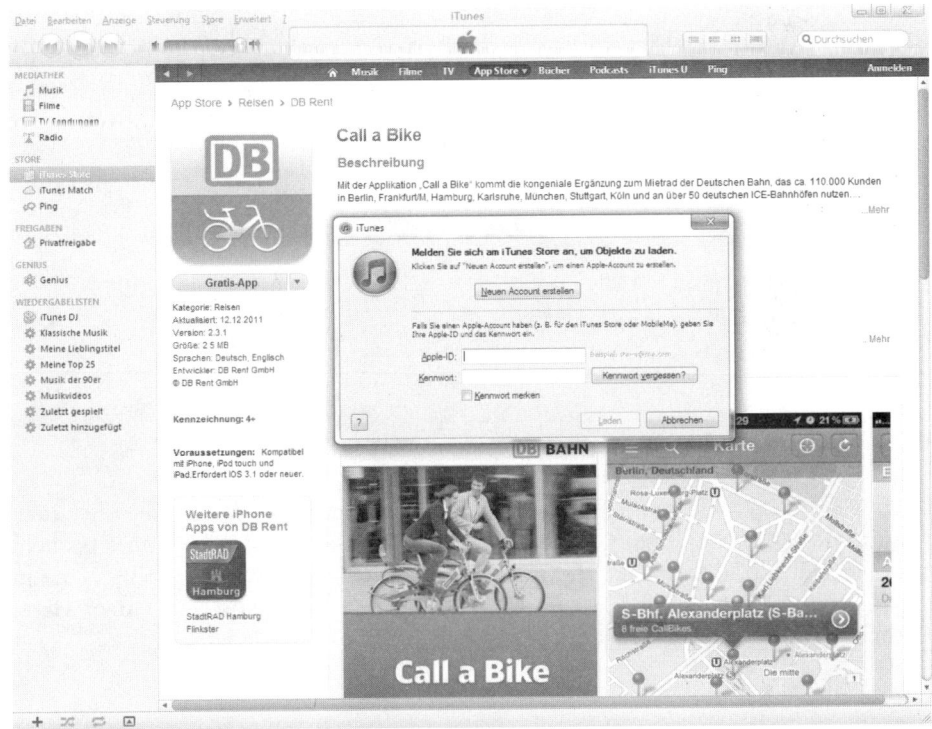

Bild 1.46: Anmeldung im iTunes Store auf dem PC.

Zum Herunterladen von Apps im iTunes Store ist eine Anmeldung mit einer Apple ID erforderlich. Hier muss die gleiche ID verwendet werden, die auch auf dem angeschlossenen Gerät genutzt wird. Zum Kauf lassen sich neben Kreditkarten auch das Bezahlsystem ClickAndBuy oder eine iTunes-Guthabenkarte nutzen.

Alle mit dieser Apple ID heruntergeladenen und gekauften Apps lassen sich in iTunes anzeigen und auch auf den PC herunterladen, um sie auf ein neues angeschlossenes Gerät mit der gleichen Apple ID zu übertragen. Mit der neuen iCloud ist dieses vergleichsweise umständliche Verfahren nicht mehr nötig. iCloud läuft aber erst mit aktuellen iOS-Versionen.

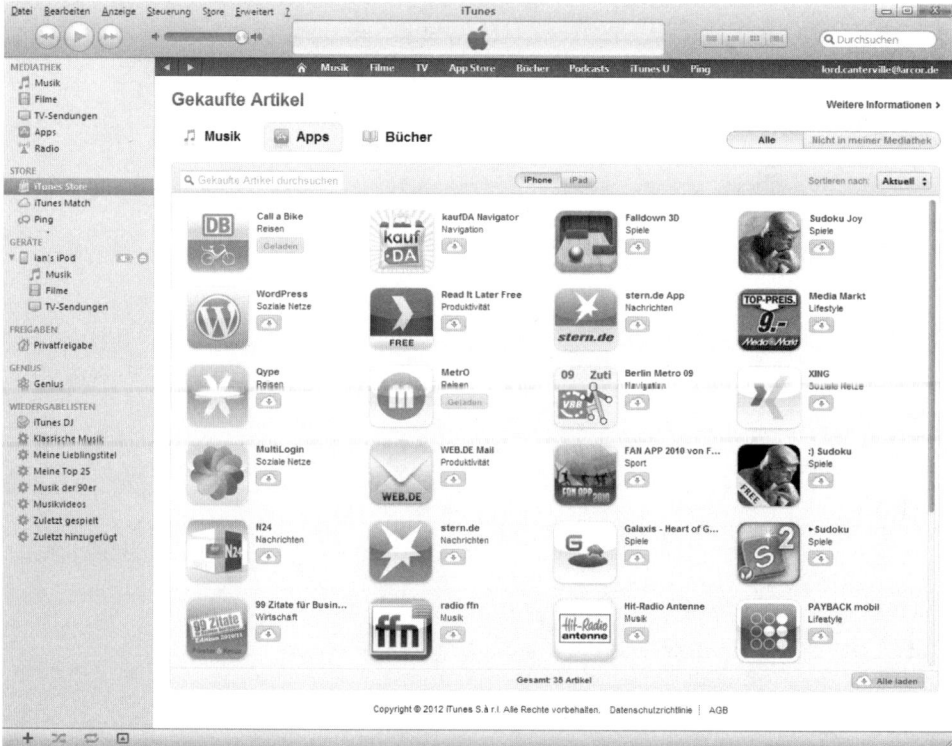

Bild 1.47: Gekaufte und kostenlos heruntergeladene Apps in iTunes.

Wird ein Gerät angeschlossen, können Sie es synchronisieren und damit alle oder auch nur bestimmte Apps auf dieses Gerät übertragen. Dabei können Sie in iTunes bequem wählen, welche App auf welcher Home-Bildschirmseite platziert werden soll. Neue in iTunes heruntergeladene Apps lassen sich auf Wunsch automatisch mit dem Gerät synchronisieren.

Bild 1.48: Apps aus iTunes auf ein iOS-Gerät übertragen.

iTunes legt beim Synchronisieren der Apps eine Sicherung der iTunes-Mediathek auf dem PC an. Diese Sicherung kann beim ersten Mal bis zu eine Stunde dauern. Außerdem wird an dieser Stelle eine Übersicht über die belegte und freie Speicherkapazität des angeschlossenen Geräts angezeigt.

Die iTunes-Vorschau im Browser auf dem PC

Lange Zeit waren die Inhalte des App Store nur innerhalb der iTunes-Software zu sehen. App-Entwickler konnten zwar zur Werbung für ihre Apps Produktlinks anlegen, diese starteten aber immer die iTunes-Software, wenn ein Besucher auf einer Webseite darauf klickte. Hatte ein Besucher kein iTunes installiert, führten diese Links auf die iTunes-Downloadseite bei Apple.

Damit Entwickler ihre Apps besser bewerben können, führte Apple die iTunes-Vorschau ein. Hier werden die Inhalte des App Store im Browser angezeigt, sodass sich bequem auf bestimmte Apps verlinken lässt.

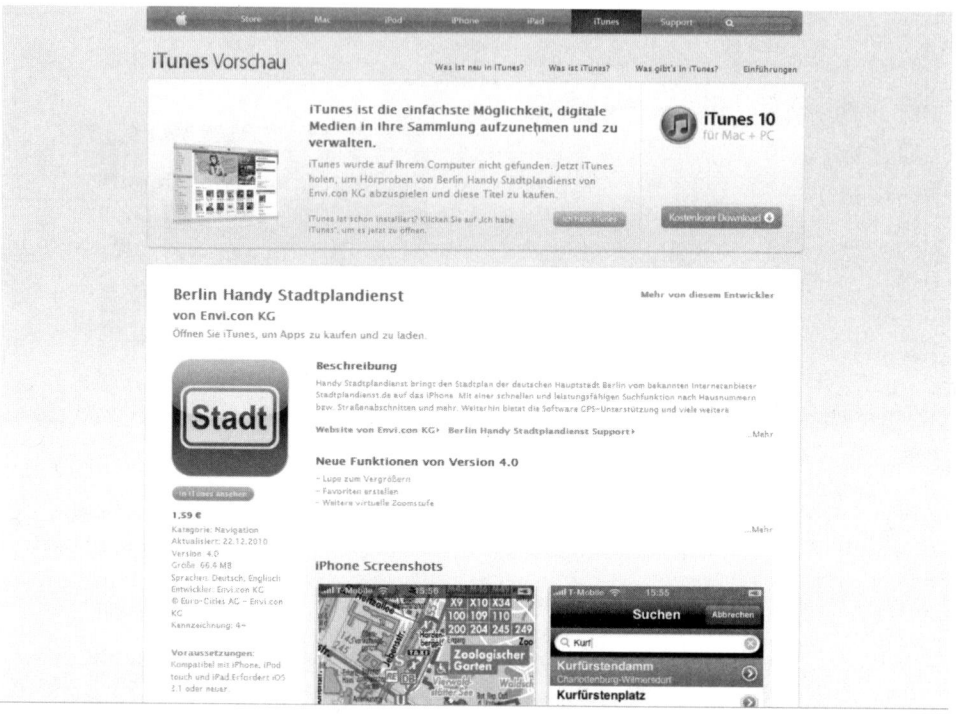

Bild 1.49: iTunes Vorschau im Browser.

Wie der Name Vorschau schon andeutet, kann man anders als im Android Market bei iTunes im Browser keine Apps herunterladen oder kaufen. Hierfür ist bei jeder App der Button *In iTunes ansehen* vorhanden, der iTunes startet und direkt zur jeweiligen App springt.

Alternativen zum App Store

Die Tatsache, dass Apple die alleinige Kontrolle über alle auf den iOS-Geräten installierten Apps hat, stößt bei einigen Anwendern auf wenig Gegenliebe. Bereits im Juni 2007 stellten kreative Hacker die erste Methode vor, die von Apple vorgegebenen Nutzungsbeschränkungen auszuhebeln und beliebige Apps ohne den App Store aus unabhängigen Downloadquellen auf einem iPhone zu installieren.

Derartige Entsperrmechanismen, als »Jailbreak« (Gefängnisausbruch) bezeichnet, werden seitdem ständig weiterentwickelt. War früher noch tief gehendes technisches Verständnis erforderlich, sind moderne Jailbreak-Verfahren mit wenigen Mausklicks für jeden Laien durchführbar. Auch um ein per SIM-Lock gesperrtes iPhone zu entsperren, ist zunächst ein Jailbreak nötig.

Offiziell erlischt durch einen Jailbreak die Garantie des Herstellers. Forenberichten zufolge zeigt sich Apple hier aber sehr kulant, zumal sich die meisten Jailbreaks auch sehr einfach wieder rückgängig machen lassen.

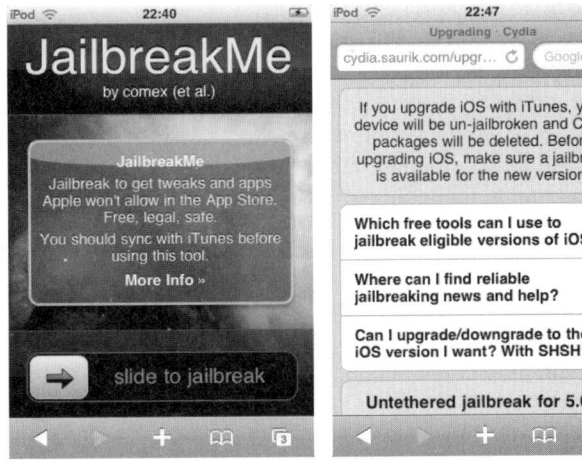

Bild 1.50: JailbreakMe, einer der bekanntesten Jailbreaks für iPhone und iPod touch.

Nach dem Jailbreak lassen sich Apps aus alternativen Downloadquellen installieren. Das bekannteste derartige Downloadarchiv Cydia bietet sogar Apps zum Verkauf an. Dabei handelt es sich meist um Tools, die stärker in das System eingreifen, als Apple es bei Apps im offiziellen App Store zulässt.

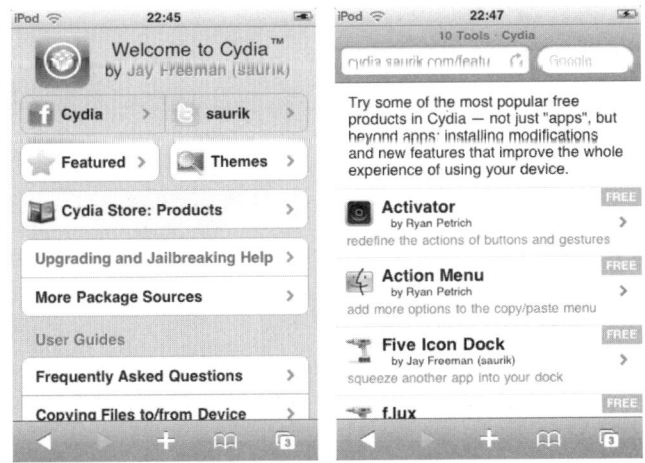

Bild 1.51: Der Cydia Store, die bekannteste unabhängige Downloadquelle für iOS-Apps.

▣ Lesezeichen

http://www.jailbreakme.com
Der bekannteste Jailbreak für iPhone und iPod touch.

http://cydia.saurik.com
Unabhängiges App-Archiv für iPhone und iPod touch mit Jailbreak.

1.3.6   Softwareaktualisierung über iTunes

Erst seit iOS 5 sind zukünftige Betriebssystemaktualisierungen direkt drahtlos auf den Geräten möglich. Bis dahin müssen die Geräte zum Update per USB-Kabel an den PC oder Mac angeschlossen werden. Ist ein Update verfügbar, erscheint automatisch beim Anschluss des iOS-Geräts an iTunes ein entsprechender Hinweis auf dem PC. Sie können das Update dann direkt herunterladen und anschließend auf das Gerät übertragen.

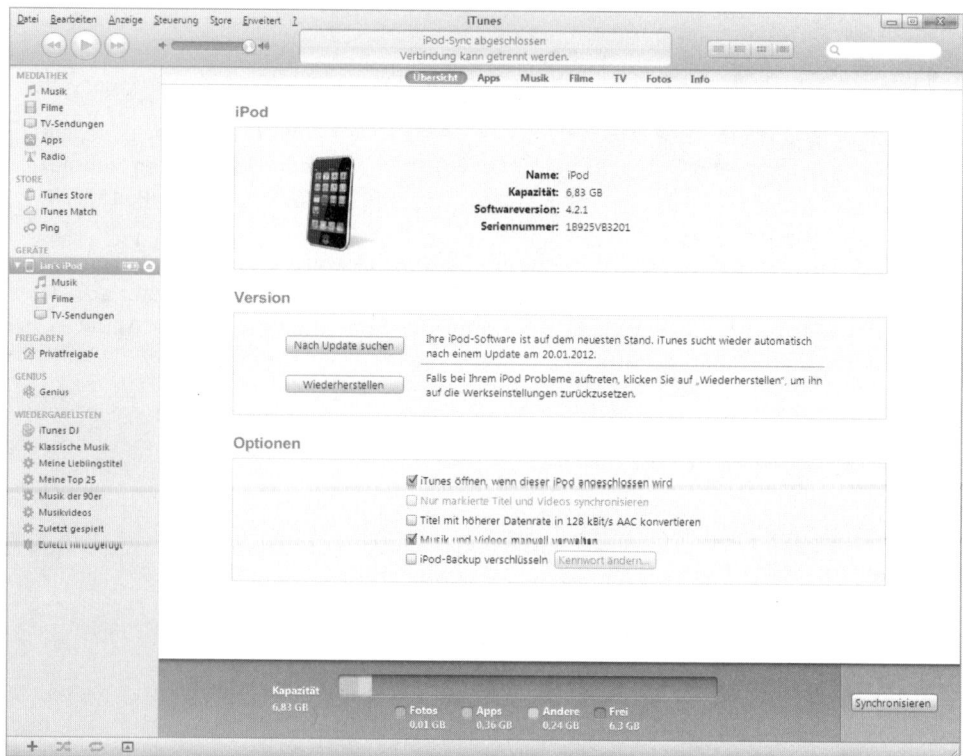

Bild 1.52: Anzeige der aktuellen Softwareversion eines angeschlossenen iOS-Geräts.

Bedenken Sie, dass neue Softwareversionen immer mehr Platz benötigen als ältere. Bei jeder Aktualisierung des Betriebssystems geht also etwas vom für die Benutzer verfügbaren Speicherplatz auf dem Gerät verloren. Sicherheitshalber sollte vor dem Update der Inhalt des Geräts mit iTunes gesichert werden. Benutzer müssen gekaufte Apps auf jeden Fall vor der Aktualisierung mit der iTunes-Medienbibliothek synchronisieren. Findet iTunes Kauf-Apps auf dem Gerät, erscheint vor der Aktualisierung eine Warnung.

Bild 1.53: Der Hinweis darauf, vor der Softwareaktualisierung gekaufte Artikel zu synchronisieren.

Nach der Softwareaktualisierung werden die zuvor installierten Apps durch automatische Synchronisierung aus iTunes wiederhergestellt.

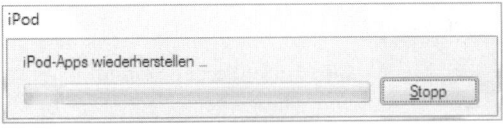

Bild 1.54: Wiederherstellen der installierten Apps nach der Softwareaktualisierung.

Ein Software-Update ohne Verlust eigener Daten und installierter Apps, wie man es von Android kennt, ist unter iOS nicht möglich. Bei zukünftigen Software-Updates nach iOS 5 werden alle Daten und Apps in der iCloud gesichert und können nach der Aktualisierung von dort wiederhergestellt werden, ohne dass ein Computer mit iTunes erforderlich ist.

1.4 Windows Phone 7: die Revanche

Ende des Jahres 2010 brachte Microsoft mit Windows Phone 7 einen neuen Kontrahenten im Wettkampf iPhone gegen Android ins Spiel. Mit Windows Phone 7 wagte Microsoft einen kompletten Neuanfang ohne Rücksicht auf Kompatibilität Zigtausender erfolgreicher Apps. Windows Phone 7 ist kein Nachfolger von Windows Mobile.

Die neue Plattform bringt eine neuartige Benutzeroberfläche mit sogenannten Hubs, in denen Anwendungen thematisch zusammengefasst sind. Diese Oberfläche verzichtet auf die Windows-typischen Elemente wie verschachtelte Startmenüs und kleine Buttons. Mit der stylish modernen Bedienung sollen vor allem neue Zielgruppen für Windows Phones erreicht werden – Nutzer sozialer Netzwerke, Jugendliche und Spieler. Dagegen werden Businessnutzer gewohnte Funktionen vermissen und womöglich auf andere Plattformen umsteigen.

Bild 1.55: Die neue Oberfläche von Windows Phone 7.

Um das zu verhindern, wurde damals angekündigt, die Windows Mobile 6.5-Produktlinie als »Windows Phone Classic« weiterzuführen. Allerdings gab es keine neuen Geräte, und auch App-Entwickler zogen sich von der alten Plattform zurück. Windows Mobile ist mittlerweile völlig von den Microsoft-Webseiten verschwunden.

Zunächst muss Windows Phone 7 den Vorsprung von Android und iPhone im Massenmarkt aufholen. Später werden dann die für geschäftliche Nutzer wichtigen Funktionen in Windows Phone 7 nachgeliefert. So stellt man sich es bei Microsoft zumindest vor. Mittlerweile ist ein Smartphone ein Lifestylegerät für jedermann, eine rein geschäftliche Zielgruppe spielt sowohl für Gerätehersteller wie auch für App-Entwickler kaum mehr eine Rolle.

Ähnlich wie Android ein Google-Konto braucht, verlangt Microsoft mit Windows Phone 7 die Registrierung einer persönlichen Windows Live ID. Auch hier wird das Konto dazu verwendet, Daten online zu synchronisieren. Hotmail, Kalender, Xbox Live und Handyortung sowie der Onlinespeicherplatz bei Microsoft Skydrive können nur zusammen mit einer Windows Live ID genutzt werden. Auch das Überspielen eigener Musik vom PC auf das Windows Phone ist nur noch mit einer Live ID möglich, da Microsoft hierfür nicht mehr den Windows Media Player, sondern die Zune-Software verwendet, die ohne Live ID nicht funktioniert.

1.4.1 Bekannte Windows Phones

Auf den ersten Blick sehen alle Windows Phones gleich aus. Zum Start waren es fünf in Deutschland. Anfangs haben HTC, LG, Samsung und Dell Windows Phones für den Weltmarkt produziert. Später kam Nokia hinzu, das eine enge Partnerschaft mit Microsoft eingegangen ist. Das Nokia Lumia 800 wurde schnell zum Vorzeigegerät beider Hersteller.

Im Gegensatz zur Gerätevielfalt bei Android unterscheiden sich die Windows Phones lediglich in Größe und Gehäuseform. Microsoft schreibt den Herstellern von der Bildschirmauflösung bis zur Anzahl und Anordnung von Tasten genau vor, wie ein Windows Phone auszusehen hat. Jedes aktuelle Windows Phone hat einen Multitouch-fähigen kapazitiven Bildschirm mit einer WVGA-Auflösung von 480 x 800 Pixeln, wobei durch Drehen des Geräts automatisch zwischen Hoch- und Querformat gewechselt wird. Eine zweite Auflösung wird erst mit einem zukünftigen Betriebssystem-Update unterstützt. Weiterhin muss eine 5-Megapixel-Kamera eingebaut sein, die sich auch auf einem gesperrten Handy mit einer Taste auslösen lässt, um so möglichst schnell Fotos machen zu können, ohne erst aufwendig eine Kamera-App starten zu müssen.

Jedes Windows Phone besitzt eine 1-GHz-CPU, mindestens 8 GByte Flash-Speicher, wovon 1 GByte vom Betriebssystem belegt ist. Zusätzlicher Speicher kann als Speicherkarte integriert sein, die sich aber anders als bei Android, Symbian und anderen üblichen Handys vom Benutzer nicht wechseln lässt. Alle Windows Phones kommen über WLAN ins Internet, in Europa auch über HSDPA, in Zukunft ebenfalls LTE. In anderen Ländern werden die jeweils verfügbaren Funknetze unterstützt. GPS-Empfänger und Beschleunigungssensor sind heute ohnehin Standard für moderne Smartphones.

Bild 1.56: Links Nokia Lumia 800, rechts HTC Titan.

Mit Windows Phone 7.5 Mango kamen neue Geräte auf den Markt: Acer Allegro, HTC Titan, HTC Radar, Nokia Lumia 710, Nokia Lumia 800 und Samsung Omnia W.

Auf der Consumer Electronics Show CES 2012 in Las Vegas zeigte Nokia sein bisher fortschrittlichstes Windows Phone, das Nokia Lumia 900. HTC stellte das Titan 2 vor. Beide Windows Phones unterstützen erstmals das neue Funknetzwerk LTE mit Downloadraten bis zu 50 MBit/s.

Bild 1.57:
Das Nokia Lumia 900.

Das Nokia Lumia 900 und auch das HTC Titan 2 werden vorerst nur in den USA auf den Markt kommen, da in Europa das LTE-Netz noch nicht so gut ausgebaut ist.

1.4.2   Windows Phone 7.5 Mango

Mit Windows Phone 7.5 Mango brachte Microsoft im September 2011 das erste große Update mit über 500 neuen Funktionen fast zeitgleich auf alle im Markt befindlichen Windows Phones. Neue Geräte werden direkt mit dieser Betriebssystemversion ausgestattet.

- Mit Windows Phone Mango lassen sich Informationen zu Personen oder Gruppen noch einfacher organisieren.

- Während ein und derselben Unterhaltung ist nun ein einfacher Wechsel zwischen SMS, Facebook Chats und Windows Live Messenger möglich.

- Kontakte lassen sich gruppieren und auf die Startseite pinnen. Auf der Live-Kachel werden Status-Updates oder verpasste Anrufe, E-Mails oder SMS direkt auf der Startseite angezeigt. Mit einem Klick kann man eine SMS, eine E-Mail oder eine Instant Message an die gesamte Gruppe schicken.

- Mehrere E-Mail-Konten können in einem verknüpften Posteingang gebündelt werden. Die Konversationsansicht erlaubt einen besseren Überblick über die neuesten Mails.

- Die Integration von Speech-to-Text und Text-to-Speech ermöglicht SMS oder Chatten im Freisprechmodus.

- Neben Facebook- sind jetzt auch Twitter- und LinkedIn-Feeds in den Kontakte-Hub integriert, das Einchecken an einem bestimmten Ort in Facebook wird einfacher, eine neue Gesichtserkennungssoftware erleichtert das schnelle Markieren von Personen auf Fotos und deren Veröffentlichung im Web.

- Die Live-Kacheln auf der Startseite werden dynamischer und können deutlich mehr Echtzeitinformationen aus Apps enthalten.

- Mit dem Update bietet Windows Phone 7.5 nun standardmäßig den Internet Explorer 9 als mobilen Internetbrowser mit HTML5-Unterstützung und hardware-beschleunigter grafischer Darstellung. Außerdem sind neue Funktionen für die Suche im Web enthalten, wie Bing Scan, Bing Music und Suche über Spracheingabe.

Windows Phone-Version herausfinden
Bei Windows Phone werden die Updates fast zeitgleich auf alle Geräte verteilt, sodass es im Gegensatz zu Android keine nennenswerte Fragmentierung des Markts gibt. Trotzdem kann es wichtig sein, die auf einem Handy installierte Version zu kennen. Rufen Sie *Einstellungen* auf, scrollen Sie ganz nach unten und tippen Sie auf *Info*. Hier wird die Softwareversion angezeigt. Ein Tipp auf *Weitere Informationen* liefert noch mehr Daten.

1.4.3   Ausblick auf Windows Phone 8

Voraussichtlich im Herbst 2012 wird das nächste große Windows Phone-Update erscheinen – vermutlich mit der Versionsnummer 8. Dieses Windows Phone (Code-name Apollo) wird auf dem gleichen Kernel basieren wie Windows 8 für PCs und Tablets und nicht mehr auf dem bisherigen Windows CE. Dadurch sollen App-Entwickler leichter für beide Plattformen parallel entwickeln können. Trotzdem sollen bestehende Windows Phone-Apps auch auf der neuen Betriebssystemversion laufen. Alle Plattformen sollen über SkyDrive Daten miteinander austauschen können.

Die Hardwarevorgaben sollen nicht mehr ganz so streng sein, um auf diese Weise eine breitere Vielfalt an Geräten zu ermöglichen. So soll Windows Phone 8 zusätzliche Bild-schirmauflösungen sowie NFC-Technik unterstützen und auf Mehrkernprozessoren laufen. Gerüchteweise sollen auch wechselbare Speicherkarten, wie auf anderen Smart-phone-Plattformen üblich, in Windows Phones möglich werden.

Mit BitLocker-verschlüsselten Dateisystemen und zusätzlichen Exchange-Richtlinien will Microsoft die Plattform für geschäftliche Nutzer interessanter machen. In diesem Zusammenhang ist auch von einer lokalen Synchronisation von Daten ohne Cloud die Rede. Möglicherweise wird die bisher nötige Zune-Software durch eine Betriebssystem-funktion in Windows 8 ersetzt.

Eine wichtige Neuerung ist die als DataSmart bezeichnete Datenübertragungstechnik für Internetverbindungen. Microsoft hat erkannt, dass Datentransfer über Mobilfunknetze in vielen Regionen der Welt noch teuer nach Volumen abgerechnet wird. Ähnlich wie vom mobilen Browser Opera Mini bekannt, will Microsoft einen Proxyserver anbieten, der Webseiten speziell für den neuen mobilen Internet Explorer 10 aufbereitet und komprimiert, um so Datenvolumen und Übertragungszeit zu sparen. Auf einer Kachel auf dem Startbildschirm soll das verbrauchte Datenvolumen angezeigt werden. Wenn ein vom Provider vorgegebenes Limit erreicht wird, kann eine Warnung ausgegeben werden.

1.4.4 Wie kommen Apps aufs Handy?

Microsoft bietet ähnlich wie Apple nur eine einzige Möglichkeit an, Apps auf Windows Phones zu installieren: den Windows Phone Marketplace. Der Marketplace ist als App auf den Windows Phones vorinstalliert. Hier kann man nach verschiedenen Kategorien Anwendungen und Spiele suchen und direkt auf das Gerät herunterladen. Neben Apps bietet der Marketplace auch Musik und Filme zum Download an.

Bild 1.58: Apps im Windows Phone Marketplace; installierte Spiele werden innerhalb des Spiele-Hubs mit Xbox LIVE angezeigt.

Bei kostenpflichtigen Apps wird in vielen Fällen eine kostenlose Testversion angeboten, deren Funktionsumfang eingeschränkt ist oder die nach einer bestimmten Zeit abläuft. Kostenpflichtige Apps können im Windows Phone Marketplace nur mit einer Kreditkarte gekauft werden. Die Kreditkartendaten müssen im Zune-Benutzerkonto, das automatisch mit einer Windows Live ID verknüpft ist, hinterlegt werden. Dies kann vom Windows Phone aus oder vom PC unter *www.zune.net* erfolgen.

Zune-Software auf dem PC

Zur Verbindung eines Windows Phone mit dem PC, um zum Beispiel auf dem PC gespeicherte Musik zu übertragen, ist die Zune-Software erforderlich. Dabei handelt es sich um einen Nachfolger des Windows Media Player, der bereits das Metro-Design von Windows 8 zeigt. Ist die Zune-Software auf einem PC nicht installiert, erscheint beim ersten Anschließen eines Windows Phone ein entsprechender Hinweis mit einem Downloadlink.

Innerhalb der Zune-Software ist ebenfalls der Windows Phone Marketplace zu finden. Hier kann man bequem nach Kategorien oder über verschiedene Listen Apps suchen und sich ausführliche Beschreibungen sowie Screenshots anzeigen lassen.

Apps, die sich die Benutzer hier aussuchen, werden direkt über die Internetverbindung des PCs heruntergeladen und dann per USB-Kabel auf dem Windows Phone installiert.

Auf diese Weise müssen sie nicht über eine Mobilfunkverbindung heruntergeladen werden, was auch an Orten ohne Mobilfunkempfang funktioniert und bei knapp bemessenen Datentarifen Übertragungsvolumen spart.

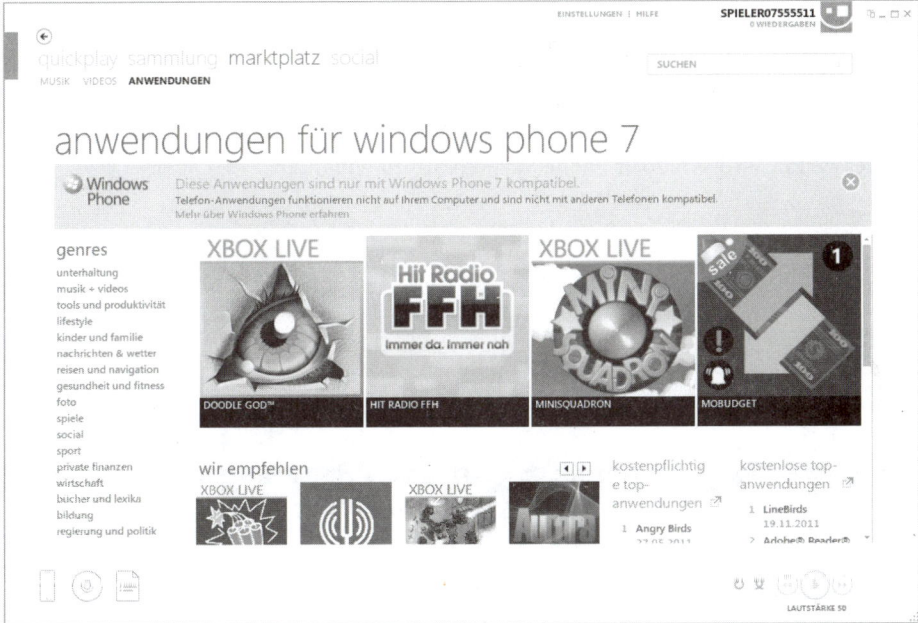

Bild 1.59: Der Windows Phone Marketplace innerhalb der Zune-Software

Bild 1.60: Installation einer App über die Zune-Software vom PC auf das Windows Phone.

Der Windows Phone Marketplace im Browser

Mit Windows Phone Mango startete Microsoft einen Windows Phone Marketplace, der auf jedem beliebigen PC über den Webbrowser ohne Zusatzsoftware erreichbar ist. Auf diese Weise können sich auch Interessenten, die noch kein Windows Phone besitzen, einen Überblick über die Vielfalt an Apps verschaffen.

⊡ Lesezeichen

http://www.windowsphone.com/de-DE/marketplace

Hier ist der webbasierte Windows Phone Marketplace zu finden.

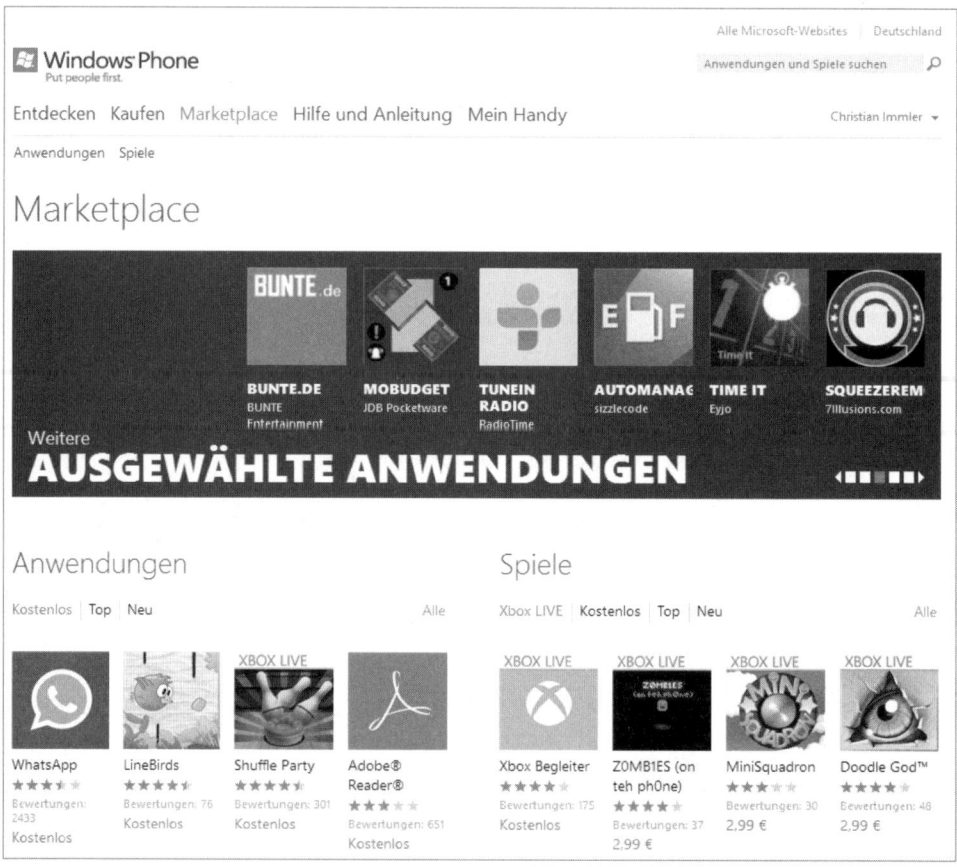

Bild 1.61: Der Windows Phone Marketplace im Browser.

Nach Anmeldung mit einer Windows Live ID, die auch auf einem Windows Phone genutzt wird, kann man Apps direkt zur Installation markieren. Der Button *Herunterladen* in einer App-Beschreibung lädt keine Datei auf den PC herunter, sondern bietet auf einer weiteren Seite die Möglichkeit, ein für diese Windows Live ID registriertes Windows Phone auszuwählen.

Zur eigentlichen Installation wird eine Nachricht direkt auf das Handy geschickt, über die man die App installieren kann. Alternativ können Sie sich auch eine E-Mail schicken lassen. Diese enthält einen Link, der auf dem Windows Phone direkt in den Marketplace führt. Liest man die Mail auf dem PC, startet der Link die Zune-Software und führt dort zur gewählten App.

Bild 1.62: App zur Installation auf dem Handy markieren.

1.5 Ready to rumble: Android versus iOS

Nachdem Sie nun die wichtigsten Smartphone-Plattformen kennengelernt haben, stehen Sie vor der Entscheidung, für welche Plattform(en) Sie Apps entwickeln wollen. Es gibt keine eindeutige Antwort. Jede Plattform hat ihre Vor- und Nachteile, die nicht nur technischer Natur sind.

Nach einer Studie des Marktforschungsunternehmens IDC vom Januar 2012 wurden bis Ende des Jahres 2011 weltweit 472 Millionen Smartphones verkauft, davon 39 % mit Android und 17 % mit iOS. Die restlichen 44 % teilen sich Symbian, Windows Phone, BlackBerry und ein paar kleine Plattformen. Bis 2015 soll sich die Zahl verkaufter Smartphones auf 982 Millionen fast verdoppeln. Dabei wird Windows Phone mit 20 % Marktanteil den zweiten Platz übernehmen, Apple wird auf Platz drei rutschen und Symbian völlig vom Markt verschwinden.

Entwickler haben ziemlich lang ihren Schwerpunkt auf die Apple iOS-Plattform gelegt. Innerhalb der nächsten zwölf Monate wird sich das Verhältnis umkehren, und Android wird in der Entwicklergunst an erster Stelle liegen. Viele Entwickler arbeiten jetzt schon parallel an beiden Plattformen.

1.5.1   Unbegrenzte Freiheit von Android

Android zeichnet sich vor allem dadurch aus, dass Entwickler hier ähnlich wie unter Windows auf dem PC frei sind, was die Vielfalt möglicher Anwendungen und auch deren Distribution angeht. Android-Entwickler haben weitreichenden Zugriff auf sämtliche Systemfunktionen der Handys, sodass eine Vielzahl von Systemtools möglich sind – ein Thema, das auch auf PCs immer noch einen großen Markt darstellt.

Sehr beliebt bei Android-Nutzern sind alternative Benutzeroberflächen für das Handy. Google beteuert zwar bei jedem Android-Update, die Oberfläche so verbessert zu haben, dass sie jetzt benutzerfreundlich wie noch nie sei und keine alternativen Oberflächen (auch als Launcher bezeichnet) mehr benötigt würden, gerade diese Tatsache scheint die Entwickler aber erst recht dahin gehend zu beflügeln, ständig weitere Funktionen und grafische Spielereien in ihre Oberflächen einzubauen.

Auch Gerätehersteller sind weitgehend frei, wenn es darum geht, Android-Handys zu produzieren. Hardwaredaten – wie Bildschirmauflösung und -größe, Zahl und Anordnung der Tasten, Kameraauflösung, Unterstützung verschiedener Funktechnologien (EDGE, UMTS, HSDPA, LTE), Tastatur oder nicht – sind für die Hersteller nicht konkret vorgeschrieben. Dies führte dazu, dass sich eine breite Vielfalt verschiedener Handys für jeden Nutzergeschmack entwickelt hat.

Android inoffiziell

Wem die Freiheit, die Android auf normalem Weg schon bietet, noch nicht reicht, der kann sein Handy »rooten«. Da Android auf Linux basiert, geht es auch von einem normalerweise eingeschränkten Benutzerkonto aus, dem kritische Systemzugriffe verwehrt werden. Ein spezieller Benutzer »root« hat Zugriff auf das komplette System, was natürlich auch mit Risiken verbunden ist.

Android-Nutzer können mithilfe spezieller – von den Geräteherstellern nicht autorisierter – Tools sich selbst den root-Zugriff auf ihr Handy freischalten. Im gerooteten Modus ist noch weit mehr möglich, was auch Entwicklern einen großen Spielraum für spezielle root-Apps bietet.

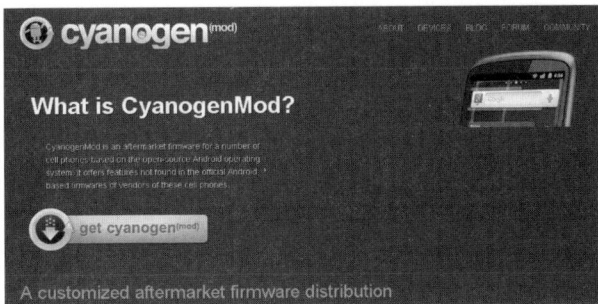

Bild 1.63: Alternative Android-Firmware CyanogenMod.

Android als freies Betriebssystem wird von einer regen Usercommunity auch unabhängig von den Geräteherstellern weiterentwickelt. So haben sich Eigenentwicklungen – sogenannte Custom ROMs – vom »offiziellen« Android abgespalten, die schon neue Funktionen bieten oder aktuelle Android-Versionen auf Smartphones zur Verfügung stellen, die vom Gerätehersteller nicht mehr aktualisiert werden.

▣ Lesezeichen

http://bit.ly/xzO4r5

Der bekannteste unabhängige Android-Ableger ist CyanogenMod, das für zahlreiche aktuelle und auch ältere Android-Smartphones zur Verfügung steht.

Ein weiterer wichtiger Vorteil von Android ist die Freiheit der Distribution von Apps. Google bietet mit seinem Android Market zwar eine wichtige und von einem Großteil der Anwender auch vorrangig genutzte Quelle zur Installation von Apps. Hersteller können Apps aber auch über eigene Webseiten oder alternative Downloadportale anbieten. Anders als bei anderen Plattformen sind Installationen von Apps ebenfalls über einfache Downloadlinks im Browser, über E-Mail-Anhänge, die Speicherkarte oder per USB-Kabel vom PC möglich. Nicht nur dem Nutzer, sondern auch dem Entwickler erleichtert dieses Verfahren die Arbeit. Entwickler können ihre Apps sehr einfach auf verschiedenen Geräten testen.

Die typischen Android-Nutzer

Glaubt man den Umfragen von PC-Zeitschriften, ist der typische Android-Nutzer männlich, technisch interessiert und zwischen 20 und 40 Jahre alt. Mittlerweile und in Zukunft noch mehr werden sich diese deutlichen Kriterien verwischen. Es kommen immer mehr Android-Handys auf den Markt, sodass auch viele ehemalige Nutzer »normaler« Handys bei einer anstehenden Verlängerung ihres Mobilfunkvertrags auf Android-Smartphones umsteigen werden. Auch die vergleichsweise niedrigen Gerätepreise tragen das ihrige zu dieser Entwicklung bei. Sowohl unter Schülern wie auch in der 50+-Generation werden diese Geräte immer beliebter.

Die Nachteile der Android-Plattform

Natürlich haben die Freiheit der Apps und die Vielfalt der Geräte auch Nachteile. Die Gerätevielfalt bedingt, dass bei Weitem nicht jede App auf jedem Gerät läuft. Ähnlich wie bei PCs gibt es auch Android-Handys, die z. B. für aktuelle Spiele schlicht und einfach zu schwach sind.

Auch die freie Verteilung von Apps kann ihre Nachteile haben. Sicherheitskritische und bösartige Anwendungen können ungehindert ihren Weg auf die Geräte finden. Keine zentrale Qualitätskontrolle kann das verhindern oder solche Apps gar nachträglich von den Geräten entfernen. Selbst wenn der Android Market eine App sperrt, heißt das noch lange nicht, dass sie damit von allen Handys dieser Welt verschwindet. In letzter Zeit nehmen Malwarebedrohungen auf der Android-Plattform und vor allem Medienmeldungen darüber rasant zu.

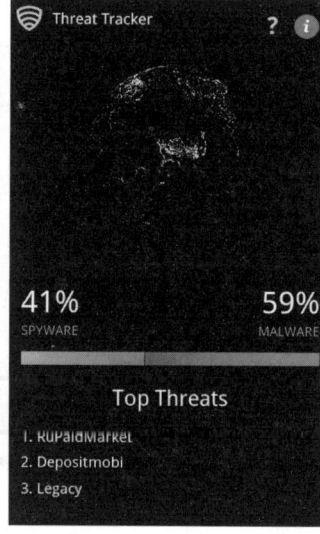

Bild 1.64: Die App Threat Tracker zeigt aktuelle Bedrohungen in Echtzeit.

Da jeder Gerätehersteller selbst für die Betriebssystem-Updates verantwortlich ist, kommt es hier teilweise zu erheblichen Verzögerungen, sodass mehrere Android-Versionen im Umlauf sind, die von eigenen Apps unterstützt werden sollten.

1.5.2   Streng reglementiert: iOS und Windows Phone

iOS geht einen anderen Weg, den Microsoft mit Windows Phone weitgehend übernommen hat. Die Entwickler werden in ihren Freiheiten extrem eingeschränkt, was den Zugriff auf Systemfunktionen der Handys angeht. Dadurch ist die Vielfalt verfügbarer Systemtools deutlich eingeschränkt. iOS rühmt sich zwar, die Plattform mit der größten Anzahl an Apps zu sein, die meisten davon sind aber nur in Apps verpackte Zugänge zu mobilen Webseiten. Alternative Oberflächen sind für iOS gar nicht möglich. Gleiches gilt auch für Microsofts noch relativ junge Windows Phone-Plattform.

Ein Windows Phone-Nutzer hat die Möglichkeit, sich die für ihn wichtigen Kacheln mit Daten oder Apps auf dem Startbildschirm selbst anzuordnen. Außerdem kann die Farbe der Oberfläche festgelegt werden. Die einzigen Möglichkeiten zur Personalisierung eines iOS-Geräts bestehen im Bestimmen der Reihenfolge der Apps auf den verschiedenen

Startbildschirmseiten sowie in der Auswahl des Hintergrundbilds des Sperrbildschirms, das auch bei Windows Phone frei wählbar ist.

Hardwarevoraussetzungen

Microsoft vergibt Windows Phone-Lizenzen nur an ausgewählte Hersteller, die sich mit Smartphones bereits einen guten Namen gemacht haben, wie HTC, Samsung, LG oder Nokia. Chinesische Billighersteller haben keine Möglichkeit, Windows Phones zu produzieren. Die Hersteller bekommen sehr genaue Vorgaben, wie ein Windows Phone auszusehen hat. Die Zahl und Art der Tasten sowie die Bildschirmauflösung sind genau definiert, was den Vorteil hat, dass jede App auf jedem Gerät läuft und die Bedienung für den Anwender immer gleich ist.

Gerätehersteller verpflichten sich, Betriebssystem-Updates sehr kurzfristig an die Geräte anzupassen. Die Verteilung der Updates erfolgt zentral über Microsofts Zune-Plattform. Sobald eine neue Version erscheint, ist sie innerhalb kurzer Zeit auf allen aktiv genutzten Windows Phones installiert.

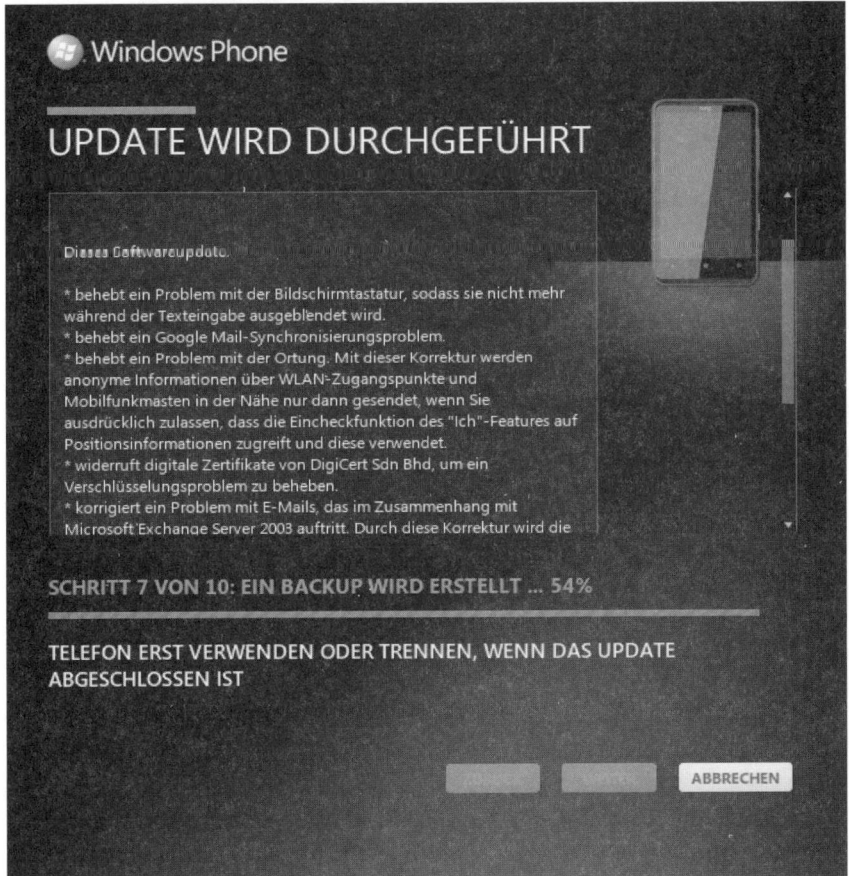

Bild 1.65: Windows Phone über die Zune-Software aktualisieren.

Apple als einziger iOS-Hersteller

Bei iOS gibt es nur einen einzigen Hardwarehersteller, und dessen Produktvielfalt ist sehr begrenzt. Wenn Apple ein neues iPhone veröffentlicht, kommen meistens auch neue Funktionen ins Betriebssystem, oder es gibt sogar gleich eine neue Version. Das Vorgängermodell gilt nach kurzer Zeit bei Benutzern als veraltet und verschwindet auch schnell aus den Regalen der Handyläden und Onlineshops. Für App-Entwickler reicht es also wie beim Windows Phone aus, die neueste Version zu unterstützen.

Die typischen iOS-Nutzer

Das iPhone war von Anfang an ein Kultgerät, die Nutzer sind eher am Design als an der Technik interessiert, auf dieser Plattform ist der Frauenanteil unter den Anwendern sehr hoch. Der Preis der Geräte spielt nur eine untergeordnete Rolle. Apple hat es schon immer geschafft, seine Geräte zu deutlich höheren Preisen zu verkaufen, als für diese Geräteklasse typisch. Man vergleiche nur den Preis eines MacBook mit den typischen Notebook-Preisen oder den Preis eines einfachen iPod mit denen von MP3-Playern anderer Hersteller.

Windows Phone muss seine typische Zielgruppe noch finden. Microsoft spricht in der Werbung eher die jüngere Lifestylegeneration an und nicht mehr die Geschäftswelt, die noch die bevorzugte Zielgruppe der Vorgängerplattform Windows Mobile war. Die Zielgruppe der Geschäftsleute – früher die Mehrheit der Smartphone-Nutzer – hat für Gerätehersteller wie auch App-Entwickler komplett an Bedeutung verloren.

> **Das Licht der ersten Generation erlischt**
> Für die Smartphone-Plattformen der ersten Generation (Symbian OS, Windows Mobile, Palm OS, BlackBerry) werden außer für BlackBerry so gut wie keine neuen Apps mehr entwickelt. Webbasierte Anwendungen im Browser sind aber auf vielen Geräten möglich. Die Browser auf Symbian und BlackBerry werden von Nokia bzw. RIM immer noch weiterentwickelt, um aktuelle Webtechnologien zu unterstützen. Microsoft entwickelt Windows Mobile nicht weiter, hier liefert Opera aber einen aktuellen Browser.

2   App-Typen, ohne die nichts geht

Ähnlich wie es für PCs Tausende verschiedener Programme gibt, wird auch der Markt an Apps immer umfangreicher und auch unübersichtlicher. Das sollte Sie jedoch nicht abschrecken, weitere Apps zu erstellen. Wenn Sie sich eine Weile mit dem Thema Apps beschäftigen, werden Sie merken, dass sich die meisten Apps in einige wenige große Kategorien einordnen lassen, die wir anhand bekannter Beispiele auf den nächsten Seiten vorstellen – auch wenn es in Einzelfällen fließende Übergänge zwischen den Kategorien gibt.

Bild 2.1: Die App-Kategorien im Android Market und im Apple App Store.

Die Kategorien in den großen Appstores sind rein aus Benutzersicht thematisch zusammengestellt und entsprechen nicht immer der Sicht des Entwicklers.

2.1   Mit Web- und Werbe-Apps ist man dabei

Ein großer Teil aller verfügbaren Apps auf den großen Plattformen dient dazu, die Inhalte eines Onlineangebots auf Smartphones oder Tablets nutzbar zu machen. Was auf den ersten Blick etwas abfällig und unbedeutend klingen mag, hat sich zu einem wesentlichen Marktsegment im App-Markt entwickelt.

Zwar hat jedes moderne Smartphone einen Browser, mit dem Benutzer theoretisch die Internetangebote der Firmen ansehen können, in der Praxis sieht es jedoch anders aus:

- Gerade Webseiten für Endkunden, wie Tourismusangebote oder Supermärkte, sind mit vielen Fotos und interaktiven Elementen ausgestattet, die auf Smartphones nur eingeschränkt zur Wirkung kommen.

- Die Intention eines Smartphone-Nutzers auf einer Webseite ist eine ganz andere als die eines PC-Nutzers. Ein PC-Nutzer will sich umfassend informieren und nimmt sich auch die Zeit, sich durch ein Onlineangebot durchzuklicken, Fotos zu betrachten und Texte zu lesen. Ein Smartphone-Nutzer ist unterwegs und braucht vor Ort mit wenig Aufwand die für ihn relevante Information.

- Eine App, die in einem Appstore angeboten wird und danach direkt auf der Smartphone-Oberfläche erscheint, hat einen deutlich höheren Aufmerksamkeitswert als eine Webseite, die man im Browser besuchen muss, selbst wenn sich Benutzer ein Lesezeichen darauf legen.

Große Onlineshops wie eBay oder Amazon bringen ihre Inhalte in Form einer App aufs Smartphone. Diese Apps bieten für Mobilgeräte optimierte Such- und Kaufformulare, die eigentlichen Inhalte kommen aus der Datenbank des jeweiligen Shops, so wie sie auch auf den normalen Webseiten zu sehen sind.

 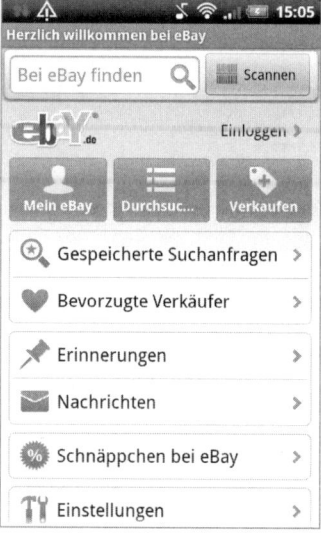

Bild 2.2: Android-Apps der Shopping-Portale Amazon und eBay.

eBay hat noch eine interessante Zusatzfunktion in die App eingebaut. Mit dem integrierten Barcodescanner kann der Benutzer den EAN-Code auf einem Produkt fotografieren und direkt bei eBay danach suchen.

Bild 2.3: Viele Preisvergleichsportale verwenden ebenfalls Apps mit Zugriff auf die Onlinedatenbank.

Nachrichtenmagazine und Zeitungen verwenden Apps, um ihre Inhalte nutzerfreundlich auf Smartphones darzustellen. Im Gegensatz zu einfachen mobilen Webseiten bieten die Apps oft bessere Navigationsmöglichkeiten als ein Browser und halten den Besucher länger auf dem eigenen Angebot. In einem Browser ist die Verlockung größer, woanders weiterzusurfen.

Bild 2.4: Die Apps von Tagesschau und Spiegel zeigen aktuelle Nachrichten auf dem Handy.

Auch große Supermarktketten bieten mittlerweile Apps an, die aktuelle Angebote anzeigen. Um Kunden zur Nutzung der App anzuregen, sind oft noch Zusatzfunktionen integriert. So zeigt z. B. die App von Netto aktuelle Gutscheincoupons an, die zusammen mit einer Nutzer-ID an der Kasse vorgezeigt werden müssen. Auf bestimmte Produkte gibt es dann einen besonderen Rabatt.

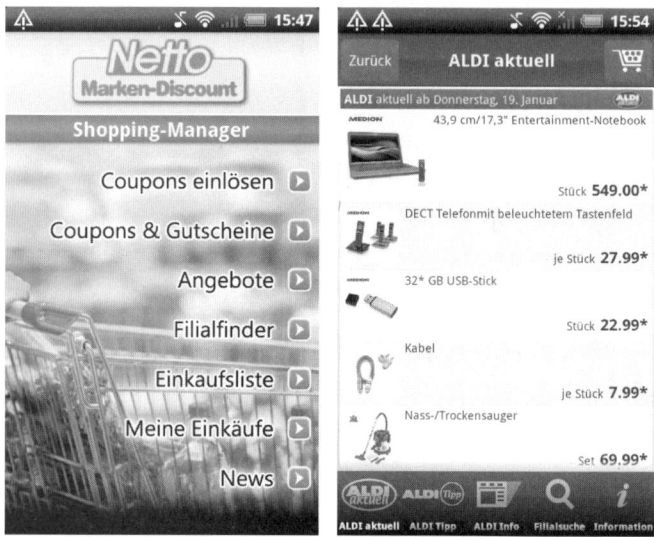

Bild 2.5: Die Apps von Netto und Aldi.

Weitere typische Vertreter dieser Kategorie sind Apps aus Tourismusregionen, die sowohl allgemeinere Informationen über die Gegend und die Unterkünfte als auch aktuelle Daten wie Wetterberichte oder Webcams in übersichtlicher Form anzeigen. Für weitere Informationen verlinken die Apps auf entsprechende Webseiten.

Bild 2.6: Interaktive Apps für die Insel Rügen und den Arber im Bayerischen Wald.

Systemressourcen für Web-Apps
Web-Apps benötigen Zugriff auf das Internet und, wenn standortabhängig lokale Informationen angezeigt werden sollen, auch auf die Positionsbestimmung des Handys.

2.2 GPS und Karten-Apps zeigen, was los ist

Die Tourismus-Apps nutzen häufig die Position des Nutzers, um Sehenswürdigkeiten oder Gastronomie in unmittelbarer Umgebung zu finden. Diese Funktion ist zur Urlaubsplanung von zu Hause wenig nutzbar, da alle Suchergebnisse fast gleich weit weg sind. Befindet man sich aber einmal in der Zielregion, kann die Positionsbestimmung nützliche Dienste leisten.

Fast alle Android-Smartphones, iOS-Geräte und Windows Phones haben einen integrierten GPS-Empfänger, mit dem sich die aktuelle Position des Nutzers genau ermitteln lässt. Dies wird heute nicht mehr nur zur Navigation für Autofahrer genutzt, wie früher unter Windows Mobile sehr beliebt, sondern immer mehr auch zur Anzeige lokaler Informationen.

Bild 2.7: Google Maps-Einbindung in den Apps der Deutschen Bahn und von Aldi.

Die Apps der Supermärkte und Banken bieten mithilfe der Positionsbestimmung eine Filialsuche in der Umgebung des Nutzers an. Besonders intensiv nutzen die Apps der Bahn und der Verkehrsverbünde die Standortbestimmung. Hier kann man sich den Fahrtverlauf, einen Umgebungsplan der Zielhaltestelle oder auch einfach die nächste Haltestelle vom eigenen Standort aus gesehen anzeigen lassen.

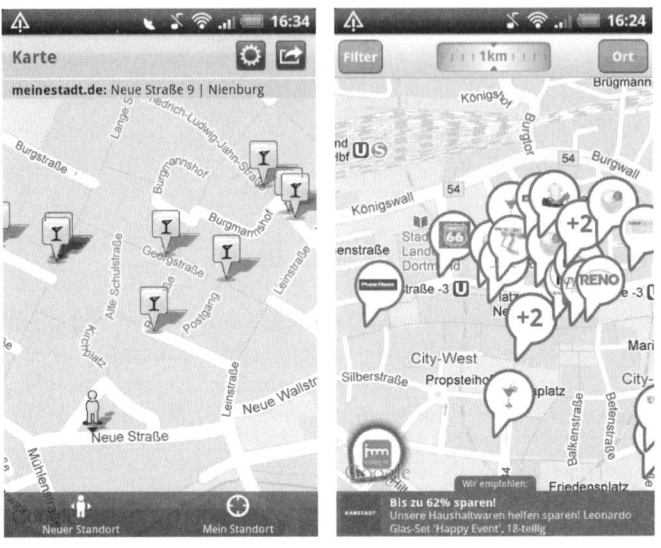

Bild 2.8: Lokale Informationen auf Google Maps-Karten in den Apps von meinestadt.de und Gettings.

Spezielle eigens dafür entwickelte Apps zeigen regionale Informationen verschiedener Anbieter auf einer Karte an. So bietet z. B. meinestadt.de in einer App Cafés, Kneipen, Restaurants, Läden, Geldautomaten und viele andere nützliche Orte in unmittelbarer Umgebung des Benutzers. Ein anderer Anbieter, Gettings, ist spezialisiert auf Sonderangebote und Schnäppchen in Ladenketten in der Nähe des Benutzers.

App-Entwickler können auf das Kartenmaterial und die API (Application Programming Interface) von Google Maps zugreifen, die bei Android tief ins System integriert ist und auch für iOS zur Verfügung steht. Windows Phone setzt auf Microsoft Bing Maps, bietet aber ebenfalls die Möglichkeit, Google Maps einzubinden.

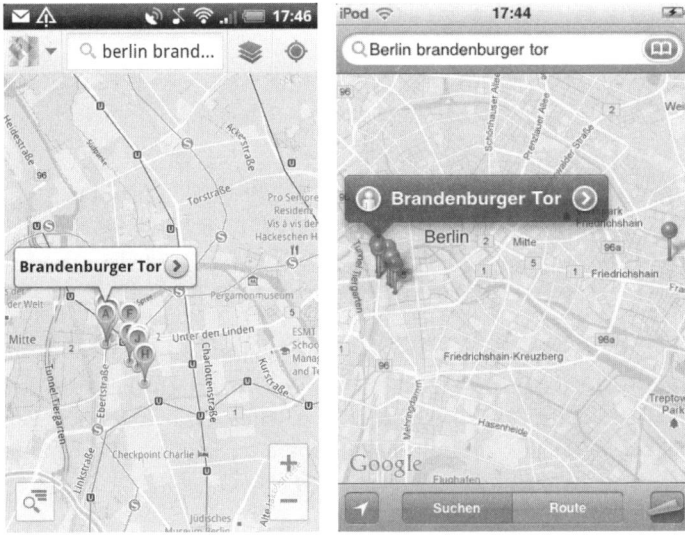

Bild 2.9: Google Maps-Suche in den Original-Apps auf Android und iOS.

Systemressourcen für Karten-Apps
GPS- und Karten-Apps benötigen Zugriff auf das Internet und die Positionsbestimmung des Handys. In einigen Fällen kann auch ein Zugriff auf das Adressbuch des Handys notwendig sein, um z. B. die Adressen gespeicherter Kontakte auf der Karte anzuzeigen oder eine Adresse aus der App ins Adressbuch aufzunehmen.

2.2.1 Wird die Google Maps-API kostenpflichtig?

Das Einbinden von Google Maps in eigene Webseiten wie auch in Inhalte für Smartphones – seien es mobile Webseiten oder echte Apps – wird kostenpflichtig. Allerdings gilt das erst, wenn die entsprechende Webseite oder App mehr als 25.000 Zugriffe an einem Tag verzeichnet.

Bis diese Anzahl an Seitenaufrufen erreicht wird, muss eine App schon ziemlich populär sein. Allerdings zählt Google auch beim regelmäßigen Aktualisieren des Kartenbilds, bei der Umschaltung von Layern, z. B. eines Satellitenbilds, oder bei der Routenplanung zusätzliche Aufrufe mit. Bei Karten mit benutzerdefinierten Stilen liegt die Grenze zur Kostenpflichtigkeit schon bei 2.500 Aufrufen am Tag.

Nicht kommerzielle Webseiten und Apps unterliegen nicht diesen Beschränkungen. Allerdings zieht Google die Grenze zum Kommerz hier ziemlich eng. Finanziert sich eine Webseite über Werbung oder wird auf einer Google Maps-Karte der Weg zu einem Laden gezeigt oder ein Haus zum Verkauf oder zur Vermietung angeboten, gilt die Seite bzw. App bereits als kommerziell.

Bei kostenpflichtiger Google Maps-Nutzung verlangt Google pro 1.000 Kartenladevorgänge, die über die 25.000 freien hinausgehen, eine Gebühr von 4 US-Dollar. Webseiten mit sehr hohen Zugriffszahlen oder Seiten, die nur angemeldeten Benutzern kostenpflichtig zugänglich sind, können über *Google Maps API Premier* die Karten nutzen. Hier fängt der Jahrespreis bei 10.000 US-Dollar an – also nichts für Einsteiger im App-Geschäft.

☐ Lesezeichen

http://bit.ly/zsC84F
Hier liefert Google ausführliche Informationen über die Preise zur Nutzung der Google Maps-API.

http://bit.ly/ztlsjX
Google bietet zur Einbindung in Apps speziell für Android eine eigene Bibliothek (*com.google.android.maps*) an. Diese Bibliothek enthält Funktionen zum Download und zur Darstellung von Google-Maps-Kacheln sowie zur Navigation innerhalb der Karten.

http://bit.ly/ApyTys
Smartphones mit anderen Betriebssystemen, wie iOS oder Windows Phone, können über den Browser auf Google Maps zugreifen. Zur Programmierung der Web-Apps bietet Google eine eigene Google-Maps-JavaScript-API an.

2.2.2   Alternative OpenStreetMap

Google Maps ist nicht die einzige Möglichkeit, Kartendaten in eigene Apps zu bringen. Google Maps gilt zwar fast als Standard für Kartenmaterial im Internet, was aber noch lange nicht heißt, dass diese Karten auch das Gelbe vom Ei sind. Dazu kommt das Problem der Kosten. Gerade in großen Stadtgebieten sind die frei verfügbaren OpenStreetMap-Karten (*www.openstreetmap.de*) deutlich aktueller, da sie – ähnlich wie Wikipedia – von einer großen Nutzergemeinde täglich gepflegt werden. Eine neue Straße oder ein interessanter Ort ist oft bereits wenige Minuten nach der Eröffnung in den Karten verfügbar.

OpenStreetMap-Karten sind immer kostenfrei zu nutzen und können sogar zur Offlinenutzung lokal auf die Geräte heruntergeladen werden. Dadurch stehen sie auch bei schlechtem Mobilfunkempfang zur Verfügung und verursachen bei Verwendung im Ausland für den Benutzer keine Roaming-Kosten.

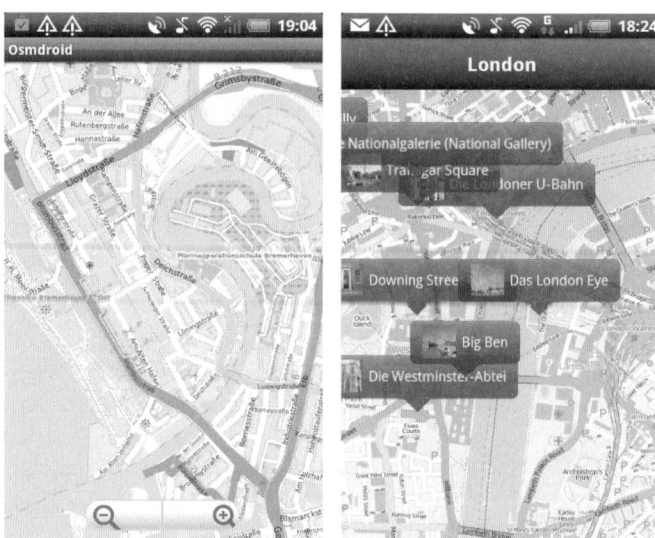

Bild 2.10: *Osmdroid* und *Weltstädte*. Der *Audioführer* sind zwei Apps, die OpenStreetMap-Kartenmaterial nutzen.

⊡ Lesezeichen

http://bit.ly/zckEV0
Übersicht über Android-Apps, die OpenStreetMap-Kartenmaterial nutzen.

http://bit.ly/wbPfF1
Übersicht über iOS-Apps, die OpenStreetMap-Kartenmaterial nutzen.

2.3 Soziale Netzwerke sind unverzichtbar

Die Kommunikation über soziale Netzwerke ist für viele Nutzer inzwischen wichtiger als die klassische E-Mail oder SMS. Gerade auf Smartphones, die im Gegensatz zu PCs fast ausschließlich privat genutzt werden, spielen soziale Netzwerke eine große Rolle.

Facebook
Zurzeit hat Facebook, das beliebteste aller sozialen Netze, weltweit etwa 800 Millionen aktive Nutzer, die sich mindestens einmal im Monat einloggen – davon rund 20 Millionen in Deutschland. Facebook hat mehr Mitglieder als die gesamte EU Einwohner und würde damit nach China und Indien der drittgrößte Staat der Erde sein. In Europa gingen im vergangenen Jahr 11,7 Prozent der gesamten Onlinezeit aufs Konto von Facebook. Weltweit besuchen über 350 Millionen aktive Nutzer Facebook auf einem mobilen Endgerät, also einem Handy oder Tablet. Jeden Tag werden mehr als 200 Millionen Fotos auf Facebook hochgeladen, das sind über sechs Milliarden Bilder pro Monat.

 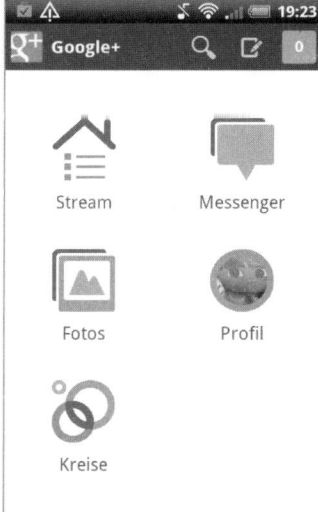

Bild 2.11: Die offiziellen Apps von Facebook und Google+.

Google startete im Juni 2011 mit Google+ ein Konkurrenzangebot zu Facebook, das in kürzester Zeit sehr gut angenommen wurde. Bereits eine Woche nach der offiziellen Verfügbarkeit für alle wurden 10 Millionen Mitglieder gemeldet. Ende des Jahres 2011 waren es bereits 62 Millionen. Zum Vergleich: Facebook brauchte über drei Jahre, um die gleiche Nutzerzahl zu erreichen. Durch die starke Integration von Google+ in Android 4.0 wird die Zahl der Nutzer in nächster Zeit noch schneller steigen.

Die wichtigsten Vorteile von Google+ sind die gute Integration in andere Google-Dienste und die Möglichkeit, Freundeskreise festzulegen, sodass nicht immer alle Kontakte alle Informationen bekommen. So kann man besser zwischen privaten Freunden, Familie und Arbeitskollegen unterscheiden. Neben Facebook und Google+ haben auch diverse kleinere soziale Netzwerke ihre eigenen Apps. Für Entwickler sind die umfangreichen Möglichkeiten interessant, die Facebook bietet, um die Funktionen dieses Netzwerks in eigene Apps oder mobile Webseiten einzubinden. Auf diese Weise kann man in eigenen Apps Nutzer miteinander über Facebook kommunizieren lassen und damit auch den Bekanntheitsgrad der App steigern.

▣ Lesezeichen

http://bit.ly/zso56V

Facebook liefert hier Informationen für Entwickler zur Integration des Netzwerks in Web-Apps oder native Apps für Android und iOS.

http://www.Facebookmobileweb.com/hello

Facebook zeigt an einem simplen Beispiel einer Web-App, wie sich die wichtigsten Facebook-Funktionen – Anmeldung, Freunde anzeigen, Texte veröffentlichen, Anfragen an Freunde stellen und natürlich *Gefällt mir* – in eigenen Web-Apps nutzen lassen.

Bild 2.12: Demo einer einfachen Web-App mit Facebook-Integration.

Systemressourcen für Apps für soziale Netzwerke

Apps für soziale Netzwerke benötigen Zugriff auf das Internet und, wenn standortabhängig lokale Informationen angezeigt werden sollen, auch auf die Positionsbestimmung des Handys. Zugriff auf das Adressbuch kann nötig sein, wenn Kontakte aus sozialen Netzen in das eigene Adressbuch übernommen werden sollen. Zusätzlich werden API-Funktionen des jeweiligen Netzwerks benötigt, um die Anmeldung durchzuführen und Daten wie Status-Updates, Fotos oder persönliche Nachrichten aus dem Netzwerk zu lesen. Soll der Versand von Fotos oder Daten möglich sein, ist auch ein Zugriff auf die Kamera und das Dateisystem bzw. die Speicherkarte nötig.

2.4   Mobilmachung der lokalen Kommunikation

Kommunikation ist ein wichtiges Thema für Smartphones, sind sie doch schließlich die Nachfolger der guten alten Fernsprechapparate, die eigens dafür erfunden wurden, um die zwischenmenschliche Kommunikation über große Entfernungen zu ermöglichen. Telefonieren ist schon lange nicht mehr die einzige Kommunikationsform auf dem Handy. Seit Jahren kommunizieren besonders Jugendliche per SMS, was den Vorteil hat, dass es mit jedem noch so einfachen Handy funktioniert. In Deutschland werden zurzeit pro Jahr etwas über 40 Milliarden SMS verschickt, davon über 300 Millionen in der Silvesternacht, was häufig zu Zusammenbrüchen der Netze führt.

Dank zunehmender Verbreitung von Smartphones ist die E-Mail auf dem besten Weg, die SMS abzulösen. E-Mail selbst ist schon lange kein Kommunikationsmedium mehr ausschließlich für Geschäftsleute. Auch oder gerade im privaten Umfeld wird die mobile Mailkommunikation immer interessanter, seien es Benachrichtigungen über eBay-Auktionen, die Pizzabestellung auf dem Zeltplatz per E-Mail oder die ganz persönliche Gute-Nacht-Mail aus dem Bett, ohne den PC einschalten zu müssen. Auf jedem Smartphone ist ein E-Mail-Client vorinstalliert, allerdings stellen nicht alle E-Mail-Apps HTML-Mails dar.

Bild 2.13: Vorinstallierte E-Mail-Apps auf Android und iOS.

Bei den derzeitigen Datentarifen ist es nicht zuletzt eine Frage des Preises, unterwegs von SMS auf E-Mail umzusteigen. Fast jeder Smartphone-Nutzer hat eine Datenflatrate, SMS müssen aber meistens einzeln bezahlt werden. Nur zum Mailen ist nicht einmal eine Datenflatrate fürs Handy nötig. Die meisten Dateianhänge braucht man unterwegs ohnehin nicht, und reine Textmails sind nur wenige KByte groß. Mobilfunkdiscounter berechnen zurzeit 24 Cent/MByte, was bei einer durchschnittlichen Größe von 10 KByte pro Textmail 100 E-Mails entspricht. Noch deutlicher wird der Vergleich mit SMS. Eine SMS mit 160 Zeichen kostet heute etwa 9 Cent. Dafür lassen sich aber auch 0,375 MByte

Daten versenden, also etwa 30 bis 35 E-Mails. Ein paar KByte werden für die Kommunikation mit dem Mailserver verbraucht.

Bild 2.14: Die beliebten Messenger WhatsApp und Skype.

Neben E-Mail kommen Chat-Apps als SMS-Ersatz immer mehr in Mode. Per Chat kann man sich schnell mit Freunden verabreden oder kurze Informationen in Echtzeit austauschen. Die neuen Messenger-Apps ermöglichen außerdem den einfachen Versand von Fotos, was über die altmodische MMS-Technik sehr teuer und nur in schlechter Qualität möglich war.

Systemressourcen für Kommunikations-Apps
Kommunikations-Apps benötigen Zugriff auf das Internet und unter Umständen auch auf die Telefon- und SMS-Funktionen des Handys. Wenn standortabhängig lokale Informationen angezeigt werden sollen, ist ebenfalls eine Positionsbestimmung des Handys nötig. Zugriff auf das Adressbuch kann notwendig sein, wenn Kontakte aus der App in das eigene Adressbuch übernommen werden sollen. Zusätzlich werden API-Funktionen des jeweiligen Kommunikationsnetzwerks benötigt. Soll der Versand von Fotos oder Daten möglich sein, ist auch ein Zugriff auf die Kamera und das Dateisystem bzw. die Speicherkarte nötig.

2.5   Kleine Spielchen für zwischendurch

Spiele, die von vielen selbst ernannten Computerspezialisten als unwichtig betrachtet werden, tragen doch wesentlich zur Weiterentwicklung und Verbreitung jeder Computerplattform bei. Schnelle und intelligente Spiele für verschiedenste Systeme zu entwickeln, gilt für viele Programmierer als Herausforderung.

Auch für Smartphones gibt es mittlerweile jede Menge Spiele. Diese können mit unterschiedlichsten Programmiertechnologien entwickelt werden. Auch bei Spielen gibt es Web-Apps, die in einer Art Browser laufen und im Hintergrund den Server des Anbieters nutzen. Wirklich schnelle Spiele müssen als native Anwendungen direkt für das Handy entwickelt werden.

Gerade die kleinen Spiele zwischendurch sind oft die beliebtesten. Ein Smartphone-Nutzer will sich nicht extra zum Spielen stundenlang hinsetzen – dafür hat er schließlich einen PC oder eine Spielkonsole –, sondern sich unterwegs kurz die Zeit vertreiben.

Bild 2.15: Angry Birds – eines der beliebtesten Spiele für Android, iOS und Windows Phone.

So ist z. B. eines der beliebtesten Smartphone-Spiele, Angry Birds, eine einfache Physiksimulation, bei der man mit einer Schleuder Festungen zerschießt und dazu keine aufwendigen Regeln kennen muss.

Systemressourcen für Spiele
Einfache Spiele, die nur lokal auf dem Handy laufen, benötigen keine speziellen Systemressourcen. Um Spielstände zu speichern, braucht man einen Zugriff auf das Dateisystem. Die meisten Spiele verwenden heute soziale Plattformen wie Openfeint, um Spielstände zu sichern. Dafür ist ein Internetzugriff nötig, den die meisten Spiele ohnehin benötigen. Viele Spiele benutzen zur Steuerung zusätzlich den Bewegungssensor des Handys.

2.6   Mit Systemtools an die Leistungsgrenze

Seit dem ersten PC erfreuen sich vielfältige Systemtools bei Freaks ungebremster Beliebtheit. Auch Smartphones lassen sich mit den geeigneten Apps an diversen Ecken tunen. In neueren Android-Versionen werden viele Funktionen, die vorher nur über spezielle Tuning-Tools verfügbar waren, ins Betriebssystem integriert.

Bei iOS und Windows Phone sieht es mit den Tuning-Möglichkeiten deutlich schlechter aus. Diese Betriebssysteme verwehren dem Entwickler den Zugriff auf viele wichtige Systemfunktionen und bieten auch keine Möglichkeit, die Benutzeroberfläche zu verändern, was bei Android ein beliebtes Thema für externe Entwickler wie auch für Gerätehersteller ist.

Bild 2.16: Links HTC Sense, die Android-Oberfläche der HTC-Handys, rechts SPB Shell 3D, eines der meistverkauften Systemtools für Android.

Trotz aller Einschränkungen lässt sich auch für Windows Phone das eine oder andere nützliche Systemtool entwickeln, das Systemdaten anzeigt oder innerhalb bestimmter Grenzen Veränderungen der Benutzeroberfläche möglich macht.

Bild 2.17: Die Systemtools WP Shortcut und System View für Windows Phone.

Echte Systemtools, die anderweitig nicht verfügbare Funktionen bieten, sind unter iOS nur für Geräte mit Jailbreak möglich. Im App Store gibt es nicht einmal eine Kategorie für Systemtools.

Systemressourcen für Systemtools

Die Anforderungen an die Systemressourcen für Systemtools sind natürlich immens. Je nach Tool ist der tief greifende Zugriff auf systeminterne Funktionen nötig. Einige Entwickler von Systemtools greifen auch auf nicht dokumentierte Funktionen zu oder gehen an den Richtlinien der Betriebssystemhersteller vorbei. Solche Tools sind dann oftmals nicht mit allen Geräten kompatibel oder funktionieren nach einem Betriebssystem-Update nicht mehr. Hier ist Vorsicht geboten. Außerdem ist die Gefahr groß, dass eine derartige App vom jeweiligen Appstore abgelehnt wird.

2.7 Live-Hintergründe bringen Tapetenwechsel

Das Hintergrundbild auf einem Handy gehört für manche Nutzer zu den wichtigsten und persönlichsten Gerätefunktionen. Gerade auf der Android-Plattform steht eine riesige Vielfalt an Hintergrundbildern zur Verfügung. Eine Besonderheit bei Android sind die Live-Hintergründe. Dies sind keine Bilder im klassischen Sinn, sondern mathematische Algorithmen, die in Echtzeit einen animierten Hintergrund berechnen und darstellen.

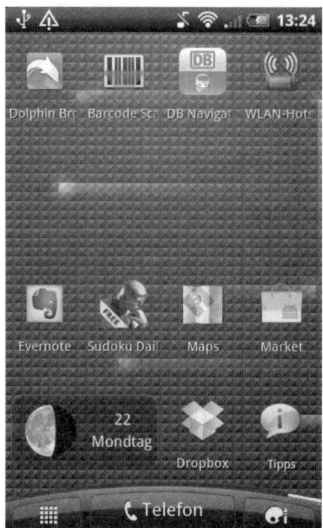 

Bild 2.18: Links ein beliebtes Live-Hintergrundbild, das Google mit dem Nexus S eingeführt hat – rechts zeigt der Live-Hintergrund der App WeatherPro das aktuelle Wetter mit passendem Foto an.

Zusätzliche Live-Hintergründe lassen sich wie Apps installieren. Viele neuere Live-Hintergrundbilder erscheinen nach der Installation der Einfachheit halber als Verknüpfung auf dem Startbildschirm. Tippt der Benutzer auf ein solches Symbol, kommt er direkt in die Liste der Live-Hintergründe, um es als Hintergrund festzulegen.

3 Von der einfachen Webseite zur Web-App

Die technisch einfachste Form von Apps sind Web-Apps. Dabei handelt es sich eigentlich »nur« um Webseiten, die speziell zur Darstellung auf Handys optimiert sind. Die Inhalte werden von einem Server geholt, was die Aktualisierung für den Anbieter deutlich einfacher macht, da die Anwendung selbst nicht verändert werden muss. Eine Web-App läuft auf dem Handy im Browser, kann aber dank der neuen Funktionen von HTML5 wie eine »echte« App aussehen. Natürlich können Web-Apps nur die Funktionen des Handys unterstützen, die der Browser ihnen zur Verfügung stellt.

Im Gegensatz zur Web-App läuft eine echte App direkt auf dem Handy, vergleichbar mit einem nativen Programm auf einem PC oder Mac. Und hier beginnen auch schon die Schwierigkeiten: Während man bei Web-Apps »nur« erweiterte Kenntnisse in HTML, CSS und eventuell auch noch JavaScript benötigt, muss eine native App in einer Programmiersprache geschrieben und dann für das jeweilige mobile Betriebssystem kompiliert werden. Daraus ergibt sich auch, dass native Apps immer nur auf einer Plattform laufen, wogegen Web-Apps lediglich von den Fähigkeiten der Browser abhängen und so in einfachen Fällen ohne Veränderung auf allen mobilen Plattformen genutzt werden können.

In den Anfangszeiten des iPhone hatten Entwickler noch keine Möglichkeit, native Anwendungen für dieses Gerät zu schreiben. Web-Apps waren die einzige Möglichkeit, interaktive Anwendungen auf das iPhone zu bringen. Apple veröffentlichte damals eine Web-Apps-Galerie, die heute noch besteht und in die man als Entwickler im Vergleich zum App Store sehr einfach eigene Web-Apps einreichen kann.

Bild 3.1: Die Web-Apps-Galerie von Apple.

▣ Lesezeichen

http://bit.ly/zZKYkal

Die Web-Apps-Galerie von Apple mit Infos für Entwickler auf den Seiten von Apple.

http://bit.ly/wp2bLg

Die Web-Apps-Galerie für iPhone und iPod touch. Die mobile Webseite wird von Apple nur noch halbherzig gepflegt.

Die Web-Apps lassen sich aus der Galerie direkt aufrufen und brauchen nicht eigens installiert zu werden. Da es sich im Prinzip nur um Webseiten handelt, funktionieren die meisten auch auf anderen Plattformen als iOS.

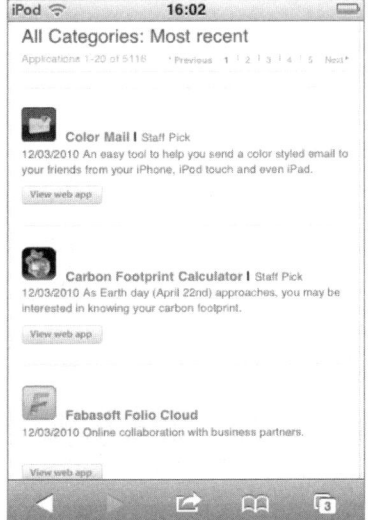 

Bild 3.2: Web-Apps-Galerie und eine beliebte Web-App, die das aktuelle Wetter an einem beliebigen Ort zeigt.

3.1 Was genau verbirgt sich hinter HTML5?

HTML5 ist die neueste Version der Beschreibungssprache HTML, die seit Erfindung des WWW zur Entwicklung von Webseiten verwendet wird. Die wesentlichen Neuerungen gegenüber den Vorgängerversionen sind:

- Die Darstellung von Video, Audio, dynamischen 2D und 3D-Grafiken ohne zusätzliche Browser-Plug-ins.

- Neue strukturierende Elemente.

- Neue interaktive und Formularelemente.

- Die Einbindung von SVG (Scalable Vector Graphics, skalierbare Vektorgrafiken auf XML-Basis) und MathML (Mathematical Markup Language, ein Dokumentformat zur Darstellung mathematischer Formeln und komplexer Ausdrücke).

- Methoden zum lokalen Dateizugriff und Offlineverwendung von HTML5-Web-Apps.

- Funktionen zur Ermittlung der aktuellen Position des Benutzers.

▣ Lesezeichen

http://bit.ly/x1tDbY

Wer sich weiter in HTML5 und besonders in die Entwicklung von Web-Apps für Android und iOS einarbeiten möchte, dem empfehle ich das Buch »HTML5-Apps für iPhone und Android«, das ein Freund von mir, Markus Spiering, geschrieben hat.

HTML5 steckt zwar offiziell noch in der Entwurfsphase und wird erst in einigen Jahren ein offizieller Standard, dennoch arbeiten sowohl Browserhersteller als auch Webseitenentwickler schon jetzt intensiv an der Unterstützung der neuen Technologien.

⊡ Lesezeichen

http://html5test.com

Hier können Nutzer ausprobieren, wie gut ihr aktueller Handybrowser HTML5 unterstützt.

Diese Seite prüft verschiedene HTML5-Tags und vergibt dann theoretisch bis zu 400 Punkte. Selbst modernste Desktopbrowser sind noch lange nicht hundertprozentig HTML5-konform. Google Chrome 17, der beste Testkandidat, erreicht immerhin schon 374 der 400 möglichen Punkte.

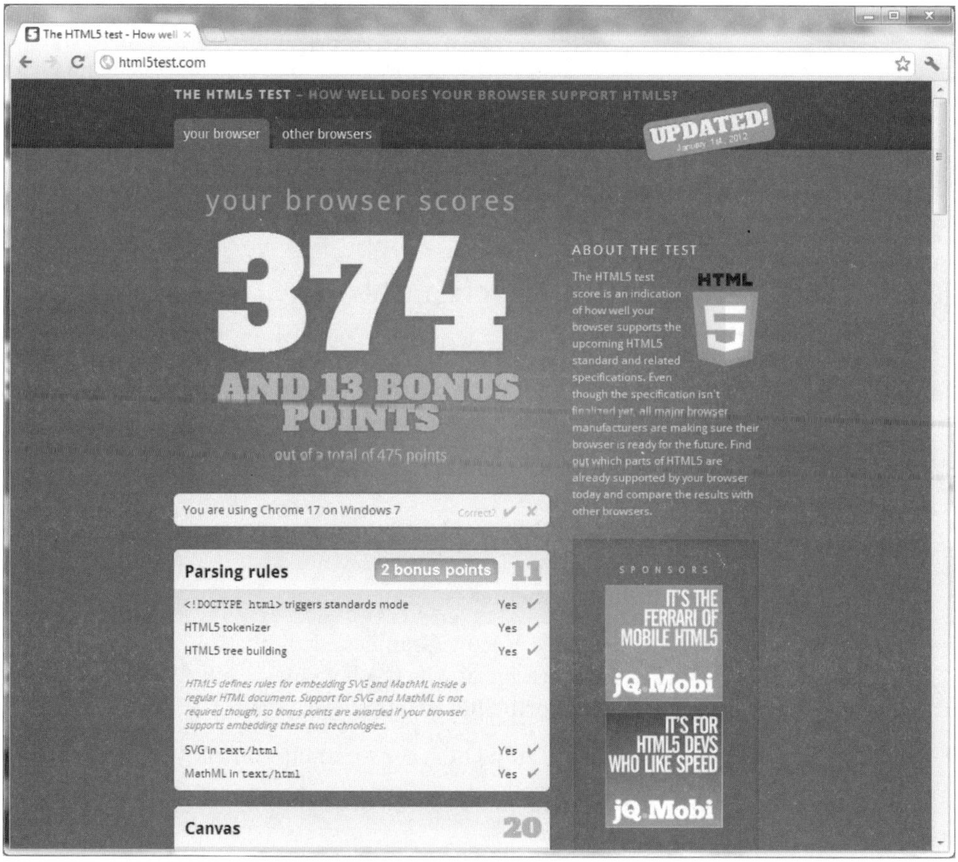

Bild 3.3: Google Chrome im HTML5-Test.

Die HTML5-Unterstützung vieler Handybrowser ist heute schon besser als die mancher PC-Browser. So bringt zum Beispiel der aktuelle Internet Explorer 9 im Test nur 141 Punkte, der aktuelle Firefox Mobile 10.0.1 schafft dagegen bereits 315 Punkte.

Um die HTML5-Fähigkeiten eines Handys zu testen, besuchen Sie einfach mit dem Handybrowser die Seite *html5test.com.*

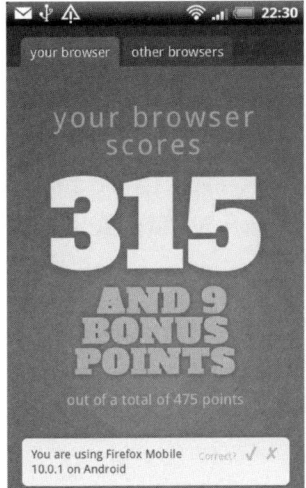
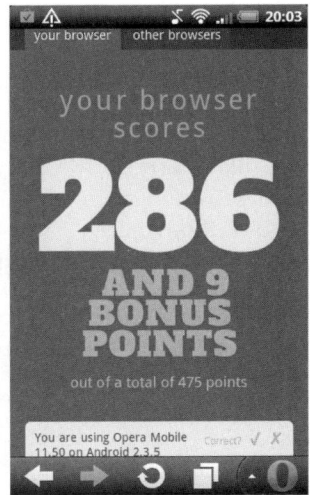

Bild 3.4: Die mobilen Versionen von Firefox und Opera im HTML5-Test.

Ganz vorne in Sachen HTML5-Kompatibilität liegen zumindest nach diesem Test zurzeit der neueste Firefox-Browser 10.0.1, der auf allen verfügbaren Plattformen 315 Punkte schafft, sowie der Safari-Browser aus iOS 5 mit 305 Punkten.

Schlusslichter unter den aktuellen Handybrowsern sind die Standardbrowser in Android 2.3 Gingerbread mit nur 182 Punkten und Windows Phone 7 mit 141 Punkten.

Nur geringfügig ältere Browser, die auf den ersten Blick noch jede Webseite problemlos darstellen, schneiden in Sachen HTML5-Kompatibilität gleich deutlich schlechter ab.

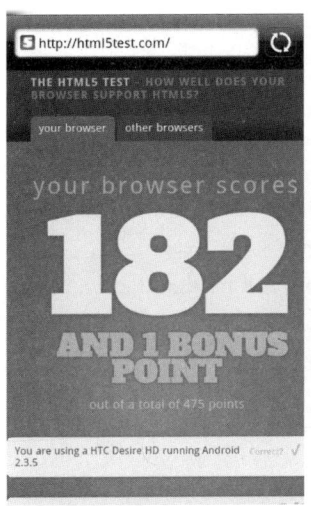

Bild 3.5: Die Standardbrowser von Android 2.3 Gingerbread und iOS 4.2.1 im HTML5-Test.

Geht man nur ein halbes Jahr weiter in der Zeit zurück, war von HTML5-Unterstützung noch kaum die Rede. Der Standardbrowser in Symbian S60 5th Edition schaffte nur 29 Punkte und der Internet Explorer aus der ersten Version von Windows Phone 7 gerade einmal 17 Punkte. Der Internet Explorer auf Windows Phone 7 basierte auf der Engine des Internet Explorer 7 für Windows, der genau die gleiche Punktzahl erreicht.

Allerdings entscheidet wie bei so vielen Tests nicht unbedingt nur das Gesamtergebnis. Viel wichtiger ist es, dass die wirklich nützlichen Funktionen von HTML5 unterstützt werden. So unterstützt etwa der BlackBerry-Browser heute schon MP3-Musik im Audio-Tag, was bei vielen Android-Browsern noch fehlt. Dafür verarbeitet BlackBerry umgekehrt noch keinen der in HTML5 möglichen Video-Codecs, Firefox Mobile für Android kann bereits Ogg Theora und WebM-Videos decodieren.

Von großer Bedeutung auf dem Handy ist die einfache Eingabe innerhalb von Webseiten, die mit HTML5 ebenfalls standardisiert wird. Hier liegt Opera Mobile mit großem Abstand vorn. Andere HTML5-Funktionen wie etwa Drag-and-drop sind auf Smartphones weniger wichtig.

3.1.1   HTML5 als Ersatz für Flash?

Neben HTML5 ist Flash ein wichtiger Begriff, der in Diskussionen um aktuelle Webbrowser immer wieder auftaucht.

Flash ist eine proprietäre Technik der Firma Adobe (*www.adobe.com*), mit der sich Videos, Musik und auch multimediale Interaktion in Webseiten einbetten lassen. Die wichtigsten Einsatzgebiete sind Videoplayer, allen voran YouTube, Spiele und Werbebanner, die Flash nutzen. Mit HTML5 will das World Wide Web Consortium W3C einen Standard schaffen, solche Multimedia-Inhalte im Browser ohne Plug-in und ohne Abhängigkeit von einer einzelnen Firma darzustellen. Demgegenüber hat Flash mit dem ebenfalls von Adobe definierten PDF-Format den Vorteil, auf jedem unterstützten Gerät gleich dargestellt zu werden, was bei HTML nicht gewährleistet ist.

Flash ist zwar seit 1997 im Internet etabliert, wird aber aufgrund seiner hohen Hardwareansprüche von mobilen Geräten erst seit kurzer Zeit unterstützt. Ab Android 2.2 bieten der Android-Standardbrowser, Dolphin HD und Opera Mobile Flash-Plug-ins. Auf anderen Smartphone-Plattformen sieht es mit der Flash-Unterstützung deutlich schlechter aus.

Nutzer können unter *www.flash.com* die Flash-Unterstützung auf einem Handy testen. Nach einigen Sekunden Ladezeit sehen sie entweder ein Video oder die Meldung, dass Flash-Inhalte nicht dargestellt werden können.

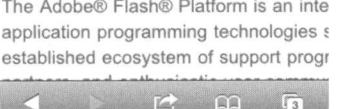

Bild 3.6: Flash-Test auf Android (erfolgreich) und iOS (ohne Erfolg).

Neben YouTube und Werbeanbietern nutzen auch interaktive Seiten sowie Spiele die Flash-Technik. HTML5 wird in Zukunft für die gleiche Art von Anwendungen eingesetzt, wobei heute schon abzusehen ist, dass HTML5 Flash in kurzer Zeit ersetzen wird. Jetzt liegt es an den Browserherstellern, die neuen Funktionen einzubinden.

Der Browser allein reicht für die sinnvolle HTML5-Unterstützung eines Smartphones noch nicht aus – die Hardware muss auch leistungsfähig genug sein. Bedienelemente, Grafik- und Audioausgabe müssen ebenfalls für HTML5 ausgerichtet sein. Im Vergleich zum offenen Standard HTML5 hatte es Adobe bei Flash bisher einfach, bestimmten Geräten Flash-Unterstützung zu gewähren oder zu verwehren.

Das Ende von Flash kam für viele Anwender wie auch Webentwickler schneller als erwartet. Adobe gab im November 2011, kurz nach der Vorstellung von Android 4.0, bekannt, die Flash-Unterstützung für mobile Geräte nicht weiterzuentwickeln und stattdessen auf den neuen Standard HTML5 sowie seine eigene Plattform Adobe AIR zu setzen.

Für Android Ice Cream Sandwich soll es noch eine Ausnahme geben, Adobe plant ein spezielles Flash-Update für Android 4.0. Für die nächste Android-Version ist jedoch kein Flash mehr geplant.

Bereits Anfang des Jahres 2010 hatte Steve Jobs die Flash-Technik von allen Apple-Geräten, Mac und auch iPhone, entfernen lassen, da Flash seiner Meinung nach die Ursache für die meisten Abstürze sei.

3.2 Wichtige Layoutaspekte für gute Web-Apps

Natürlich soll eine Web-App oder Webseite für mobile Geräte wie auch eine Webseite für PC gut aussehen und Informationen vermitteln, im Hinblick auf Nutzung und Anforderungen mobiler Geräte sind aber noch einige weitere Kriterien zu bedenken.

Ein gut gelungenes Beispiel ist die Webseite der Deutschen Bahn (*www.bahn.de*), die auf einem Smartphone nicht nur anders aussieht, sondern auch andere Inhalte an anderen Stellen zeigt als die Webseite, die ein Besucher am PC angezeigt bekommt.

Bild 3.7: Die Webseite *www.bahn.de* auf einem Smartphone und auf einem PC.

Nicht nur die technischen Voraussetzungen von Smartphones und PCs sind unterschiedlich, die Benutzer haben auch ganz unterschiedliche Erwartungen an eine Webseite auf dem PC und an eine Web-App.

- Nur Inhalte, die unterwegs sinnvoll sind, werden auch unterwegs genutzt. Legen Sie die für mobile Nutzer relevanten Inhalte ganz nach oben und überlegen Sie sich genau, was das Hauptanwendungsgebiet Ihrer Seite für mobile Nutzer ist. Das Beispiel der Bahn-Webseite macht es deutlich. Unterwegs werden die meisten Nutzer Fahrplanauskünfte suchen, für allgemeine Unternehmensdaten wird sich kaum jemand interessieren.

- Eine Web-App darf nicht davon ausgehen, dass ein Benutzer ständig in gleichbleibender Qualität mit dem Internet verbunden ist. Internetverbindungen reißen unterwegs ab, in Gebieten mit schlechter Netzabdeckung können sie sehr langsam sein. Verwenden Sie deshalb keine großen Bilder oder Navigationselemente, die auf Grafik angewiesen sind. Alle Inhalte sollten erreichbar sein, ohne dass großes Datenvolumen nötig ist, um sie erst einmal zu erreichen.

- Web-Apps werden mit dem Finger bedient und nicht mit der Maus. Dementsprechend groß müssen die Buttons sein. Verschachtelte Menüs, winzige Schaltflächen oder gar Animationen in der Navigation haben hier nichts verloren.

- Die Bildschirme sind deutlich kleiner als auf PCs, selbst wenn die Auflösung bei Smartphones immer höher wird. Verwenden Sie Schriftgrößen, die auch unterwegs, wenn man das Gerät nicht exakt ruhig hält, noch bequem zu lesen sind, und vermeiden Sie horizontales Scrollen auf dem Bildschirm.

- Die Texteingabe ist auf Smartphones, außer mit dem BlackBerry, immer noch sehr mühsam. Vermeiden Sie in Ihren Apps wenn möglich die Eingabe von Texten. Sollten doch Textfelder notwendig sein, füllen Sie diese mit Standardtexten vorher aus, oder bieten Sie die typischen Texteingaben als Auswahl vorgefertigt an. Bedenken Sie auch, dass die eingeblendeten Bildschirmtastaturen einen nicht unerheblichen Teil des Handybildschirms verdecken. Das Eingabefeld und die zur Eingabe notwendigen Informationen müssen auch bei eingeblendeter Bildschirmtastatur noch zu sehen sein.

- Mobile Web-App-Nutzer sind kommunikationsfreudig. Nutzen Sie die Vorteile eines Smartphones und bieten Sie in der App an, mit dem Anbieter oder anderen Nutzern Kontakt aufzunehmen, per Telefon, E-Mail oder über soziale Netzwerke.

3.3 Inhalt und Optik im HTML-Code trennen

HTML-Code für mobile Webseiten sollte möglichst einfach gehalten sein, was aber nicht bedeutet, dass man auf Formatierungen komplett verzichten soll. Sinnvollerweise trennt man bei einer Webseite Inhalt und Optik strikt voneinander. Die Inhalte, Texte, Links und Bilder sind in der HTML-Datei definiert, das Seitenlayout in einer zusätzlichen CSS-Datei. Beachtet man diese Trennung wirklich, sind die Unterschiede zwischen einer Webseite für PCs und einer Seite mit gleichem Inhalt für Smartphones leicht zu erkennen.

Anhand einer einfachen Webseite zeigen wir die Umsetzung einer Web-App und die Unterschiede gegenüber einer Webseite für PCs.

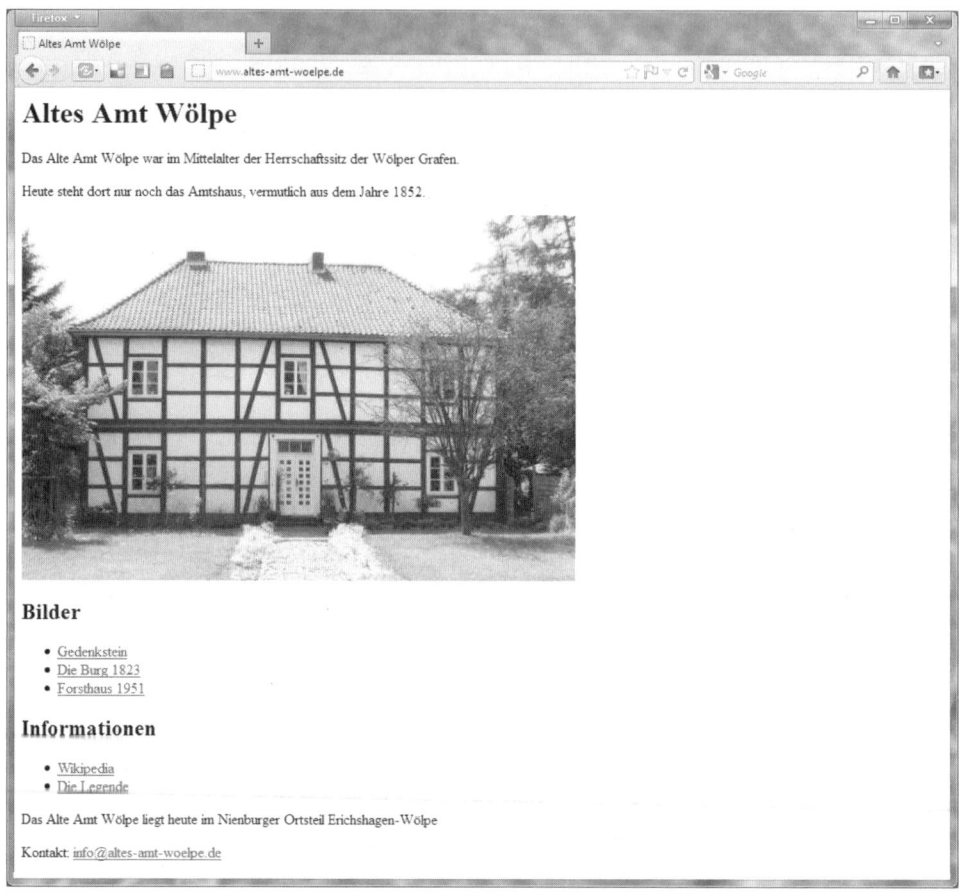

Bild 3.8: Einfache Webseite ohne Gestaltungselemente in Firefox auf dem PC.

3.4 Was braucht man zum Testen?

Zum Bau einer einfachen Webseite benötigen Sie im Prinzip nur einen Texteditor, wie er bei Windows sogar mitgeliefert wird. Ein deutlich komfortablerer kostenloser Texteditor mit farbiger Syntaxhervorhebung für HTML, CSS und andere Dateiformate ist ConTEXT (*www.contexteditor.org*). Verwenden Sie zur Bearbeitung der Textdateien kein Textverarbeitungsprogramm wie Word, da die Dateien reine ASCII-Formate haben müssen. Beim Speichern als HTML legt Word jede Menge Formatierungen an, die die spätere Bearbeitung der Dateien nur erschweren.

Die HTML-Dateien können Sie auf dem PC direkt mit dem Browser öffnen. Um sie auch auf dem Handy komfortabel testen zu können, empfiehlt es sich, die Daten auf einen eigenen Webserver zu kopieren. So können Sie mit dem Handy bequem darauf zugreifen, ohne eine Kabelverbindung zum PC zu benötigen. Zur Übertragung auf den Server brauchen Sie einen FTP-Client, z. B. FileZilla (*http://winowin.de/17036*) oder das

Firefox-Add-on FireFTP. Fast alle Webserver lassen sich mit dem File Transfer Protocol FTP nutzen.

Wenn Sie keinen eigenen Webserver haben, können Sie den Webspace nutzen, den Sie von fast jedem Internetprovider kostenlos mit Ihrem DSL-Tarif bekommen. Für die hier beschriebenen Beispiele reicht einfacher Webspeicherplatz aus, es ist kein PHP/MySQL nötig. Auch die Datenmenge hält sich bei Web-Apps mit wenigen KByte in Grenzen, sodass Sie mit den kostenlosen Angeboten gut bedient sind. Zum lokalen Arbeiten können Sie auch eine Netzwerkfestplatte nutzen. Viele davon lassen sich als einfacher Webserver konfigurieren und sind dann über ihre IP-Adresse im lokalen Netzwerk auch per WLAN vom Smartphone aus erreichbar.

3.4.1 Die Dropbox als einfacher Webserver

Wenn Sie keinen eigenen Webserver zur Verfügung haben oder sich einfach den Aufwand sparen möchten, die bearbeitete Datei bei jeder Änderung per FTP wieder auf diesen Server zu kopieren, um sie anschließend auf dem Smartphone zu testen, können Sie den kostenlosen Onlinespeicher von Dropbox als praktischen Ersatz für einen Webserver nutzen.

▣ Lesezeichen

http://db.tt/vxUArMd

Dropbox ist ein kostenloser Onlinespeicherplatz, der sich automatisch mit dem PC synchronisiert. Nach der kostenlosen Anmeldung bei Dropbox muss eine kleine Software heruntergeladen werden, die sich automatisch im Infobereich der Taskleiste einträgt.

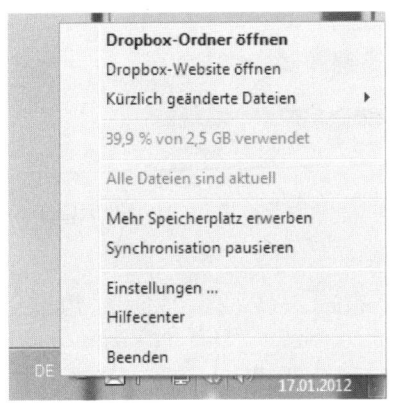

Jetzt brauchen Sie nur noch ein Verzeichnis auf dem PC festzulegen, dessen Inhalt automatisch mit dem Onlinespeicher bei Dropbox synchronisiert wird.

Jede Änderung einer Datei auf dem PC in einem der Dropbox-Ordner wird automatisch mit der entsprechenden Datei in der Cloud abgeglichen.

Zusätzlich stellt Dropbox jedem Benutzer einen Public Folder (öffentlichen Ordner) zur Verfügung. Jede einzelne Datei, die dort liegt, bekommt einen eigenen Internetlink, den man an andere Benutzer weitergeben kann, auch ohne dass diese Dropbox verwenden.

Der öffentliche Ordner liegt im Verzeichnis *Public* unterhalb des *Dropbox*-Verzeichnisses auf dem eigenen PC.

Diesen Public Folder können Sie sich für Ihr Testprojekt zunutze machen. Speichern Sie einfach alle Dateien dort ab, und Sie brauchen sie auf keinen Webserver zu kopieren – das erledigt Dropbox automatisch im Hintergrund.

Jetzt müssen Sie nur noch den öffentlichen Link der Startseite Ihres Testprojekts auf das Smartphone schicken. Klicken Sie dazu im Windows Explorer mit der rechten Maustaste auf die HTML-Datei und wählen Sie im Menü *Dropbox/Öffentl. Link kopieren*.

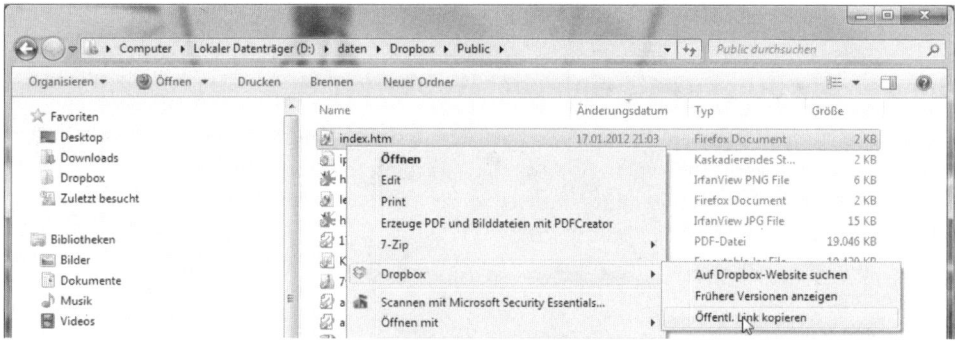

Bild 3.9: Der öffentliche Link einer Dropbox-Datei.

Fügen Sie diesen Link aus der Zwischenablage in eine E-Mail ein und schicken Sie sich diese aufs Handy. Dort können Sie den Link anklicken und sehen Ihre Web-App. Da innerhalb einer Web-App alle weiteren HTML-Dateien, CSS-Dateien und Bilder nur relativ verlinkt sind, werden sie auch gefunden, ohne dass Sie weitere öffentliche Links brauchen.

Bild 3.10: Links der Dropbox-Link in einer E-Mail – rechts die Web-App in der Dropbox-Cloud.

Wenn Sie an der Web-App arbeiten und sie unter dem gleichen Namen wieder lokal auf Ihrem PC speichern, steht die neue Version nach Sekunden auch über den öffentlichen Link wieder zur Verfügung. Sie brauchen also keinen neuen Link aufs Handy zu schicken, sondern müssen dort einfach nur im Browser die Seite neu laden.

3.4.2   Apps auf Android- und iOS-Tauglichkeit prüfen

Natürlich sollten Sie Ihre Web-Apps auf den großen Plattformen Android und iOS testen, Sie werden aber weder technische Möglichkeiten noch Zeit haben, die Seiten auf allen erdenklichen Handys auszuprobieren. Hier bietet sich ein Onlinetest an, der zahlreiche Kriterien zur Tauglichkeit mobiler Webseiten sowie auch die Kompatibilität für einfachere Handys überprüft.

⊡ Lesezeichen

http://ready.mobi

Dieser Onlinetest überprüft auf dem PC (ohne Smartphone) eine Web-App auf wichtige Kompatibilitätsmerkmale.

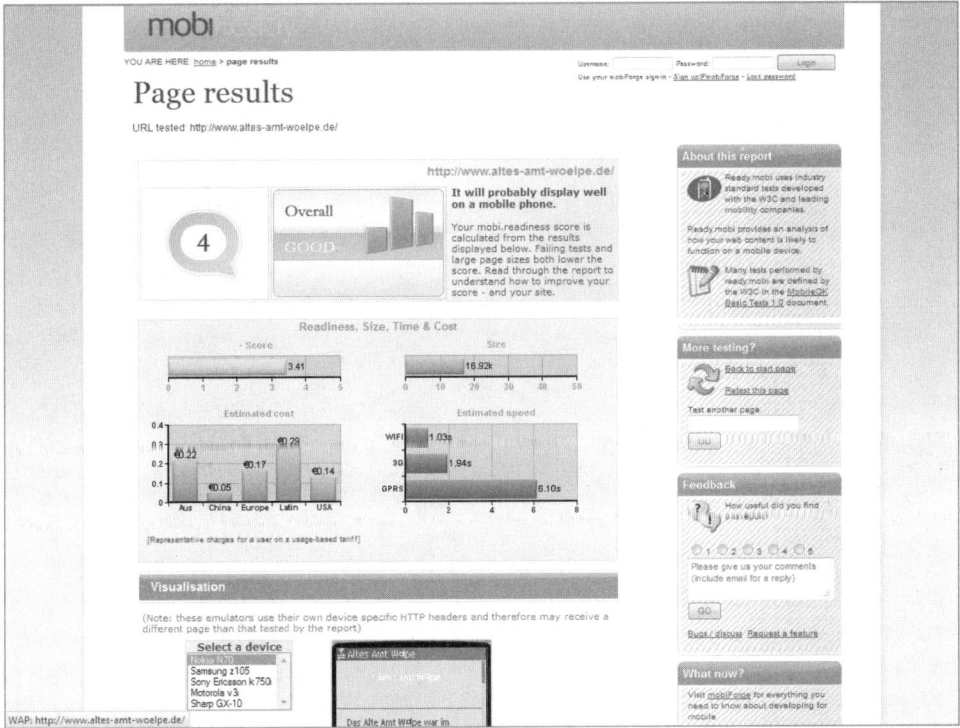

Bild 3.11: mobiReady-Test für mobile Webseiten.

Gleich am Anfang des Tests wird die Größe und damit die bei verschiedenen Verbindungsgeschwindigkeiten zu erwartende Seitenaufbauzeit ermittelt. Weiter unten auf der Seite findet man einen Simulator für verschiedene ältere Handymodelle sowie detaillierte Testergebnisse.

3.5   Codegerüst der ersten eigenen Web-App

Die in diesem Beispiel verwendete Webseite enthält keinerlei Formatierungen und besteht aus sehr einfachem HTML-Code.

```
<!DOCTYPE HTML PUBLIC "-//W3C//DTD HTML 4.01 Transitional//EN">
<html>
<head>
  <title>Altes Amt Wölpe</title>
</HEAD>
<body>

  <h1>Altes Amt Wölpe</h1>
  <p>Das Alte Amt Wölpe war im Mittelalter der Herrschaftssitz der Wölper
Grafen.</p>
  <img src="haus_heute.jpg">
  <p>Heute steht dort nur noch das Amtshaus, vermutlich aus dem Jahre 1852.
</p>

  <h2>Bilder</h2>
  <ul>
    <li><a href="stein.jpg">Gedenkstein</a></li>
    <li><a href="burg.jpg">Die Burg 1823</a></li>
    <li><a href="forsthaus.jpg">Forsthaus 1951</a></li>
  </ul>

  <h2>Informationen</h2>
  <ul>
    <li><a href="http://de.wikipedia.org/wiki/Grafschaft_W%C3%B6lpe">
    Wikipedia</a></li>
    <li><a href="legende.htm">Die Legende</a></li>
  </ul>

  <p>Das Alte Amt Wölpe liegt heute im Nienburger Ortsteil Erichshagen-
Wölpe</p>
  <p>Kontakt: <a href="mailto:info@altes-amt-woelpe.de">info@altes-amt-
woelpe.de</a></p>

</body>
</html>
```

Derart einfache Webseiten lassen sich auch auf mobilen Geräten darstellen und nutzen. Sie sehen aber ganz und gar nicht wie eine moderne Web-App aus, die Links sind auch viel zu klein und mit dem Finger kaum zu treffen.

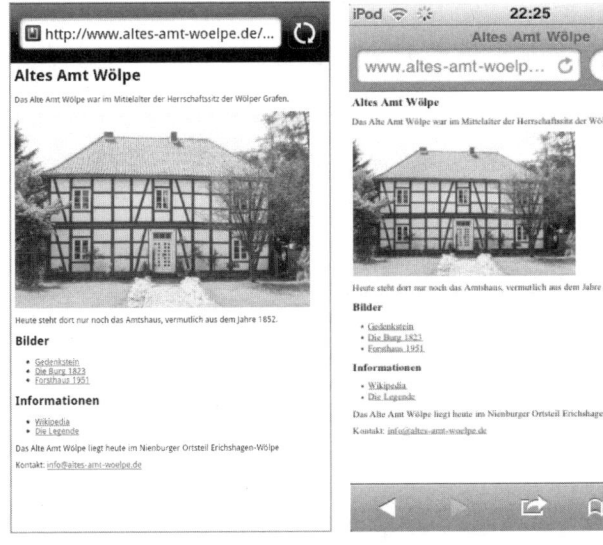

Bild 3.12: Die gleiche Seite auf einem Android-Handy und einem iPod touch.

▣ Lesezeichen

http://bit.ly/w5TDMG

Auf dieser Seite können HTML-, XML- und CSS-Dateien auf Korrektheit geprüft werden.

Um der Seite für den PC eine ansprechende Formatierung zu geben, braucht man eine CSS-Datei. Deren Name wird in einer zusätzlichen Zeile im <head>-Bereich der HTML-Datei eingetragen:

```
<link rel="stylesheet" type="text/css" href="main.css">
```

Die einzelnen logischen Bereiche der Seite sollen auch optisch an bestimmte Stellen gesetzt werden, damit die Seite im Browser auf dem PC ein ansprechendes Layout erhält. Dazu verwendet man im modernen HTML div-Bereiche und CSS anstelle der früher für solche Zwecke üblichen unsichtbaren Tabellen.

```
<!DOCTYPE HTML PUBLIC "-//W3C//DTD HTML 4.01 Transitional//EN">
<html>
<head>
  <title>Altes Amt Wölpe</title>
  <link rel="stylesheet" type="text/css" href="main.css">
</head>
<body>

<div id="kopf">
  <h1>Altes Amt Wölpe</h1>
  <p>Das Alte Amt Wölpe war im Mittelalter der Herrschaftssitz der Wölper
Grafen.</p>
</div>

<div id="haus">
```

```
    <img src="haus_heute.jpg">
    <p>Heute steht dort nur noch das Amtshaus, vermutlich aus dem Jahre
1852.</p>
</div>

<div id="menu">
  <h2>Bilder</h2>
  <ul>
    <li><a href="stein.jpg">Gedenkstein</a></li>
    <li><a href="burg.jpg">Die Burg 1823</a></li>
    <li><a href="forsthaus.jpg">Forsthaus 1951</a></li>
  </ul>

  <h2>Informationen</h2>
  <ul>
    <li><a href="http://de.wikipedia.org/wiki/Grafschaft_W%C3%B6lpe">
    Wikipedia</a></li>
    <li><a href="legende.htm">Die Legende</a></li>
    </ul>
</div>

<div id="info">
    <p>Das Alte Amt Wölpe liegt heute im Nienburger Ortsteil Erichshagen-
Wölpe</p>
    <p>Kontakt: <a href="mailto:info@altes-amt-woelpe.de">info@altes-amt-
woelpe.de</a></p>
</div>

</body>
</html>
```

Nachdem die vier Bereiche kopf, haus, menu und info im HTML-Code definiert sind, braucht man diesen Bereichen in der CSS-Datei nur noch das gewünschte Aussehen zu geben:

```
body {
    margin:0;
    padding:0;
    }

div {
    border:1px solid #888;
    }

#kopf {
    width:800px;
    height:100px;
    margin-left:12px;
    margin-top:12px;
```

```css
        background-color:#eee;
    }

#haus {
    width:600px;
    height:440px;
    position:absolute;
    left:200px;
    top:112px;
    margin-left:12px;
    }

#menu {
    width:199px;
    height:440px;
    position:absolute;
    top:112px;
    margin-left:12px;
    }

#info {
    width:800px;
    position:absolute;
    top:552px;
    margin-left:12px;
    background-color:#eee;
    }

h1,h2,p,ul,li,div,b,i {
    font-family:Arial,sans-serif;
    margin-left:12px;
    }

h1 {
    font-size:26px;
    }

h2 {
    font-size:21px;
    }
```

Statt der absoluten Angaben in Pixeln kann man die Breite der einzelnen Bereiche auch in Prozent angeben, dadurch wird die Seite, abhängig von der Fensterbreite oder der Bildschirmgröße, variabel beim Benutzer angezeigt. Prozentangaben in der Höhe sind nicht sinnvoll. Hier kann es zu unschönen Verzerrungen kommen, und unter Umständen geht auch Text verloren.

```
#kopf {
    height:100px;
    margin-left:2%;
    margin-right:2%;
    margin-top:12px;
    background-color:#eee;
    }

#haus {
    width:76%;
    height:440px;
    position:absolute;
    right:0%;
    top:112px;
    margin-left:2%;
    margin-right:2%;
    }

#menu {
    width:20%;
    height:440px;
    position:absolute;
    top:112px;
    margin-left:2%;
    }

#info {
    width:96%;
    position:absolute;
    top:552px;
    margin-left:2%;
    margin-right:2%;
    background-color:#eee;
    }
```

⊡ Lesezeichen

http://de.selfhtml.org

SELFHTML liefert ausführliche Informationen zu allen HTML-Elementen wie auch zu CSS-Formaten. Nicht ohne Grund gilt diese Seite auch bei professionellen Webdesignern als die absolute Referenz.

Zusammen mit dem CSS sieht die Seite schon deutlich mehr nach einer wirklichen Webseite aus, zumindest auf dem PC.

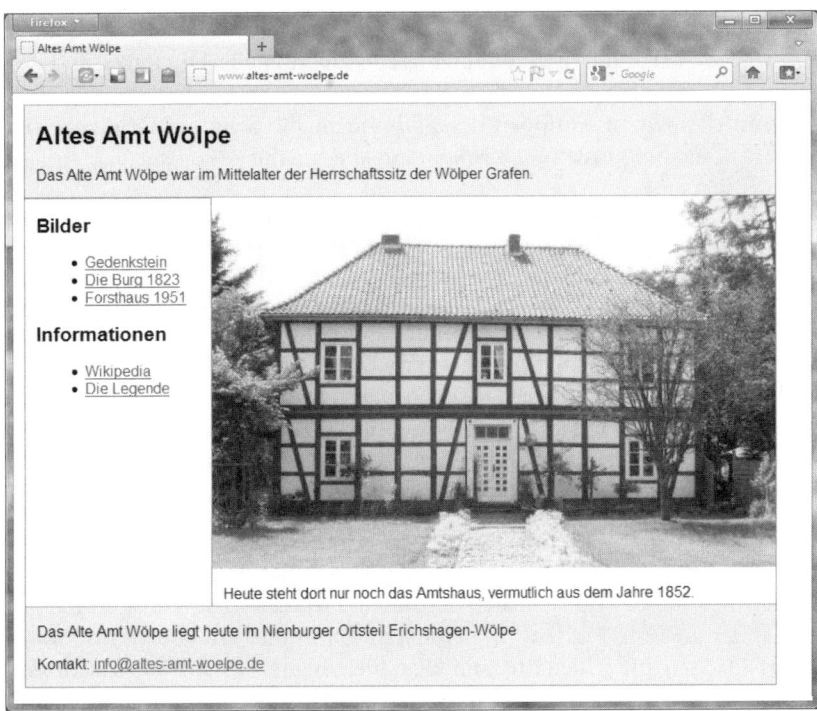

Bild 3.13: Die Seite mit div und CSS gestaltet

Die Browser moderner Android-Smartphones und auch der Safari-Browser aus iOS können diese Seite problemlos darstellen. Obwohl im CSS eine Breite von 800 Pixeln vorgegeben ist, skalieren die Browser die Seite so, dass auf den schmaleren Smartphone-Bildschirmen kein horizontales Scrollen nötig ist.

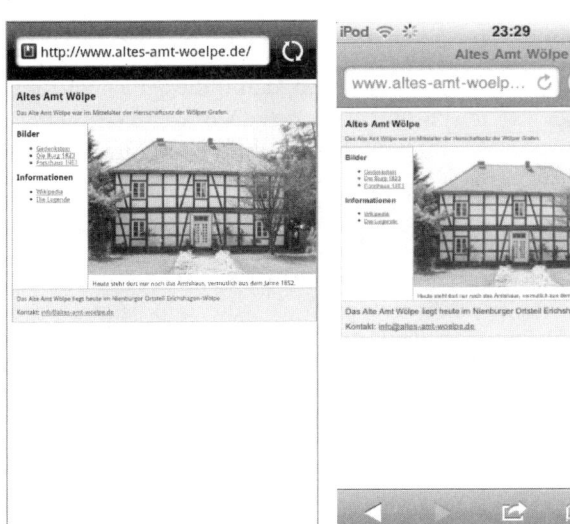

Bild 3.14: Die formatierte Seite auf einem Android-Handy und einem iPod touch.

Die Bedienungsmöglichkeiten der Seite und auch die Optik entsprechen aber immer noch nicht dem, was man sich heute unter einer Web-App vorstellt. Die Links sind viel zu klein, die Schrift kaum lesbar. Natürlich kann man bei Android, iOS und auch Windows Phone mit doppeltem Antippen des Bildschirms die Seite auf Originalgröße zoomen, dann muss man aber horizontal scrollen, um alle Inhalte zu sehen.

3.5.1 Horizontales Scrollen unbedingt vermeiden

Horizontales Scrollen sollte auf mobilen Webseiten unbedingt vermieden werden. Auf der Oberfläche von iOS gibt es die horizontale Bewegung nur zur Umschaltung zwischen den verschiedenen Startbildschirmseiten. iOS-Nutzer sind von Anfang an daran gewöhnt, nur vertikal zu scrollen. Dieses Prinzip wurde bei Android übernommen, wo auch nur auf dem Startbildschirm horizontal gescrollt wird. Erst Windows Phone macht das horizontale Scrollen auf dem Smartphone wieder salonfähig. Hier gibt es einige Elemente in der Benutzeroberfläche, bei denen in beiden Achsen gescrollt werden kann, wobei das horizontale Scrollen eher ein seitenweises Blättern ist.

Um horizontales Scrollen zu vermeiden, muss der Browser die Breite des Bildschirms auswerten bzw. den Bereich des Bildschirms, der für die Webseite zur Verfügung steht. Bei Android ist das der gesamte Bildschirm, bei iOS gehen immer am oberen und unteren Rand schmale Flächen für Titelleiste und Bedienelemente des Browsers verloren. Den Teil des Bildschirms, der zur Darstellung der Webseite genutzt werden kann, bezeichnet man als Viewport.

Mit einer zusätzlichen Zeile im `head`-Bereich der HTML-Datei wird der Browser angewiesen, diesen Viewport zu nutzen.

```
<meta name="viewport" content="width=device-width; initial-scale=1.0;
maximum-scale=1.0; user-scalable=0;" />
```

Diese Zeile gibt an, dass der Viewport genau auf die Breite des Smartphone-Bildschirms begrenzt werden soll. Browser auf dem PC ignorieren die Angabe einfach.

Die Breite des Viewports wird extra nicht in Pixeln angegeben, damit die Seite auf jedem Smartphone darstellbar ist. Die Maße des Viewports ändern sich auch, wenn der Benutzer das Smartphone ins Querformat dreht. Der Bildschirm ist dann breiter, und die Seite passt sich an.

Um es gleich vorwegzunehmen: Nur die Angabe eines Viewports macht noch keine mobile Webseite aus, wie die Bilder zeigen.

Sind die Breitenangaben im CSS in Prozent definiert, passt sich die Seite jetzt an den Viewport an. Der Text wird in der normalen Schriftgröße des Browsers dargestellt. Da in unserem Beispiel der linke Menübereich eine Breite von 20 % hat, passen die Menüpunkte nicht mehr in die Spalte, sondern fließen ins Bild hinein.

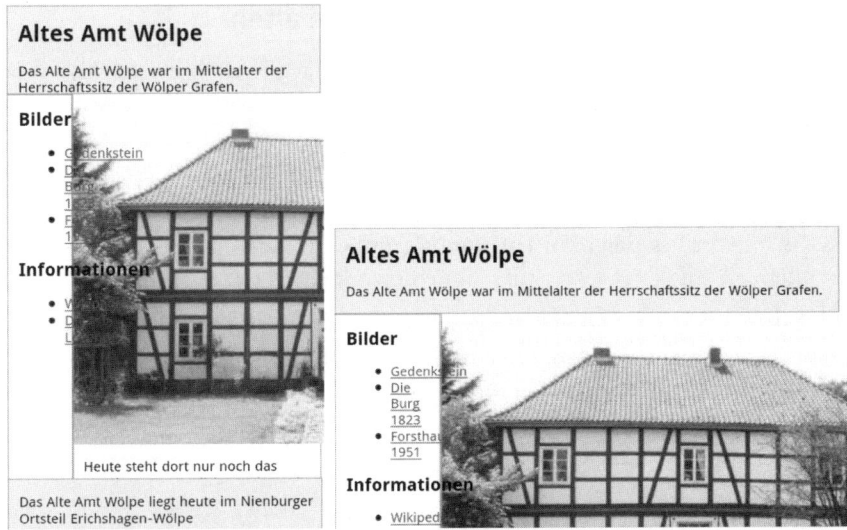

Bild 3.15: Darstellung der Seite mit Prozentangaben im CSS im Hoch- und Querformat auf einem Smartphone.

Sind die Breitenangaben im CSS dagegen in Pixeln definiert, wird die Begrenzung des Viewports übergangen. Statt die Seite aber wie ohne Viewport-Angabe zu skalieren, wird sie jetzt in voller Größe dargestellt, sodass nur ein Teilbereich auf dem Bildschirm zu sehen ist.

Bild 3.16: Die Darstellung der Seite mit Pixelangaben im CSS im Hoch- und Querformat auf einem Smartphone.

3.5.2 Verzicht auf nebeneinanderliegende Spalten

Durch ein verändertes CSS kann die Seite auf einem Smartphone ohne horizontales Scrollen dargestellt werden, indem man ihr Layout verändert. Die wichtigste Änderung ist hier der Verzicht auf nebeneinanderliegende Spalten.

Bilder skaliert man für mobile Seiten am besten manuell. Mobile Browser lassen sich durch div-Bereiche von der automatischen Skalierung von Bildern abhalten. Dazu kommt, dass Bilder in Originalgröße ein unnötig hohes Datenvolumen verursachen, wenn sie anschließend auf dem Smartphone ohnehin verkleinert dargestellt werden.

Die neue CSS-Datei definiert die einzelnen div-Bereiche anders, nämlich ohne Breiten- und Höhenangaben. Lediglich links und rechts wird ein Rand von 2 Pixeln festgelegt, damit die Rahmen der div-Bereiche nicht direkt auf dem Bildschirmrand liegen.

```css
body {
    margin:0;
    padding:0;
    }

div {
    border:1px solid #888;
    }

#kopf {
    margin-left:2px;
    margin-right:2px;
    background-color:#eee;
    }

#haus {
    margin-left:2px;
    margin-right:2px;
    text-align:center;
    }

#menu {
    margin-left:2px;
    margin-right:2px;
    }

#info {
    margin-left:2px;
    margin-right:2px;
    background-color:#eee;
    }

h1,h2,p,ul,li,div,b,i {
    font-family:Arial,sans-serif;
    margin-left:20px;
}
```

Diese CSS-Datei ergibt ein Layout, das sich auf einem Smartphone ohne horizontales Scrollen darstellen lässt.

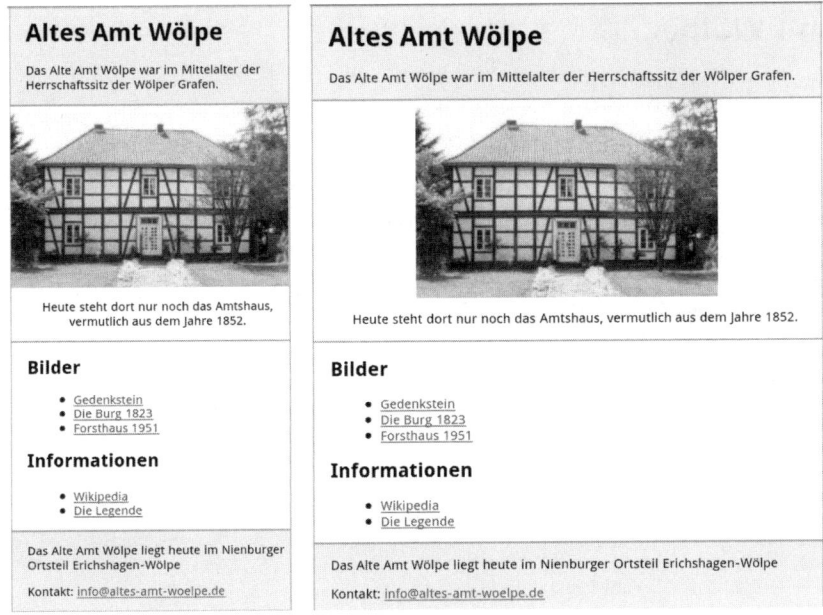

Bild 3.17: Die gleiche Seite mit dem mobilen CSS im Hochformat und Querformat.

Die Textbereiche werden auch im Querformat auf die richtige Breite skaliert, und Textzeilen werden je nach verfügbarer Breite umbrochen oder nicht. In diesem Beispiel sieht man die Wirkung eines skalierten Bilds. Dieses bleibt jetzt immer gleich groß.

Bild 3.18: Die gleiche Seite auf einem iOS-Gerät.

Auch auf iOS lässt sich die Seite im Browser problemlos darstellen, sie hat aber immer noch nicht das Aussehen einer »echten« Web-App, wie iOS-Anwender es gewohnt sind.

3.5.3 Designaspekte für das typische iOS-Design

Besonders iPhone-Nutzer legen großen Wert darauf, dass Web-Apps an ihr gewohntes Design angepasst sind. Alle grafischen Elemente in iOS sind durchgängig durch alle Apps aufeinander abgestimmt, und unsere Seite passt bis jetzt noch nicht dazu. Doch was macht eigentlich das iPhone-Design aus? Am besten zeigt sich das prägnante Design in typischen Bildschirmen, die von Apple selbst entwickelt wurden.

Bild 3.19: Einstellungen und iTunes auf einem iPod touch.

Ein paar immer wieder gezeigte Designelemente fallen sofort auf:

- Kopfleiste mit graublauem Farbverlauf und weißer Schrift. Hier können auch Schaltflächen eingebettet sein.

- Grauer Seitenhintergrund, weißer Hintergrund für Textelemente.

- Einheitliche Schrift Helvetica.

- Dünner grauer Rand mit abgerundeten Ecken an Schaltflächen und Bildern.

Alle diese Elemente des iPhone-Designs lassen sich mit CSS nachbauen. Farbverläufe und abgerundete Ecken, die die Standard-CSS-Definition nicht liefert, lassen sich über spezielle WebKit-Funktionen erzeugen.

WebKit
WebKit ist eine Bibliothek mit HTML-Renderingfunktionen, die als Grundlage verschiedener Browser verwendet wird. Ursprünglich wurde WebKit als Abspaltung aus der Linux-KHTML-Engine für den Safari-Browser entwickelt. Mittlerweile arbeiten neben Apple auch Google und Nokia an der Weiterentwicklung von WebKit, was den Vorteil hat, dass sowohl die Browser Google Chrome und Safari auf dem PC wie auch die Standardbrowser auf iOS und Android-Smartphones die gleiche Technologie nutzen.

3.5.4 Erstellen einer neuen CSS-Datei für das iPhone

Im Folgenden werden wir die neue CSS-Datei *iphone.css* erstellen, die bis auf kleine Ausnahmen so allgemein gehalten ist, dass Sie sie für alle einfachen Web-Apps nutzen können.

Sie muss natürlich im HTML-Code der Seiten verlinkt sein:

```
<link rel="stylesheet" type="text/css" href="iphone.css">
```

Zuerst bekommt der gesamte Hintergrund der Seite den iPhone-typischen Grauton und der Text ein dunkles Grau. Dazu setzen wir die Schriftart auf die Standardschrift `Helvetica 16px`.

```
body {
    background-color:#ddd;
    color:#222;
    font-family:Helvetica;
    font-size:16px;
    margin:0;
    padding:0;
    }
```

Farbtöne können in CSS-Dateien als drei- oder sechsstellige Hexwerte angegeben werden, wobei jede Ziffer bzw. jedes Ziffernpaar bei sechsstelliger Angabe eine der Farbkomponenten Rot, Grün und Blau bezeichnet. Die Ziffern können von 0 bis F reichen, bei sechsstelliger Angabe von 00 bis FF.

Der Farbton *#000* bzw. *#000000* ist reines Weiß, *#FFF* bzw. *#FFFFFF* ist reines Schwarz, *#F00* bzw. *#FF0000* steht für Rot etc. Die sechsstellige Angabe bietet mehr Möglichkeiten für feinere Farbabstufungen.

ColorZilla vereinfacht Farbdefinitionen
Die gängigen Farbwerte und deren Hexcodes wird man irgendwann auswendig kennen, aber nur die wenigsten können sich zu einem beliebigen Hexcode eine Farbe vorstellen oder umgekehrt den Hexcode einer beliebigen Farbe schätzen.

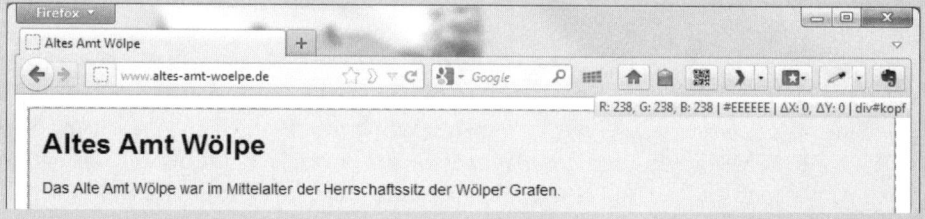

Das Add-on ColorZilla für Firefox und Google Chrome stellt im Browser eine Farbpipette zur Verfügung, mit der man über eine beliebige Farbe auf einer Webseite fahren kann und sofort den Hexcode, den Dezimalcode, die Koordinaten des Mauszeigers im Fenster und auch den markierten `div`-Bereich angezeigt bekommt.

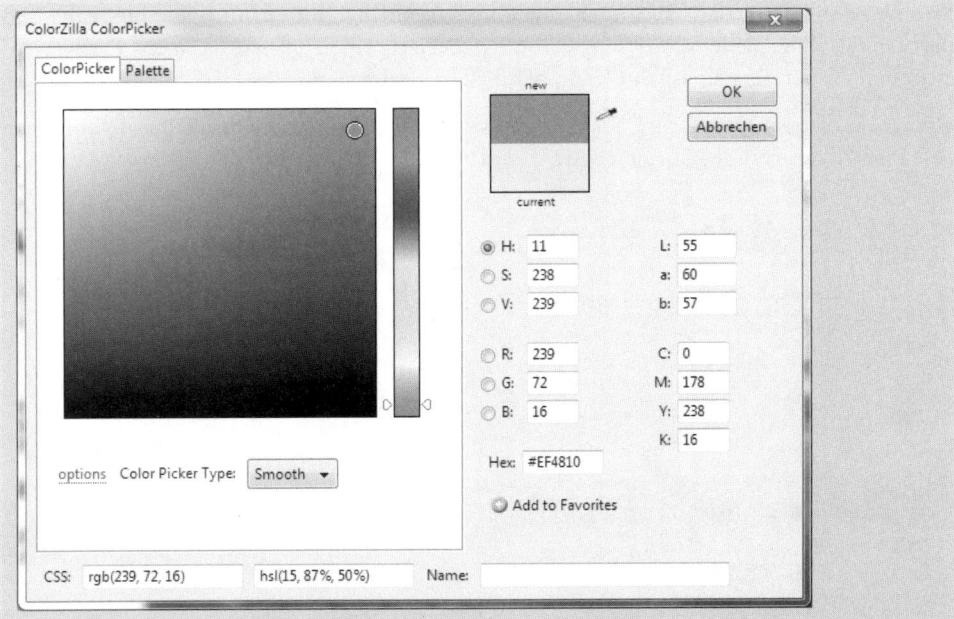

Der mit dem Add-on mitgelieferte ColorPicker zeigt zu jeder beliebigen Farbe, auch wenn sie gerade auf keiner Webseite zu finden ist, den Hexcode und umgekehrt zu jedem frei eingegebenen Hexcode die passende Farbe.

Die Farbeinstellungen in der body-Definition der CSS-Datei gelten für alle Bereiche der Seite, für die nicht speziell etwas anderes definiert ist.

Die reinen Textbereiche, die im HTML-Code als einfache p-Absätze stehen, sollen links und rechts einen Abstand von 12 Pixeln von den Bildschirmrändern haben, wie man es von typischen iPhone-Apps kennt.

```
p {
    margin-left:12px;
    margin-right:12px;
    }
```

Eine Ausnahme soll der div-Bereich #haus mit dem Bild und der Bildunterschrift bilden. Beides soll zentriert angeordnet werden.

```
#haus {
    text-align:center;
    }
```

Titelbalken

Damit das Ganze wie eine App aussieht, soll die Seitenüberschrift auf einem Balken mit dem typischen grauen Farbverlauf liegen, sodass sie wie ein Titelbalken und nicht einfach nur wie ein Text auf einer Webseite aussieht.

Der typische Farbverlauf lässt sich mit einem WebKit-Hintergrund absolut realistisch nachbauen. Die Zeile `webkit-gradient` generiert einen gleichmäßigen Farbverlauf zwischen zwei unterschiedlich hellen, bläulichen Grautönen.

Unterhalb dieses Verlaufsbereichs befindet sich eine 1 Pixel breite dunkelgraue Linie, die den Titelbalken von der übrigen Seite trennt.

```
h1 {
    background-image:
        -webkit-gradient(
            linear, left top, left bottom, from(#bbc), to(#789)
        );
    border-bottom:1px solid #666;
    color:#fff;
    display:block;
    padding:10px 0;
    font-size:20px;
    font-weight:bold;
    text-align:center;
    text-shadow:0px 1px 0px #222;
}
```

Der Text der `h1`-Überschrift ist weiß, fett, zentriert und mit einem Schatten versehen. Die Zeile `padding` bewirkt einen vertikalen Abstand innerhalb des Absatzes, damit der Titelbalken deutlich höher als der reine Text erscheint.

Zwischenüberschriften

Die Zwischenüberschriften im `h2`-Format sollen keine Titelbalken bekommen, sondern in dunkelgrauer Fettschrift linksbündig stehen. Zum linken Bildschirmrand wird wieder der gleiche Abstand wie bei Texten von 12 Pixeln verwendet.

```
h2 {
    margin-left:12px;
    color:#456;
    font-size:18px;
    font-weight:bold;
    text-shadow:0px 1px 0px #fff;
}
```

Links als Schaltflächen

Die als Listen formatierten Links auf Bilder und weitere Informationen sollen den typischen Stil von iOS-Auswahlmenüs bekommen – dunkle Fettschrift auf weißem Hintergrund. Die Links werden zu Blöcken zusammengefasst, wobei die einzelnen Zeilen durch dünne Linien voneinander getrennt sind.

```
ul {
    list-style:none;
    margin-left:10px;
    margin-right:10px;
```

```
    padding:0;
    }

ul li a {
    background-color: #fff;
    border:1px solid #ddd;
    color:#222;
    display:block;
    padding:12px 10px;
    font-size:17px;
    font-weight:bold;
    text-decoration:none;
    }
```

Die Zeile `text-decoration:none` ist wichtig, damit Links nicht wie üblich unterstrichen werden.

In typischen iOS-Apps haben solche Schaltflächenblöcke abgerundete Ecken. Auch hier bietet WebKit eine Möglichkeit zur Umsetzung. Das erste Element eines Listenblocks bekommt oben runde Ecken, das letzte Element unten.

```
ul li:first-child a {
    -webkit-border-top-left-radius:10px;
    -webkit-border-top-right-radius:10px;
    }

ul li:last-child a {
    -webkit-border-bottom-left-radius:10px;
    -webkit-border-bottom-right-radius:10px;
    }
```

Bilder mit abgerundeten Ecken

Bilder in iOS-Apps haben typischerweise keine wirklich eckigen Ecken, sondern minimal abgerundete Ecken. Auch das lässt sich im CSS über WebKit steuern, sodass Sie nicht jedes Bild Ihrer Web-App manuell abrunden müssen.

```
img {
    -webkit-border-radius:5px;
}
```

Diese Zeile rundet bei allen Bildern, die über ein `img`-Tag im HTML-Code definiert sind, die Ecken mit einem Radius von 5 Pixeln ab.

Mit diesem CSS sieht die Seite wie eine echte iPhone-App aus. Da das CSS sehr allgemein gehalten ist, kann es ohne größere Anpassungen auch für andere Projekte oder verlinkte Unterseiten von dieser Seite genutzt werden.

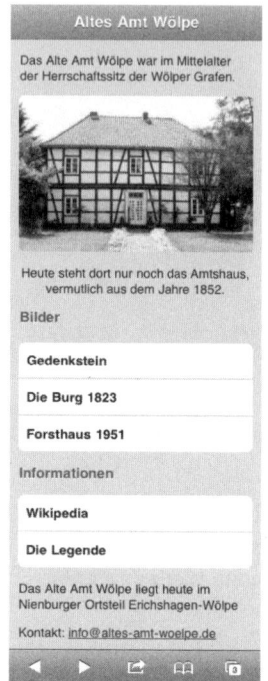

Bild 3.20: Die fertige Seite in den Browsern von Android und iOS.

Die Abbildungen zeigen die tatsächlichen Größenverhältnisse eines typischen Android-Browsers im Vergleich zu iOS vor dem Retina-Display des iPhone 4.

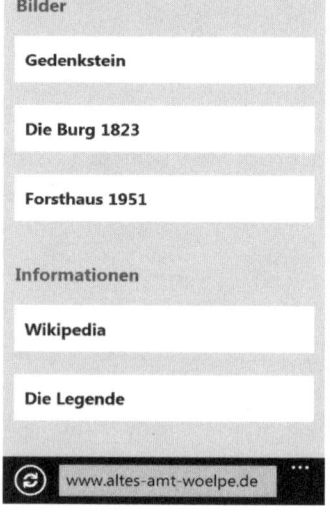

Bild 3.21: Der Internet Explorer aus Windows Phone 7 kennt die WebKit-Erweiterungen nicht und stellt die Seite nur vereinfacht dar.

3.5.5 Web-Apps auf den Startbildschirm legen

Alle mobilen Plattformen bieten die Möglichkeit, häufig besuchte Web-Apps wie eine App auf den Startbildschirm zu legen, um sie so jederzeit schnell zu finden.

iOS

Besonders unter iOS wissen viele Benutzer nicht, dass es diese Möglichkeit gibt. Um Ihrer Web-App zu mehr Aufmerksamkeit zu verhelfen, weisen Sie die Besucher der Seite doch einfach direkt darauf hin.

Bild 3.22: Hinweis am unteren Ende der Seite auf die Möglichkeit, die Web-App auf den Startbildschirm zu legen.

Im Beispiel haben wir für den Hinweistext unten einen neuen `div`-Bereich `hinweis` definiert, den wir über die zugehörige CSS-Datei mit dunklerem Hintergrund und kleinerer Schriftgröße versehen (vgl. hierzu auch die Beispielcodes auf *www.buch.cd*).

```
#hinweis {
    background-color:#aaa;
    border:1px solid #666;
    text-align:center;
    font-size:12px;
    }
```

Tippt der Benutzer auf das mittlere Symbol in der unteren Symbolleiste des Browsers, wird eine Palette mit drei Schaltflächen eingeblendet. Tippt er hier auf *Zum Home-Bildschirm*, erscheint eine neue Bildschirmseite.

Bild 3.23: Web-App auf den Startbildschirm eines iOS-Geräts bringen.

Hier wird bereits ein Text vorgeschlagen, der unter dem Icon auf dem Home-Bildschirm erscheinen soll. Dieser wird automatisch auf die mögliche Länge gekürzt, der Benutzer kann den Text frei ändern.

Das verwendete Icon können Entwickler von Web-Apps selbst festlegen. Es muss eine PNG-Datei mit den Maßen 57 x 57 Pixel sein. Die abgerundeten Ecken erzeugt iOS selbst.

Kopieren Sie diese PNG-Datei ins Hauptverzeichnis Ihrer Webseite und tragen Sie einen entsprechenden Link in den head-Bereich des HTML-Codes ein.

```
<link rel="apple-touch-icon" href="haus_icon.png" />
```

Android

Android-Nutzer können wichtige Webseiten direkt als Verknüpfung auf dem Startbildschirm ablegen. Das genaue Verfahren unterscheidet sich je nach den verschiedenen Android-Versionen und den für diese Plattform verfügbaren Browsern, deshalb sollte man in den Web-Apps keine eindeutigen Anleitungen dazu geben.

Im Standardbrowser von Android 4.0 ist die Vorgehensweise so:

Tippen Sie im Browser auf die Menütaste und wählen Sie dort *Als Lesezeichen speichern.*

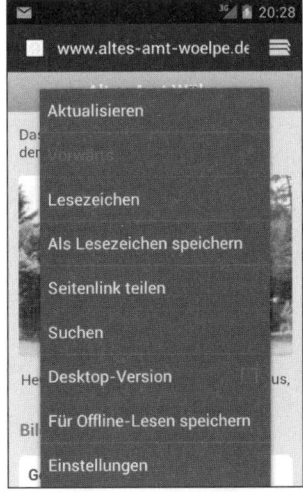 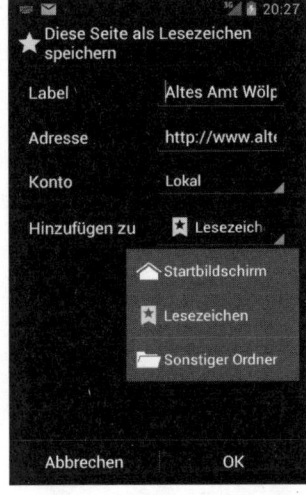

Bild 3.24: Verknüpfung für eine Web-App auf den Startbildschirm von Android 4.0 bringen.

Auf dem nächsten Bildschirm können Sie dem Lesezeichen einen Namen geben. Im Feld *Hinzufügen zu* wählen Sie die Option *Startbildschirm*. Ein Tipp auf *OK* legt eine Verknüpfung auf dem Startbildschirm für diese Web-App an. Android übernimmt genau wie iOS das Bild `apple-touch-icon` aus dem `head`-Bereich des HTML-Codes für das Symbol auf dem Startbildschirm.

Windows Phone

Auch Windows Phone bietet eine Möglichkeit, wichtige Webseiten direkt auf den Startbildschirm zu legen. Tippen Sie dazu im Browser unten rechts auf die drei Punkte rechts neben dem Adressfeld. Es öffnet sich ein Menü. Wählen Sie hier den Menüpunkt *Auf Startseite*. Automatisch wird auf der Startseite eine neue Kachel mit einem Screenshot der aktuellen Webseite angelegt, über die Sie die Seite jederzeit wieder aufrufen können.

Bild 3.25: Web-App auf den Startbildschirm von Windows Phone bringen.

3.5.6   Web-Apps vorher auf dem PC oder Mac testen

Bis jetzt haben Sie Ihre Projekte immer direkt auf dem Handy getestet, Sie können aber
für die meisten Tests auch Google Chrome oder Safari auf PC und Mac verwenden.
Diese beiden Browser unterstützen die WebKit-Erweiterungen, wie abgerundete Ecken
oder Farbverläufe, sodass die Seiten annähernd wie auf den mobilen Browsern aussehen.

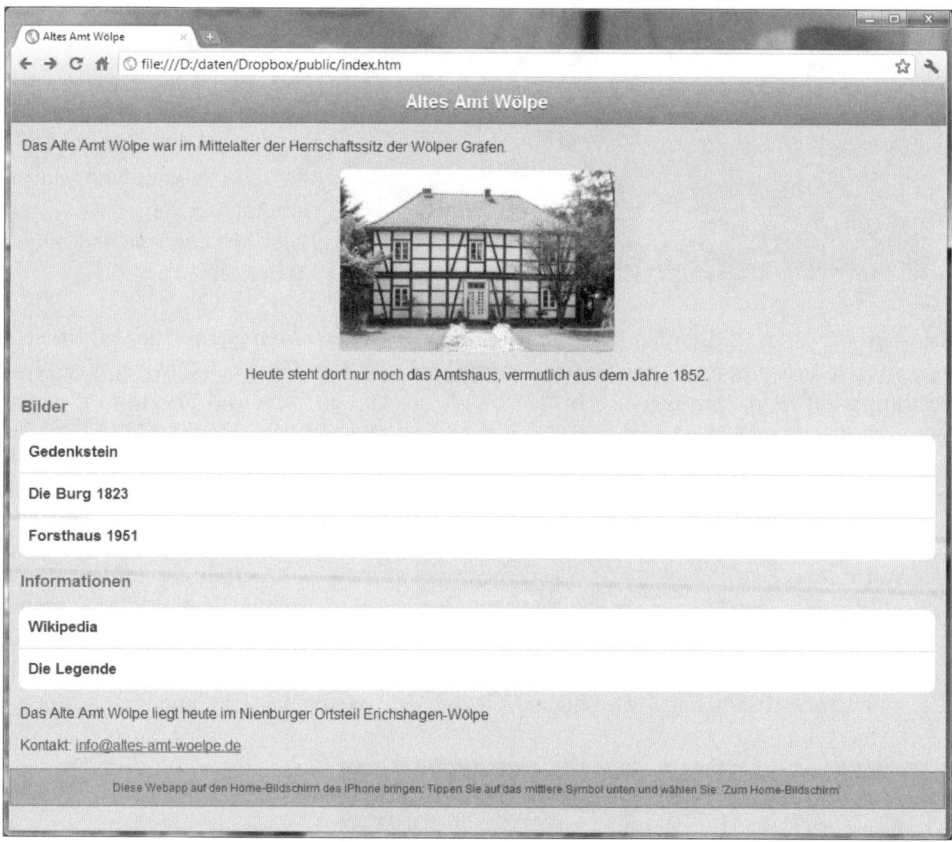

Bild 3.26: Die mobile Seite in Google Chrome auf dem PC.

Natürlich sind die Browserfenster auf dem PC standardmäßig viel zu breit, sodass sich
kein realistisches Bild ergibt. Sie können das Fenster aber schmaler ziehen, bis es die
gefühlte Breite eines Smartphones hat. Einfacher lässt sich ein Browserfenster per
JavaScript skalieren.

```
<html>
<head>
<title>Handy-Browserfenster</title>
<script type="text/javascript">
<!--
  function fenster1()
  {
```

```
      window.open("index.htm","iPhone-Fenster",
      "width=320,height=356,left=100,top=400");
    }
    function fenster2()
    {
      window.open("index.htm","Android-Fenster",
      "width=480,height=800,left=500,top=100");
    }
//-->
</script>
</head>
<body>
  <a href="javascript:fenster1()">
  Fenster in typischer iPhone-Größe öffnen</a><br>
  <a href="javascript:fenster2()">
  Fenster in typischer Android-Größe öffnen</a>
</body>
</html>
```

Erstellen Sie sich dazu eine lokale HTML-Datei mit dem Skript. Diese brauchen Sie nur noch im Browser aufzurufen und können dann über die beiden Links je ein Fenster in der Viewport-Größe eines klassischen iPhone oder eines typischen Android-Handys öffnen.

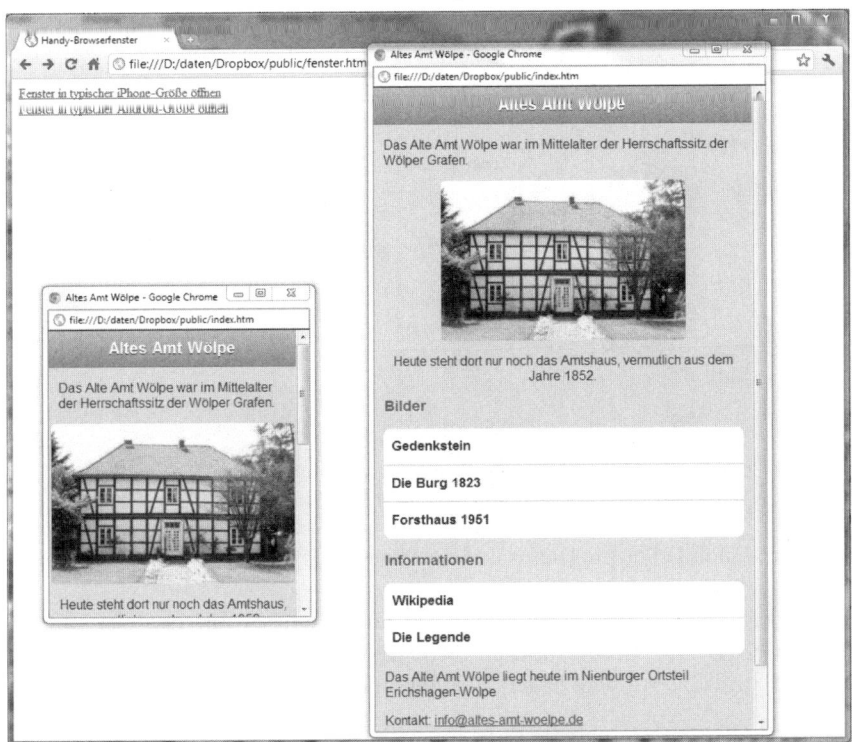

Bild 3.27: Zwei Browserfenster in der Größe von Smartphones zum Test mobiler Web-Apps.

Möchten Sie mehr von der Seite auf einen Blick sehen, können Sie die Fenster nach unten größer ziehen, nur die Breite sollten Sie bestehen lassen. Firefox und der Internet Explorer können WebKit-Elemente nicht darstellen, sodass sich diese Browser zum Testen von Web-Apps wenig eignen.

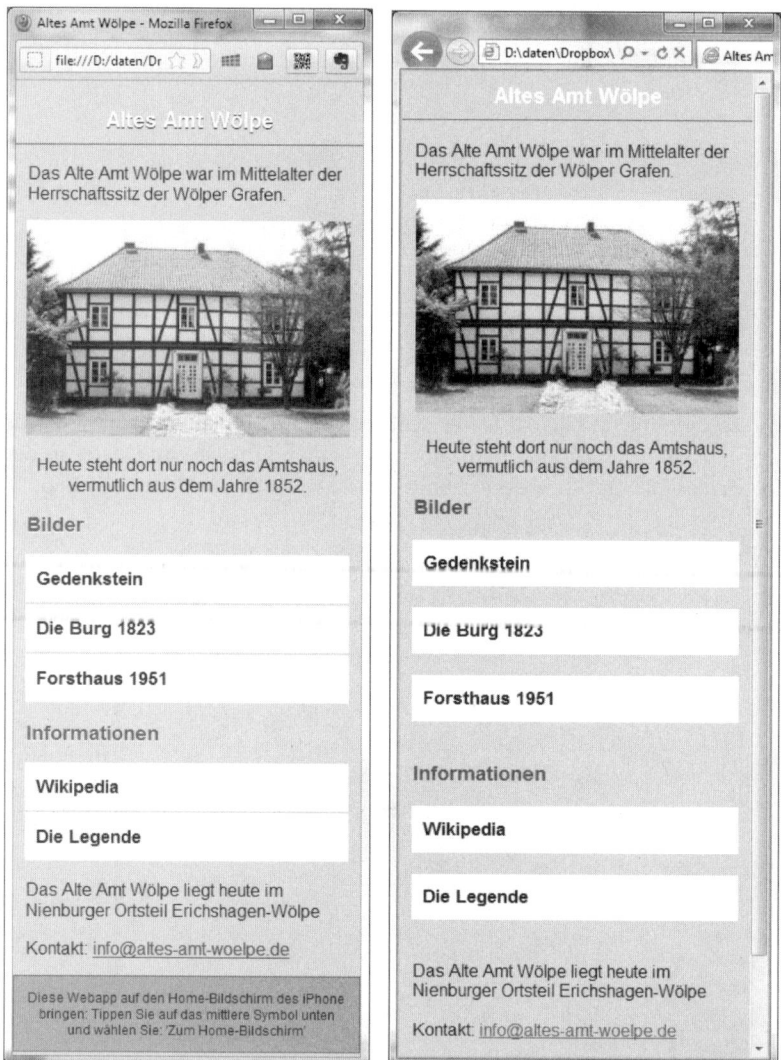

Bild 3.28: Die gleiche mobile Seite in Firefox und dem Internet Explorer.

Der direkte Vergleich zeigt beim Internet Explorer noch mehr Probleme. Hier werden auch die Abstände zwischen den li-Blöcken sowie die Schatten der Schrift nicht dargestellt. Farbverläufe und abgerundete Ecken fehlen in beiden Browsern.

3.6 Mobile Browser mit JavaScript erkennen

Verschiedene Browser verhalten sich unterschiedlich, deshalb sollte man ihnen auch jeweils verschiedene Seiten zeigen. Was bei Webseiten für PCs nicht immer unbedingt nötig ist, gilt für Webseiten auf Handys umso mehr. Angenommen, Sie haben eine bekannte Domain, auf der Sie Ihre Inhalte für Benutzer mit PCs präsentieren. Alle Benutzer, die mit einem Smartphone auf Ihre Seite kommen, sollen aber auch etwas zu sehen bekommen, und das möglichst so, dass es auf dem Smartphone auch ansprechend dargestellt wird.

Einfach nur das CSS der Seite entsprechend anzupassen, ist nicht immer die Lösung – auch die Inhalte sollten auf die Bedürfnisse mobiler Nutzer ausgerichtet sein. Um Ihren mobilen Besuchern keine neue Internetadresse mitteilen zu müssen, können Sie Ihre Webseite automatisch erkennen lassen, ob der Besucher mit einem PC oder einem Smartphone auf Ihre Seite kommt, und ihm dann die passenden Informationen anbieten. Die Skriptsprache JavaScript bietet die Möglichkeit, den Browser eines Benutzers festzustellen und darauf zu reagieren, indem zum Beispiel verschiedene Versionen eines Skripts gestartet oder unterschiedliche HTML-Dateien geöffnet werden.

3.6.1 Browsererkennung mit dem User Agent String

Jeder Browser sendet einen sogenannten User Agent String an den Webserver. Diese Browserkennung enthält neben dem Browsernamen auch Versionsnummer und Betriebssystem sowie teilweise noch weitere Daten.

⊡ Lesezeichen

http://useragentstring.com

Auf dieser Seite können Sie sich Ihren aktuellen User Agent String anzeigen lassen, so wie jede besuchte Webseite ihn sieht. Die Daten werden direkt ausgewertet und im Klartext verständlich gemacht. Die Seite ist auch in der Lage, einen beliebigen User Agent String zu analysieren. Kopieren Sie die entsprechenden Daten einfach ins Eingabefeld der Seite und klicken Sie auf »Analyze«.

Bild 3.29: Anzeige eines User Agent String.

Mobile Browser senden ganz andere User Agent Strings, wie ganz einfach zu sehen ist, wenn man diese Seite mit einem Smartphone besucht.

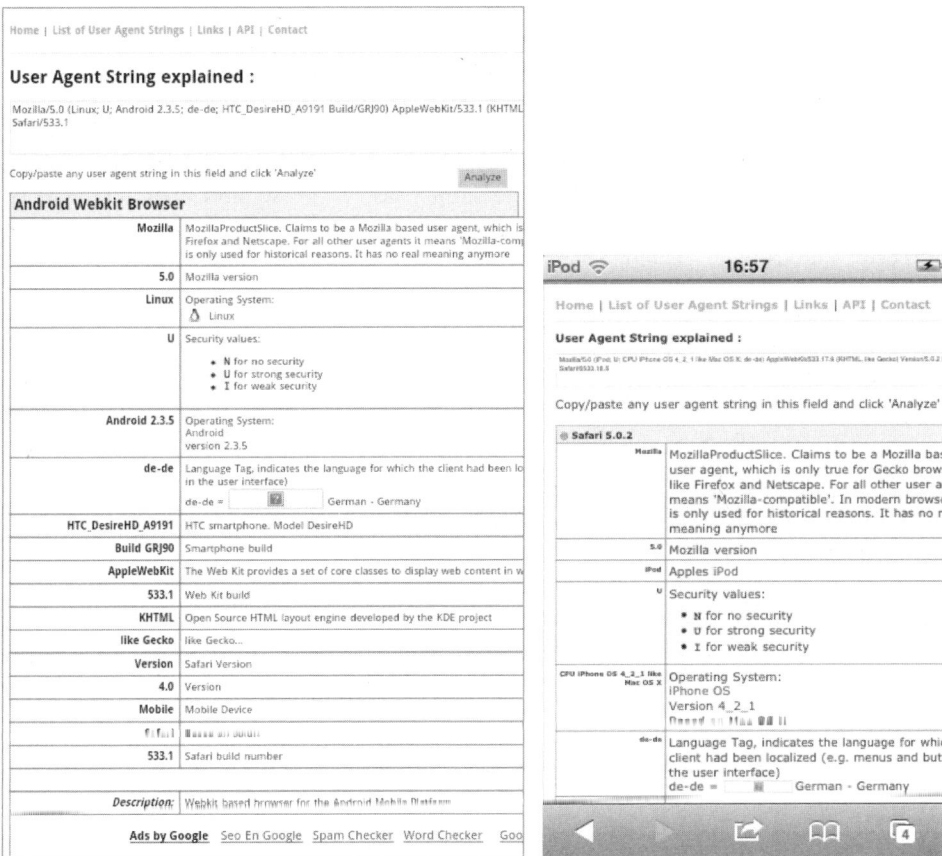

Bild 3.30: Anzeige der User Agent Strings der Standardbrowser von Android und iOS.

Android- und iOS-Browser zeigen im User Agent String auch ihre Kompatibilität zu WebKit an.

▣ Lesezeichen

http://bit.ly/zlYRgj

Auf dieser Seite gibt es eine lange Liste an User Agent Strings verschiedenster Browser.

Mit einem JavaScript auf der eigenen Webseite kann man den User Agent String eines Benutzers auslesen.

```
<body>
<h1>User-Agent</h1>
<script>document.write(navigator.userAgent)</script>
<h2>navigator.appName</h2>
<script>document.write(navigator.appName)</script>
<h2>navigator.appVersion</h2>
<script>document.write(navigator.appVersion)</script>
<h2>navigator.language</h2>
```

```
<script>document.write(navigator.language)</script>
<h2>navigator.platform</h2>
<script>document.write(navigator.platform)</script>
</body>
```

Dieses Skript liest neben dem eigentlichen User Agent String noch ein paar weitere Parameter aus, die sich mit JavaScript erkennen lassen. Diese sind aber oft nicht so zuverlässig, es hat sich daher bewährt, nur den User Agent String auszulesen. Die JavaScript-Funktion `document.write` schreibt den aktuellen Inhalt einer Variablen direkt an die entsprechende Stelle auf die Seite und verwendet dazu die aktuelle HTML-Formatierung.

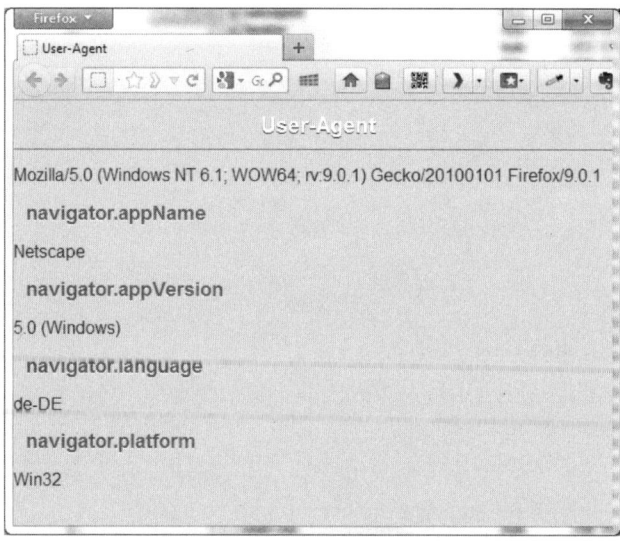

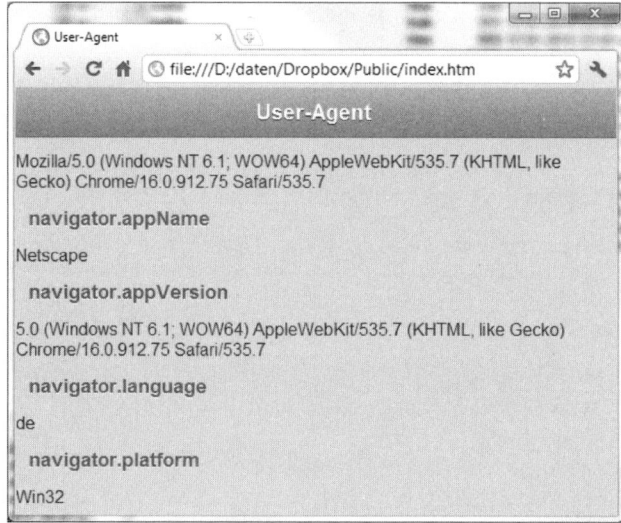

Bild 3.31: Anzeige in Firefox und Google Chrome.

Die Seite ist extra so gestaltet, dass sie sich im Gegensatz zu *useragentstring.com* auch gut auf Smartphones darstellen lässt. Dazu verwenden wir eine CSS-Datei.

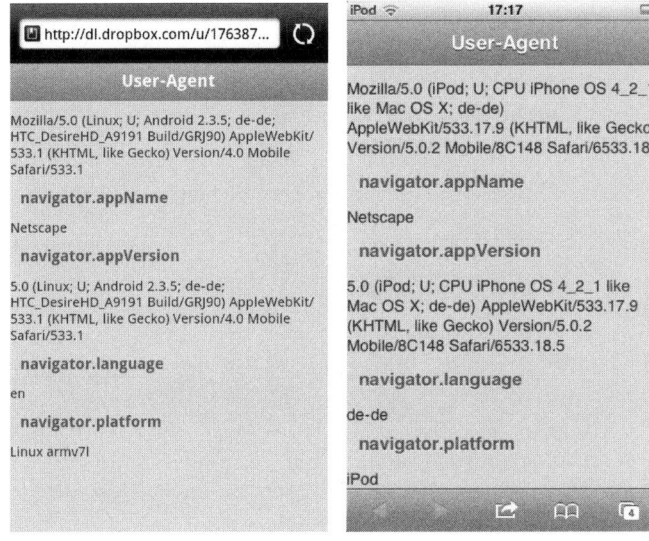

Bild 3.32: Anzeige auf einem Android-Smartphone und einem iPod touch.

Unterschiedliche Inhalte anhand des User Agent String anzeigen

Dem Benutzer seinen User Agent String anzuzeigen, mag ganz nett sein – viel wichtiger ist jedoch, anhand des User Agent String die Darstellung der Web-App zu ändern oder gänzlich unterschiedliche Inhalte darzustellen. Auch das ist mit einem einfachen JavaScript möglich.

```
<!DOCTYPE HTML PUBLIC "-//W3C//DTD HTML 4.01 Transitional//EN">
<html>
<head>
<meta name="viewport" content="width=device-width; initial-scale=1.0;
maximum-scale=1.0; user-scalable=0;" />
<title>User-Agent</title>
<link rel="stylesheet" type="text/css" href="iphone.css">
</head>
<body>
<h1>User-Agent</h1>
<p><script>document.write(navigator.userAgent)</script></p>

<script>
  if(navigator.userAgent.match(/iPhone/i))
    document.location.href="seite-iphone.htm";
  if(navigator.userAgent.match(/Android/i))
    document.location.href="seite-android.htm";
  if(navigator.userAgent.match(/Windows phone/i))
    document.location.href="seite-windowsphone.htm";
```

```
</script>

<h2>Dieser Computer scheint ein PC zu sein</h2>
</body>
</html>
```

Diese Seite zeigt zunächst informationshalber den User Agent String an, was für die Funktion nicht nötig wäre. Danach sucht ein Skript innerhalb des User Agent String nach der Zeichenfolge iPhone oder Android oder Windows Phone.

Abhängig von der gefundenen Zeichenfolge wird eine entsprechende Seite angezeigt.

Bild 3.33: Seiten für Android und iOS.

Die Verwendung der Funktion navigator.userAgent.match, die nur ein bestimmtes Wort sucht, hat gegenüber einer direkten Abfrage den Vorteil größerer Allgemeingültigkeit. User Agent Strings können sich durch neue Geräte und Browser sehr schnell ändern und würden dann aus der Abfrage herausfallen.

Auch die HTML-Dateien für spezielle Geräte zeigen hier der Anschaulichkeit halber den User Agent String an, was natürlich in einer wirklichen Web-App nicht nötig wäre.

```
<!DOCTYPE HTML PUBLIC "-//W3C//DTD HTML 4.01 Transitional//EN">
<html>
<head>
<meta name="viewport" content="width=device-width; initial-scale=1.0;
maximum-scale=1.0; user-scalable=0;" />
<title>User-Agent</title>
<link rel="stylesheet" type="text/css" href="iphone.css">
</head>
<body>
<h1>Android</h1>
<p><script>document.write(navigator.userAgent)</script></p>
```

```
<h2>Dies ist die Seite für Android-Handys</h2>
</body>
</html>
```

Wird keiner der drei Plattformnamen im User Agent String gefunden, geht die Web-App von einem PC aus und stellt einfach den Inhalt der Seite dar.

Bild 3.34: Die Seite in einem PC-Browser, hier Google Chrome.

Smartphone im PC-Browser simulieren

Zum Ausprobieren solcher vom User Agent String abhängigen Funktionen müssen Sie nicht unbedingt alle gängigen Smartphones griffbereit haben. Ein Test auf dem PC wäre oft viel einfacher, würde der PC nur den richtigen User Agent String übertragen.

Das Add-on User Agent Switcher für Firefox macht genau das möglich. Sie finden dieses über die Firefox-Add-on-Bibliothek. Nach der Installation und dem erforderlichen Neustart des Browsers brauchen Sie nur noch das Symbol dieses Add-ons in die Toolbar legen.

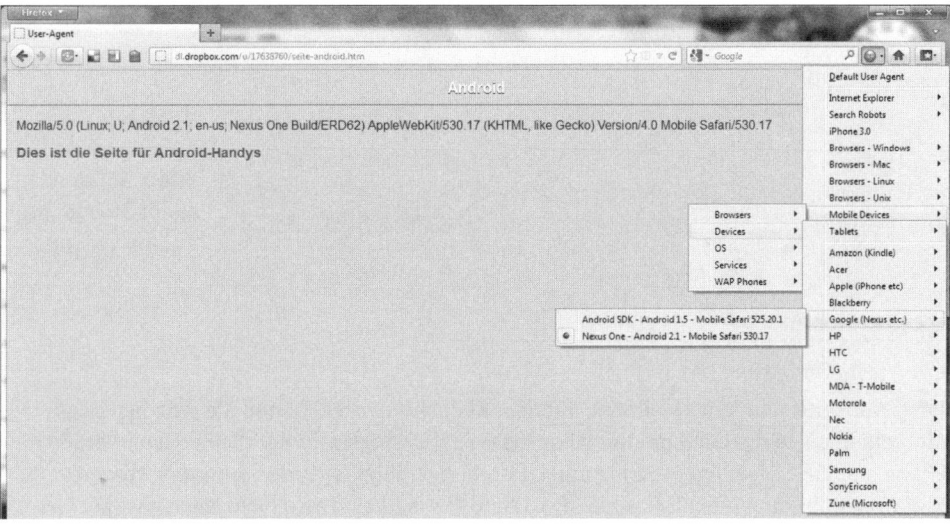

Bild 3.35: User Agent Switcher in Firefox.

Hier können Sie einen User Agent String eines anderen Browsers oder Smartphones auswählen. Einige bekannte User Agent Strings sind bereits vorinstalliert. Wie im Bild deutlich zu sehen, verändert das Add-on zwar den User Agent String, nicht aber die Darstellungsfähigkeiten des Browsers. Firefox unterstützt weiterhin keine WebKit-Erweiterungen wie z. B. den Farbverlauf als Hintergrund der Überschrift.

Im *Eigenschaften*-Dialog des Add-ons können Sie weitere User Agent Strings anlegen oder aus einer XML-Datei importieren.

▣ Lesezeichen

http://bit.ly/xGep8z

Hier finden Sie eine umfangreiche XML-Datei mit User Agent Strings zum Import in das Firefox-Add-on User Agent Switcher.

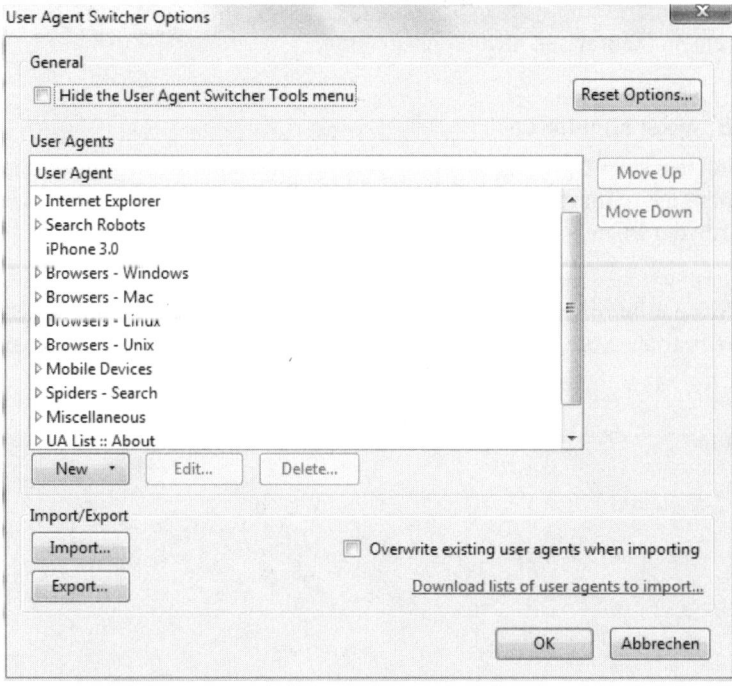

Bild 3.36: User Agent Strings im Add-on verwalten.

▣ Lesezeichen

http://testiphone.com

Diese Webseite simuliert ein iPhone auf dem Bildschirm. Hier können Sie jede beliebige Internetadresse eingeben und darstellen lassen. Allerdings wird nur die Bildschirmgröße des iPhone simuliert. User Agent String und Darstellungsfähigkeiten des Browsers werden vom PC-Browser übernommen. Das simulierte iPhone verhält sich also nicht wie ein wirkliches iPhone.

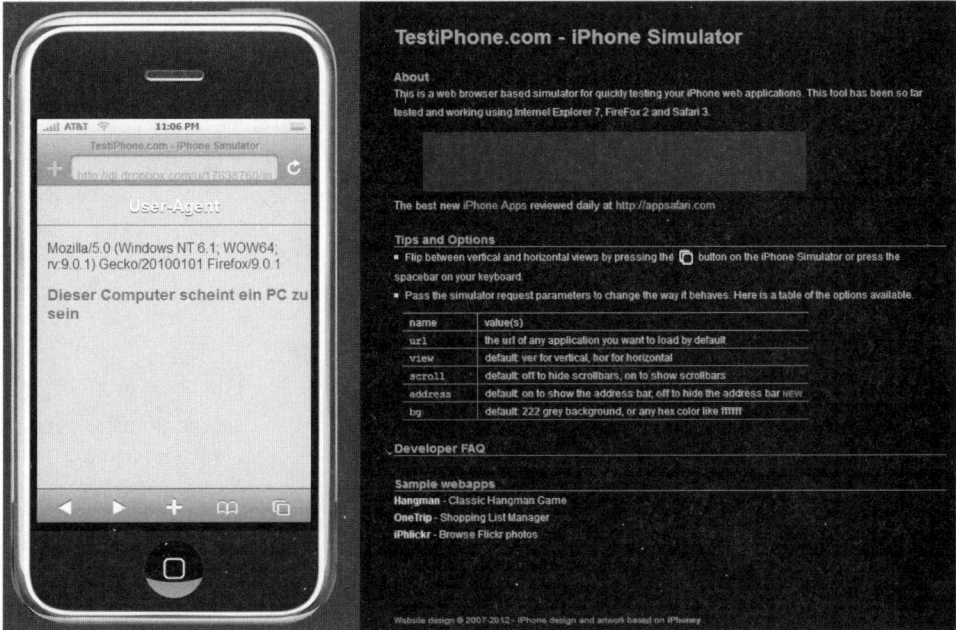

Bild 3.37: Die Testseite *TestiPhone.com* für iPhone-Web-Apps ist nur eingeschränkt nützlich.

3.6.2 Bildschirmauflösung des Besuchers erkennen

Ähnlich wie den User Agent String kann man per JavaScript auch die Bildschirmabmessungen des Benutzers auslesen und danach die Darstellung einer Web-App beeinflussen, indem abhängig von der Bildschirmbreite unterschiedliche Inhalte angezeigt werden.

```
<!DOCTYPE HTML PUBLIC "-//W3C//DTD HTML 4.01 Transitional//EN">
<html>
<head>
<meta name="viewport" content="width=device-width; initial-scale=1.0;
maximum-scale=1.0; user-scalable=0;" />
<title>User-Agent</title>
<link rel="stylesheet" type="text/css" href="iphone.css">
</head>
<body>
<h1>Bildschirmabmessungen</h1>
<h2>Breite: window.outerWidth</h2>
<p><script>document.write(window.outerWidth)</script></p>
<h2>Höhe: window.outerHeight</h2>
<p><script>document.write(window.outerHeight)</script></p>
</body>
</html>
```

Das Beispiel zeigt Breite und Höhe des Browserfensters an. Auch hier lassen sich abhängig von den ermittelten Werten unterschiedliche Inhalte anzeigen.

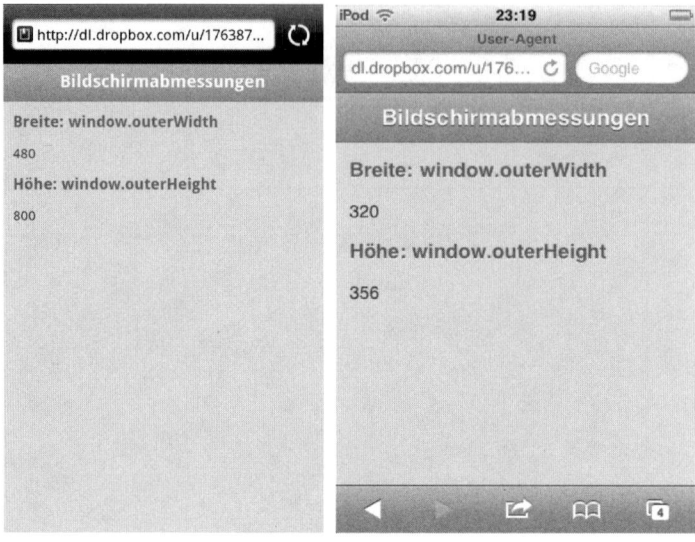

Bild 3.38: Bildschirmabmessungen eines typischen Android-Handys und eines iPod touch.

3.7 Baukästen für den Web-App-Entwickler

Wie große Webseiten für PCs braucht man heute auch mobile Webseiten nicht mehr komplett selbst zu schreiben. Verschiedene mehr oder weniger umfangreiche Baukästen erleichtern dem Entwickler die Arbeit oder nehmen sie ihm auch ganz ab. Grundkenntnisse in HTML und JavaScript sind natürlich beim Einsatz solcher Baukästen nie verkehrt.

3.7.1 Google sites

Google sites ist ein interaktiver Baukasten, mit dem sich jeder auch ohne HTML-Kenntnisse seine eigene Webseite zusammenbasteln kann. Das Einzige, was man dafür braucht, ist ein Google-Konto.

☑ Lesezeichen

http://sites.google.com/mobilize
Google sites bietet seit einiger Zeit auch einen ähnlichen Baukasten für mobile Webseiten an, mit dem Sie in kurzer Zeit einfache Web-Apps für Smartphones erstellen.

Für die ersten Versuche verwenden Sie am besten eines der vorgefertigten Templates. Dann brauchen Sie nur noch Ihre eigenen Inhalte einzufügen.

- Google sites stellt fünf verschiedene Templates für Standardanwendungsfälle zur Verfügung.

- Wählen Sie noch eine Grundfarbe für das Template und klicken Sie dann auf *Try this template*.

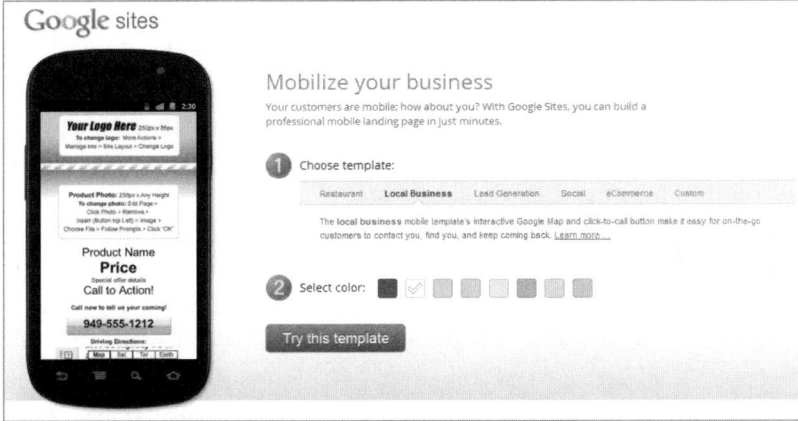

Bild 3.39: Google sites für mobile Webseiten.

- Im nächsten Schritt generiert Google sites eine Vorschau der Seite mit dem gewählten Template und dem Farbschema.

- In einem Zwischenschritt müssen Sie der Seite noch einen Namen geben. Google sites generiert daraus auch automatisch eine URL, die Sie aber ändern können. Zum Schutz vor Spam müssen Sie noch ein sogenanntes Captcha bestätigen, also ein als Grafik dargestelltes Wort abtippen.

- Jetzt wird die eigentliche Seite erstellt, und Sie können sie im Google sites Editor öffnen.

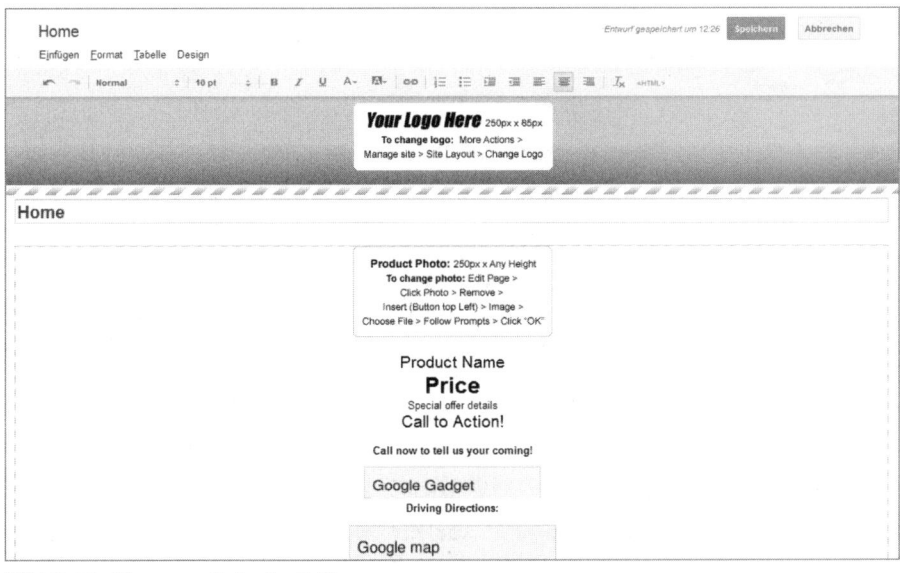

Bild 3.40: Die neue Seite im Editor.

An dieser Stelle können Sie sämtliche Texte auf der Seite bearbeiten und auch Bilder und Links einfügen. Achten Sie jedoch darauf, dass Ihre Bilder maximal 250 Pixel breit sind. Auf diese Breite ist das mobile Seitenlayout ausgerichtet.

Der Google sites Editor bietet diverse Funktionen im Menü, die für mobile Seiten ungeeignet sind. Der gleiche Editor wird auch für »normale« Webseiten genutzt. Verzichten Sie besonders auf Tabellen oder mehrspaltige Layouts.

Wenn Sie die Seite fertig gestaltet haben, brauchen Sie nur noch auf *Speichern* zu klicken, und sie ist online. Über den Button *Freigeben* können Sie noch festlegen, ob die Seite öffentlich sichtbar sein soll bzw. wer darauf Zugriff haben darf. An dieser Stelle können Sie den Link auch direkt über Google Mail, Facebook oder Twitter bekannt machen.

Eine simple mobile Seite mit Text und Bildern lässt sich auch in reinem HTML recht einfach zusammenbauen. Was Google sites aber besonders interessant macht, sind die Gadgets, die Funktionen auf die Seite bringen, die sonst mit selbst programmierten Skripten nur mühsam zu realisieren wären. Diese können Sie über den Menüpunkt *Einfügen/Weitere Gadgets* ganz einfach auf der Seite platzieren und so mit wenig Aufwand einen für Smartphones optimierten Internetauftritt zusammenbauen.

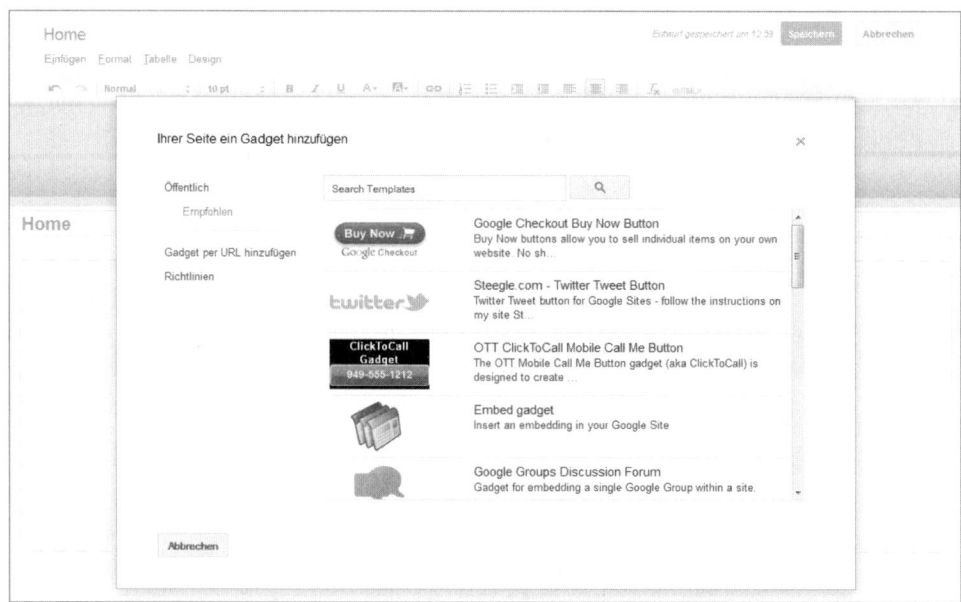

Bild 3.41: Gadgets in die Seite einfügen.

Beachten Sie aber auch hier, dass sich nicht alle der dort angebotenen Gadgets für die mobile Nutzung eignen. Die meisten sind nur für »normale« Webseiten vorgesehen. Google selbst empfiehlt die folgenden fünf Gadgets für mobile Seiten.

ClickToCall Gadget

Dieser Button zeigt eine Telefonnummer an und kann auf dem Handy direkt angetippt werden. Er startet die Telefonfunktion auf dem Gerät und wählt die Nummer.

Auf diese Weise können Sie auf einer eigenen mobilen Web-visitenkarte Ihre Besucher viel leichter motivieren, Sie anzu-rufen, als mit einer Nummer, die man sich merken und dann ins Handy eintippen müsste.

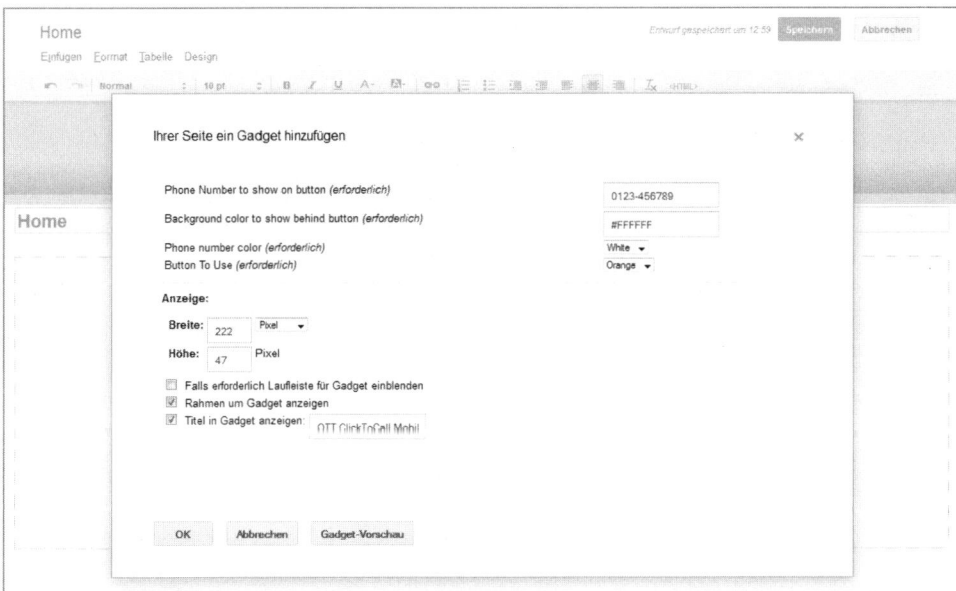

Bild 3.42: Konfigurationsdialog für den Telefonbutton.

Im Konfigurationsdialog wählen Sie neben der zu verwendenden Telefonnummer auch das Farbschema und die Größe des Buttons. Ist der Button in die Webseite eingefügt, können Sie im Editor jederzeit noch die Ausrichtung auf der Seite und auch die Eigenschaften nachträglich verändern.

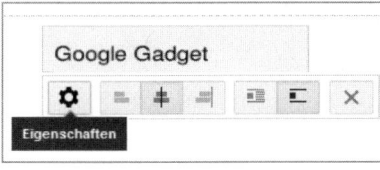

Bild 3.43: Das Gadget im Editor von Google sites.

Social Button

Dieses Gadget fügt bis zu vier Buttons für soziale Netze auf der Seite ein. Diese bieten Links auf Ihre Profile bei Facebook, Twitter, LinkedIn und YouTube.

Dieses Gadget ist (noch) nicht in der Liste der Gadgets enthalten, sondern muss über den Menüpunkt *Gadget per URL hinzufügen* eingefügt werden. Geben Sie dort folgende URL ein:

```
http://hosting.gmodules.com/ig/gadgets/file/116229407835594937144/
SocialImageLinks.xml
```

Jetzt müssen Sie nur noch im Konfigurationsdialog die Adressen Ihrer Profile in den jeweiligen sozialen Netzen eintragen. Profile, die Sie nicht verwenden wollen, ersetzen Sie einfach durch *none*.

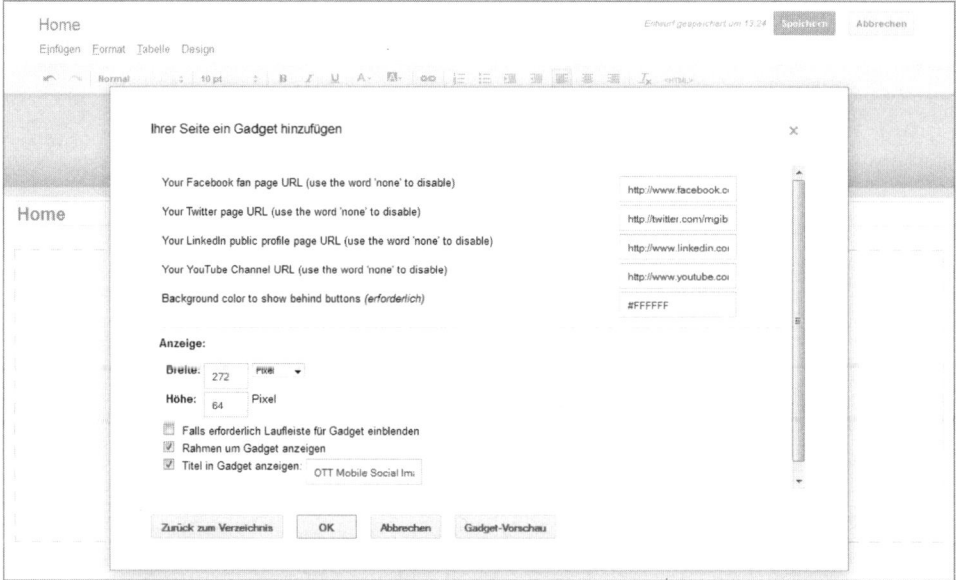

Bild 3.44: Konfigurationsdialog für das Gadget Social button.

Google Maps Gadget

Das Google Maps Gadget zeigt einen interaktiven Kartenausschnitt auf Ihrer mobilen Seite. Suchen Sie hier im *Einfügen*-Dialog den gewünschten Ort und wählen Sie die Darstellungsweise *Karte* oder *Satellit* aus.

Bild 3.45: Google Maps Gadget einfügen.

Alternativ können Sie auch einen bereits vorhandenen Google Maps-Link einfügen. Im nächsten Schritt legen Sie noch die Größe des Kartenausschnitts fest. Bei Verwendung der mobilen Seitenlayouts geben Sie als Breite 250 Pixel an. Eine sinnvolle Höhe ist 300 Pixel, damit die Karte auf Handys noch dargestellt werden kann. Die Vorgabe von 500 Pixeln ist für viele Handys zu groß.

General Button

Dieses Gadget fügt einen einfachen Button auf der mobilen Seite ein, mit dem Besucher zu einer beliebigen anderen Seite kommen.

Auch dieses Gadget ist (noch) nicht in der Liste der Gadgets enthalten, sondern muss über den Menüpunkt *Gadget per URL hinzufügen* eingefügt werden. Geben Sie dort folgende URL ein:

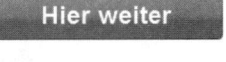

```
http://hosting.gmodules.com/ig/gadgets/file/116229407835594937144/ClickToGo.xml
```

Jetzt müssen Sie nur noch im Konfigurationsdialog die Adresse der Webseite eintragen, auf die der Button verlinken soll. Außerdem können Sie Farbe, Text und Größe einstellen.

Google Checkout Buy Now-Button

Google Checkout ist ein eigenes Bezahlsystem von Google. Mit diesem Button können Sie einen einfachen, aber kompletten Webshop in Ihre mobile Seite integrieren.

Bevor Sie diesen Warenkorb-Button einbauen können, müssen Sie über eine Google Checkout Merchant ID verfügen. Diese können Sie bekommen unter *http://checkout.google.com/sell/signup*.

Ein Nachteil von Google Checkout gegenüber anderen Bezahlsystemen ist, dass die Konten derzeit nur in US-Dollar oder britischen Pfund geführt werden können.

3.7.2 Blogger

Blogger (*www.blogger.com*) ist eine beliebte Blogplattform, die – für Benutzer kostenlos – von Google betrieben wird. Hier kann man mit wenig Aufwand private Blogs einrichten und über einen Webbrowser ohne zusätzliche Software betreiben. Auch Bloggen per E-Mail ist möglich.

Für das Design der Blogs stehen vielfältige Layouts zur Verfügung. Seit einiger Zeit bietet Google hier auch spezielle Layouts für mobile Geräte. Besucht jemand mit einem Smartphone das Blog, kann automatisch die mobile Version angezeigt werden, wenn diese einmal eingerichtet ist.

Natürlich können Sie Blogger nicht nur verwenden, um Ihr vorhandenes Blog für Smartphones nutzbar zu machen, sondern auch, um speziell für Smartphones eine eigene Webseite anzulegen.

Wenn Sie bereits bei *blooger.com* ein Blog haben, melden Sie sich dort einfach an und schalten, wenn nicht bereits geschehen, auf die neue Oberfläche um. Andernfalls legen Sie zunächst ein ganz normales Blog an.

Bild 3.46: Die mobile Ansicht ist standardmäßig deaktiviert.

Mit einem Klick auf das Zahnrad unterhalb der inaktiven mobilen Ansicht können Sie festlegen, dass auf Mobilgeräten die mobile Version des Blogs angezeigt werden soll. Jetzt können Sie unter verschiedenen für Smartphones optimierten Vorlagen auswählen.

Bild 3.47: Mobile Vorlage auswählen.

Der Button *Vorschau* öffnet Ihr Blog in diesem Design in einem kleinen Fenster, das der Größe eines typischen Smartphone-Bildschirms entspricht.

Bild 3.48: Vorschau im PC und auf einem wirklichen Smartphone.

Sie können die Vorschau auch ganz einfach auf einem realen Smartphone testen, indem Sie den abgebildeten QR-Code fotografieren. Ein Klick auf *Speichern* legt das ausgewählte mobile Layout fest. Besucher mit PC-Webbrowsern bekommen weiterhin das unveränderte Layout Ihres Blogs zu sehen.

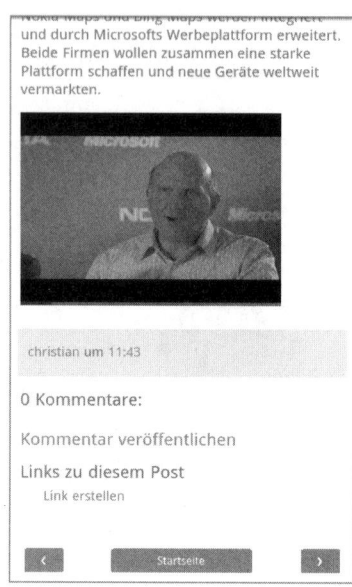

Bild 3.49: Das Blog auf dem Handy.

Die Vorschau zeigt nur einen Blogbeitrag, die endgültige Version bietet eine finger-freundliche Übersichtsseite sowie in jedem Beitrag auch Kommentar- und Linkfunktio-nen. Sogar eingebettete YouTube-Videos können auf Smartphones angezeigt werden – vorausgesetzt, der Browser unterstützt Flash.

Auf iOS-Geräten starten die YouTube-Einbettungen automatisch die YouTube-App, sodass sich die Videos zwar nicht im Browser, aber dennoch abspielen lassen.

3.7.3   WordPress

Auch WordPress-Blogs und Webseiten lassen sich mit einem speziellen Layout für Smartphones nutzbar machen. WordPress bietet noch deutlich mehr Möglichkeiten als Blogger und kann auch auf einem eigenen Server installiert und somit für eine eigene Domain verwendet werden. Blogger-Blogs liegen dagegen immer bei *blogspot.com*.

WordPress Mobile Pack ist ein Plug-in für WordPress, das eine automatische Umschaltung auf ein mobil optimiertes Layout bietet, wenn ein Besucher mit einem Smartphone auf das Blog kommt.

▣ Lesezeichen

http://bit.ly/A8R9CB

Hier gibt es das WordPress Mobile Pack zum Download. Alternativ lässt sich das Plug-in auch aus dem WordPress Dashboard heraus direkt auf dem Server installieren.

Im WordPress Dashboard finden Sie nach der Aktivierung des Plug-ins unter *Design* neue Konfigurationsoptionen für das WordPress Mobile Pack.

Im Bereich *Mobile Switcher* können Sie zwischen *Browser detection* und *Domain Mapping* umschalten. Damit wird festgelegt, ob anhand der Browserkennung automatisch auf die mobile Version umgeschaltet wird, wenn der Besucher mit einem Smartphone auf die Seite kommt, oder ob der Besucher einen speziellen mobilen Domainnamen, z. B. *m...* statt *www...* eingeben muss, um auf die mobile Variante der Seite zu gelangen.

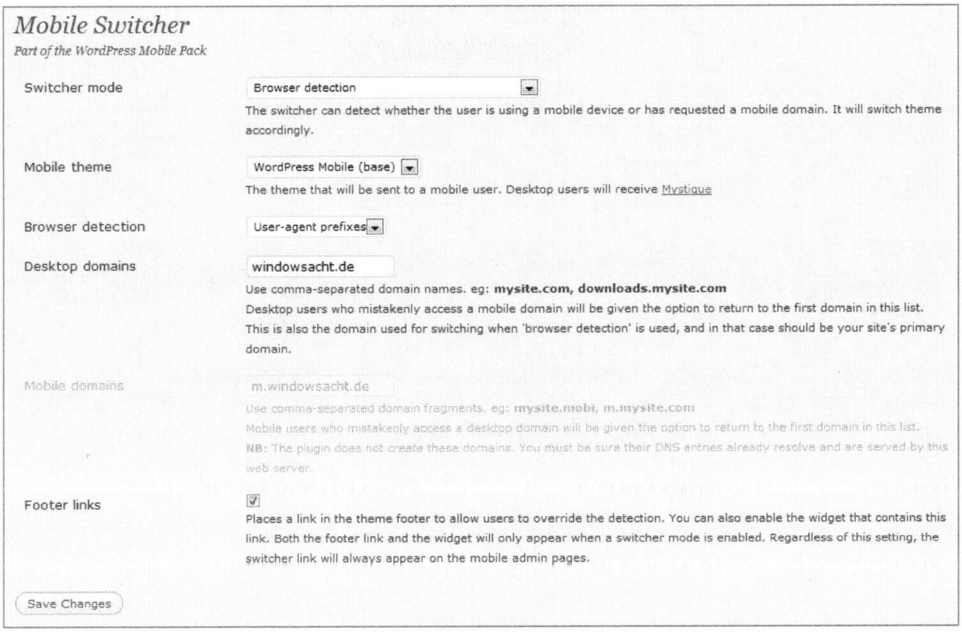

Bild 3.50: *Mobile Switcher* im WordPress Dashboard.

An dieser Stelle können Sie auch zwischen verschiedenfarbigen Themen für die mobile Darstellung des Blogs wählen.

Standardmäßig wird im Footer der mobilen Seite ein Link eingetragen, über den man auf die Standarddarstellung zurückkommt. Diesen sollten Sie hier auch belassen, da sich Browser von Tablets häufig als mobil ausgeben, Tablet-Benutzer aber auf dem großen Bildschirm lieber die normale Darstellung der Webseite sehen möchten.

Im Bereich *Mobile Theme* legen Sie die Darstellung Ihres Blogs fest. Dabei stellen Sie unter anderem ein, wie lang der in der Übersicht zu jedem Beitrag angezeigte Teasertext sein soll. Außerdem sollten Sie hier die Standardeinstellung übernehmen, die festlegt, dass Bilder automatisch verkleinert und eingebettete Elemente wie Iframes, Skripte oder Flash sowie spezielle Stilelemente automatisch entfernt werden.

Mobile Theme
Part of the WordPress Mobile Pack

Select the mobile theme itself on the switcher settings **page.** The page below allows you to further configure its behaviour.

Enable Nokia templates	☑
	Check this to provide additional optimisations for users of Nokia handsets. It also enables a rich theme for WebKit-based mobile browsers, such as the Apple iPhone and Palm Pre.
Check mobile status	**Launch ready.mobi**
	Click this link to check that the front page of your site is ready for mobile users. NB: this will only work for externally-visible sites.
Show home link in menu	☑
	Unselect this if you are using a dedicated page for the blog home. It prevents 'Home' appearing twice in the menu.
Number of posts	5
	This constrains the length of a list of posts (such as on the home page or in an archive). Consider the consequences these settings may have on page size for limited mobile devices.
Lists of posts show	Title and teaser for all posts ▾
	☑ **Display metadata for posts (author, tags, etc)**
	These settings apply when your site is displaying a list of posts.
Teaser length	50
	The mobile theme will display teasers of this length (or use each post's 'more' break, if present - whichever is shorter).
Number of widget items	5
	For 3 standard widgets 'Archives', 'Categories', and 'Tag cloud' (which are often lengthy), this will shorten their number of items to the given length. Where necessary, a link will be provided to the full list.
Remove media	☑
	This will remove interactivity and media elements (such as script, Flash, movies, and embedded frames) from your posts and pages.
Partition large pages	☑
	This will break large blog posts or pages into smaller pieces more suitable for mobile devices.
Shrink images	☑
	This will shrink large images within posts or pages to fit on smaller screens.
	☐ **Clear cache now**
	Size-adjusted images are cached locally for performance. If an existing original image has changed, you may need to clear this cache to have it update for mobile users.

Bild 3.51: *Mobile Theme* im WordPress Dashboard.

Jetzt können Sie die Widgets aus dem Bereich *Mobile Widgets* aus den Seitenleisten und der Fußleiste des Blogs in die mobile Darstellung übernehmen. Beachten Sie dabei jedoch, dass sich viele interaktive oder grafische Widgets nicht zur mobilen Darstellung eignen.

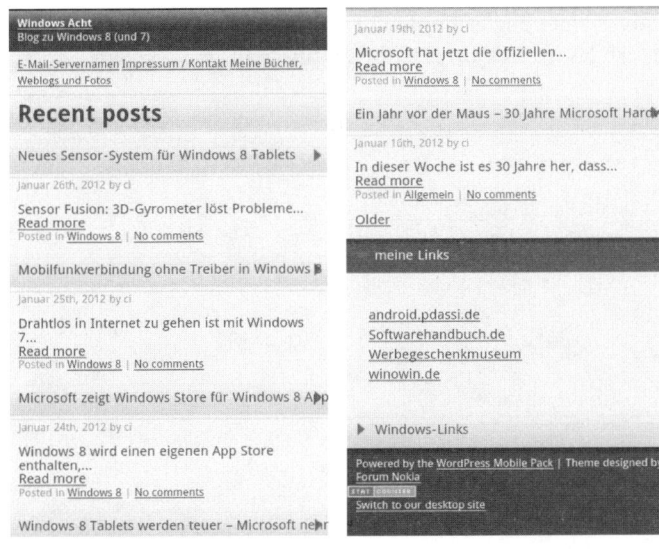

Bild 3.52: Mobile Darstellung eines WordPress-Blogs mit ausklappbarem Link-Widget und Footer.

QR-Code zur mobilen Version

QR-Codes sind ein beliebter, weil für Benutzer sehr bequemer Zugang zu einer mobilen Webseite oder einer Web-App. Das WordPress Mobile Pack bietet ein Widget für das normale Desktoplayout des Blogs an, in dem ein QR-Code für die mobile Variante angezeigt wird.

Bild 3.53: Widget mit automatisch generiertem QR-Code in der Seitenleiste eines Blogs.

Der automatisch im Widget angezeigte englische Beschreibungstext sowie die Links auf Hersteller von QR-Code-Readern lassen sich im Dashboard abschalten.

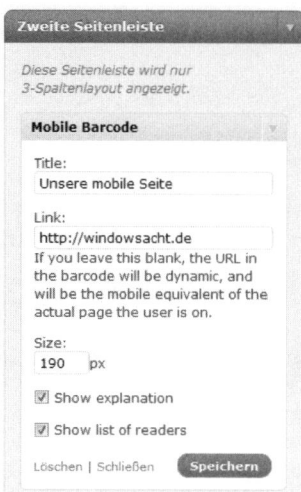

Bild 3.54: Das Widget für den QR-Code im Dashboard.

Gibt man im Widget einen Link an, wird ein statischer QR-Code erzeugt, der immer auf diesen Link, zum Beispiel auf die mobile Startseite des Blogs, führt. Lässt man das Feld dagegen leer, wird der QR-Code jedes Mal dynamisch generiert und zeigt immer auf die mobile Variante der Seite, auf der sich der Besucher auf dem Desktop gerade befindet.

3.7.4 onbile

onbile ist ein kostenloser Onlinedienst, mit dem man sich mit wenigen Klicks eine mobile Webseite anlegen kann. Die persönlichen Gestaltungsmöglichkeiten sind zwar relativ eingeschränkt, die Web-Apps sind aber schnell erstellt und sehen trotzdem auch noch gut aus.

Bild 3.55: Design der Web App bei onbile auswählen.

⊡ Lesezeichen

http://www.onbile.com

Bei onbile kann man sich nach kostenloser Anmeldung sehr einfach eine Web-App zusammenklicken. Nach der Anmeldung erhält man eine E-Mail mit einem Link zur Bestätigung.

Wählen Sie eines der vorgegebenen Standarddesigns aus. Bei den meisten Designs können Sie die Farben von Hintergrund, Titel, Untertiteln und Schaltflächen anpassen.

Die Web-Apps von onbile können ihre Inhalte aus RSS-Feeds beziehen. Geben Sie im nächsten Schritt die Adresse eines RSS-Feeds an. Dies kann auch ein automatisch aus einem Blog generierter RSS-Feed sein. Je nach gewählter Vorlage können noch weitere Angaben für die Webseite gemacht werden, teilweise lassen sich eigene Bilder einbinden oder Links zu sozialen Netzwerken festlegen.

Danach ist die mobile Seite auch schon fertig und steht unter der bei der Anmeldung festgelegten Adresse sofort zur Verfügung.

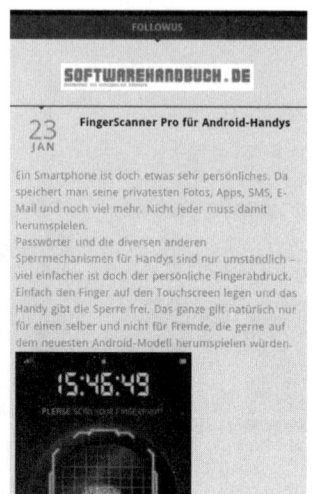

Bild 3.56: Beispiel einer mit onbile generierten mobilen Webseite.

Zum Schluss erhält man als Bonus noch einen JavaScript-Code zur Einbindung in die Indexdatei der eigenen Webseite. Dieses JavaScript erkennt den User Agent String des Besuchers und schaltet bei Besuchern mit Smartphones automatisch auf die über onbile generierte mobile Version um. Nutzer von WordPress und Blogger brauchen das JavaScript nicht manuell einzubinden, was je nach verwendetem Theme auch relativ mühsam sein kann. Für diese beiden großen Blogplattformen liefert onbile Plug-ins. Man braucht nur noch einen persönlichen Code für die eigene Seite einzugeben, und die Einbindung wird automatisch erledigt.

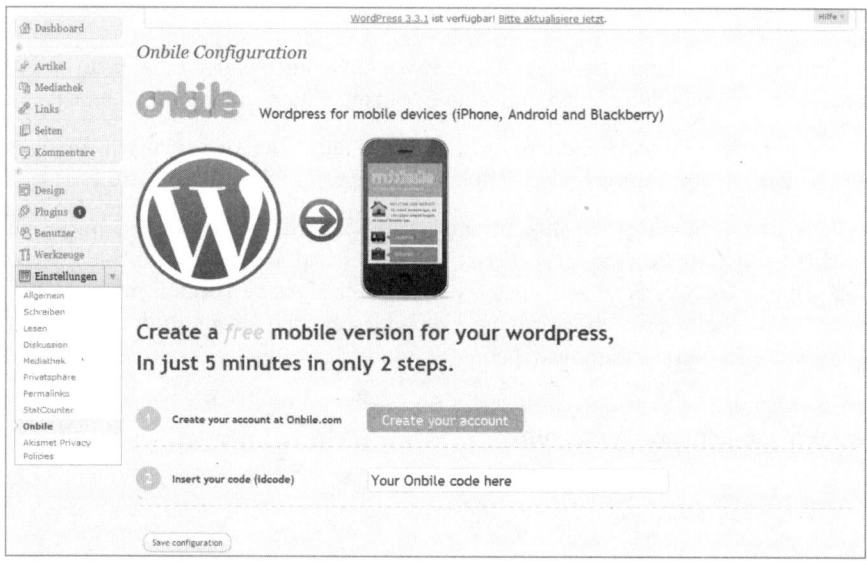

Bild 3.57: Das onbile-Plug-in für WordPress.

3.7.5 wirenode

wirenode ist ein Online-Editor für mobile Webseiten. Für den privaten Gebrauch reicht die kostenlose Lösung meist aus.

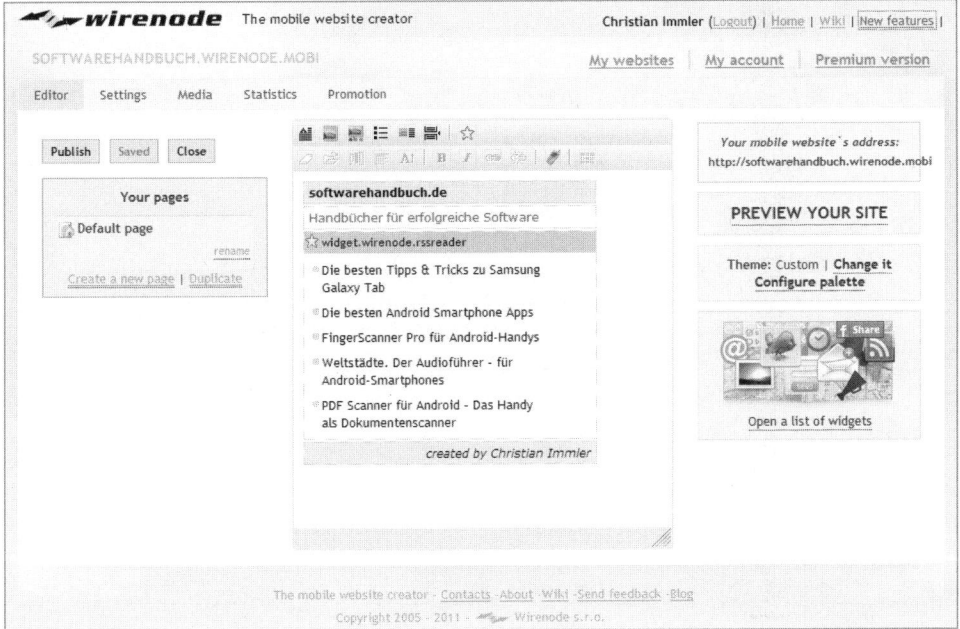

Bild 3.58: Der Online-Editor von wirenode.

▣ Lesezeichen

http://www.wirenode.com

Auch bei wirenode kann man sich nach kostenloser Anmeldung sehr einfach eine Web-App zusammenklicken. Am einfachsten startet man mit dem RSS-Feed eines bestehenden Blogs.

Trägt man die Adresse eines RSS-Feeds ein, erstellt wirenode automatisch eine Seite mit einem Widget, das die Nachrichten dieses Feeds anzeigt. Die Farben des Widgets sowie die statischen Inhalte lassen sich noch anpassen.

Bild 3.59: Mobile Version eines Blogs, erstellt mit wirenode.

Zum Bearbeiten der Seite stehen verschiedene Formatierungsfunktionen zur Verfügung. Bei wirenode kann man ähnlich wie bei Google sites verschiedene Widgets in die eigene Seite einbauen und so vielfältige Arten von Inhalten sehr einfach ohne HTML-Kenntnisse einbinden.

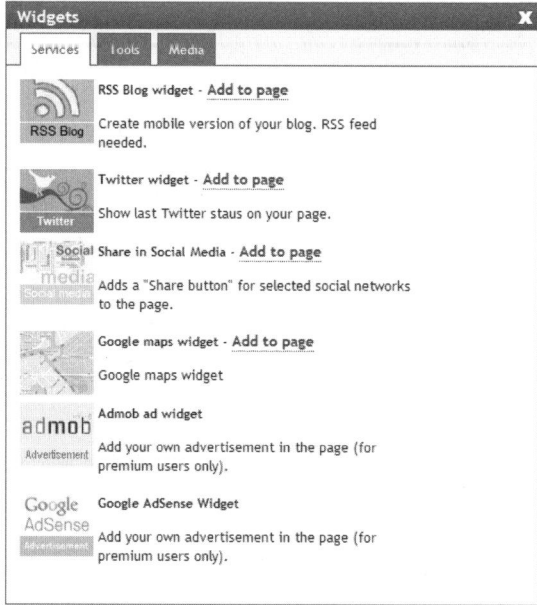

Bild 3.60: Widgets in wirenode.

Die fertige Seite wird automatisch bei *wirenode.mobi* gehostet. Dazu kann man sich einen beliebigen Namen ausdenken. Diese mobile Seite lässt sich dann im eigenen Blog verlinken oder über eine Browsererkennung direkt aus der eigenen Webpräsenz heraus starten, wenn ein Besucher mit einem mobilen Gerät die Seite besucht. Zum Verlinken liefert wirenode gleich ein paar passende Buttons und auch einen QR-Code für die mobile Seite.

Bild 3.61: Zum Testen bietet wirenode Emulatoren für drei verschiedene Handys.

wirenode führt automatisch eine Besucherstatistik der mobilen Seite, damit Sie immer darüber informiert sind, wie oft sie auch wirklich genutzt wird.

3.7.6 mofuse

mofuse (*www.mofuse.com*) ist ein ähnlicher Onlinedienst zum einfachen Erstellen mobiler Webseiten. Allerdings ist dieses Angebot kostenpflichtig und lohnt sich daher nur für kommerzielle Webseiten.

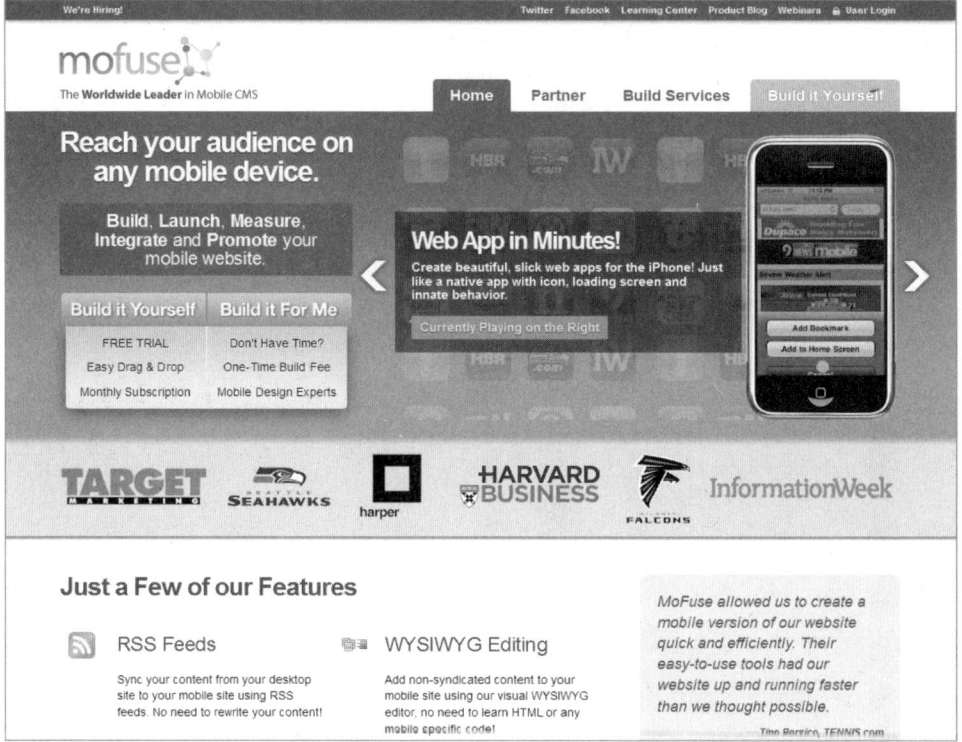

Bild 3.62: mofuse, ein kostenpflichtiger Onlinedienst zum Erstellen von Web-Apps.

Für Web-Apps mit kurzer Lebensdauer, wie zum Beispiel Partyeinladungen, reicht der 14-tägige kostenlose Testzeitraum.

3.7.7 WebApp.Net

WebApp.Net wendet sich eher an klassische Webentwickler. Hier werden die Web-Apps nicht einfach in einem Baukasten zusammengeklickt, sondern man kann wirklich eigenen HTML-Code schreiben. WebApp.Net liefert dazu eine Bibliothek eigener JavaScript-Funktionen und dazu passende CSS-Elemente.

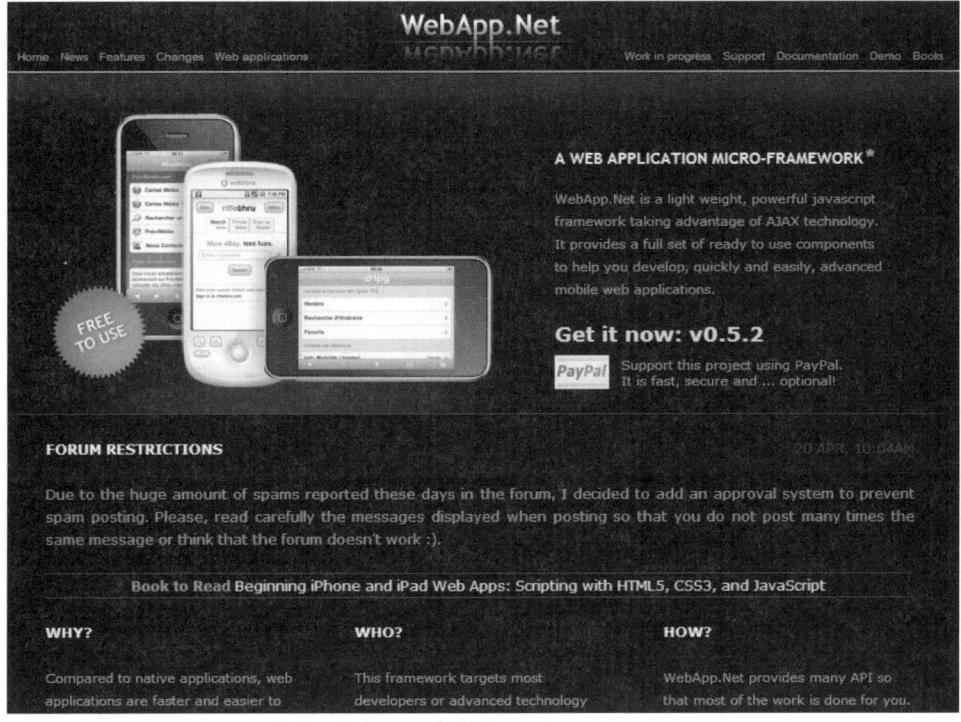

Bild 3.63: HIML- und JavaScript-Framework WebApp.Net.

Die Arbeit mit WebApp.Net verlangt zwar Kenntnisse in HTML und CSS und fordert auch deutlich mehr Einarbeitungsaufwand als simple Webbaukästen, bietet dafür aber auch deutlich mehr Möglichkeiten.

▣ Lesezeichen

http://webapp-net.com
Das WebApp.Net-Framework wird kostenlos zum Download angeboten.

http://bit.ly/wrvFPN
Ausführliche Dokumentation der Funktionen von WebApp.Net.

http://demo.webapp-net.com
Die Demo-Web-App zeigt auf Smartphones die interessantesten Funktionen von WebApp.Net.

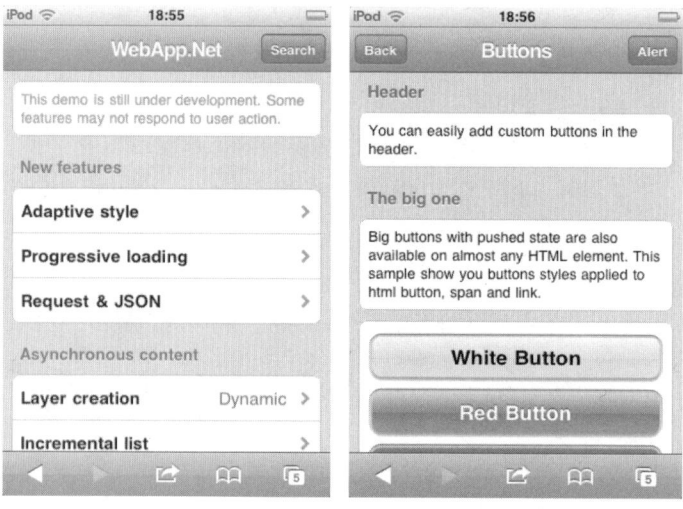

Bild 3.64: Demo-Web-App zur interaktiven Demonstration der wichtigsten Funktionen von WebApp.Net.

Leider nutzt WebApp.Net spezielle WebKit-Formatierungen, die der Internet Explorer aus Windows Phone 7 nicht kennt. Auf dieser Plattform sind die Apps kaum zu gebrauchen, wie die Demo-App zeigt.

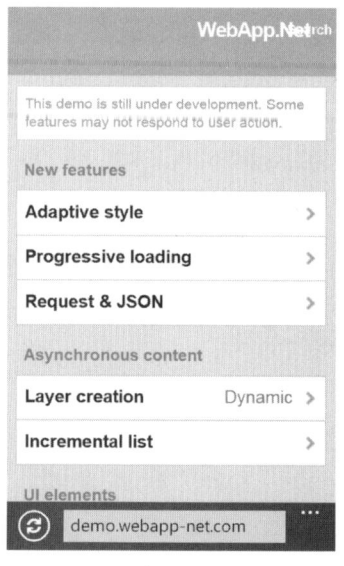
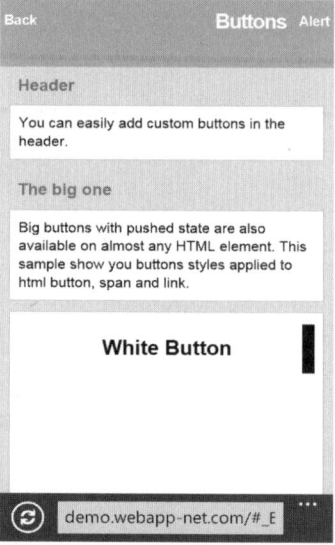

Bild 3.65: Demo-Web-App von WebApp.Net auf einem Windows Phone.

Installation von WebApp.Net

WebApp.Net wird als ZIP-Archiv zum kostenlosen Download angeboten. Kopieren Sie aus diesem ZIP-Archiv das Verzeichnis *WebApp* einschließlich aller Dateien und Unterverzeichnisse in das Hauptverzeichnis Ihres Webservers. Es sind insgesamt nur etwa 100 KByte. Die Ordnerstruktur muss dabei erhalten bleiben.

Zur Verwendung der WebApp.Net-Bibliothek müssen nur zwei Zeilen in den head-Bereich der HTML-Datei eingetragen werden.

```
<link rel="stylesheet" href="WebApp/Design/Render.css" />
<script type="text/javascript" src="WebApp/Action/Logic.js"></script>
```

Diese Zeilen definieren das CSS und das JavaScript, in denen wiederum alle WebApp.Net-Elemente definiert sind.

Aufbau einer Web-App mit WebApp.Net

Anhand von einfachen Beispielen werden wir die Funktionsweise von WebApp.Net erklären. Das erste Beispiel stellt nur eine einfache Textseite mit einem Link auf eine zweite Seite dar. Von dieser zweiten Seite kommt man ganz iOS-typisch über einen Button oben links wieder auf die erste Seite zurück.

Bild 3.66: Einfache Demo-Web-App, gebaut mit WebApp.Net.

Sämtliche verwendeten Formate sind bereits im CSS von WebApp.Net definiert. Sie funktionieren trotz des iOS-typischen Designs auch auf Android.

```
<html>
    <head>
        <title>Meine WebApp</title>
        <meta name="viewport" content="width=device-width;
          initial-scale=1.0; maximum-scale=1.0; user-scalable=0;" />
        <link rel="stylesheet" href="WebApp/Design/Render.css" />
        <script type="text/javascript"
          src="WebApp/Action/Logic.js"></script>
    </head>

    <body>
    <div id="WebApp">
```

```
    <div id="iHeader">
        <a href="#" id="waBackButton">Home</a>
        <span id="waHeadTitle">WebApp Demo</span>
    </div>

    <div id="iGroup">

        <div class="iLayer" id="waHome" title="Home">
            <div class="iBlock">
                <h1>Seite 1</h1>
                <p>Dies ist die erste Seite. <a href="#_Next">Tippe
hier</a>, um auf die zweite Seite zu kommen. Dort ist in der Titelleiste
eine Schaltfl&auml;che 'Home'. </p>
            </div>
        </div>

        <div class="iLayer" id="waNext" title="Zweite Seite">
            <div class="iBlock">
                <h1>Seite 2</h1>
                <p>Dies ist die zweite Seite. <a href="#_Home">Tippe
hier</a>, um auf die erste Seite zur&uuml;ck zu kommen. Oder tippe auf die
Schaltfl&auml;che 'Home' in der Titelleiste.</p>
            </div>
        </div>

    </div>
    </div>
    </body>
</html>
```

Der `head`-Bereich enthält neben der schon weiter oben erwähnten Viewport-Definition nur die beiden Zeilen zur Initialisierung von CSS und JavaScript.

```
<div id="WebApp"> ... </div>
```

Die gesamte Web-App liegt innerhalb eines Containers mit Namen `WebApp`. Dieser ist immer notwendig. WebApp.Net definiert viele Standardbereiche durch derartige Container mit vorgegebenen Namen.

```
<div id="iHeader"> ... </div>
```

Der Container `iHeader` definiert den Titelbalken und alle dort vorhandenen Schaltflächen. WebApp.Net bietet neben der hier verwendeten *Zurück*-Schaltfläche noch diverse weitere Buttons für den Titelbalken an, wie man sie aus iOS-Apps kennt. Der `waBackButton` wird automatisch auf der ersten Seite der Web-App ausgeblendet.

```
<div id="iGroup"> ... </div>
```

Der Container `iGroup` definiert eine Gruppe von Layern. Die einzelnen Seiten innerhalb der Web-App können als Layer in einer einzigen HTML-Datei definiert werden. Diese wird im Ganzen geladen, sodass keine Nachladezeiten beim Antippen eines Links entstehen.

Unter iOS ist beim Umschalten zwischen den Layern der typische Slide-Effekt, ein horizontales Verschieben des Bildschirminhalts, zu sehen. Der Android-Standardbrowser unterstützt diesen Effekt nicht. Hier werden die Links ganz einfach umgeschaltet.

```
<div class="iLayer" id="waHome" title="Home"> ... </div>
```

Jeder Layer ist eine Klasse innerhalb dieses Containers und enthält eine `id` zur internen Adressierung sowie einen `title`, der im Titelbalken angezeigt wird.

Die Formate für `h1` und `p` sowie auch der Seitenhintergrund und der Titelbalken sind im CSS bereits iOS-typisch definiert. Hierüber brauchen Sie sich keine Gedanken mehr zu machen.

Menüs in WebApp.Net

WebApp.Net bietet komfortable Funktionen zum Design von iOS-typischen Menüs. Anstelle der einfachen Links des letzten Beispiels wirken Menüblöcke mit Bild und Text deutlich professioneller.

Bild 3.67: Erweiterte Web-App mit Menüs und Bildern.

Die zweite Beispiel-App ähnelt im Aufbau der ersten, jedoch mit dem Unterschied, dass ein echtes Menü, wirkliche Inhalte und Fotos eingebaut wurden.

```
<html>
    <head>
        <title>Altes Amt W&ouml;lpe</title>
        <meta name="viewport" content="width=device-width;
          initial-scale=1.0; maximum-scale=1.0; user-scalable=0;" />
        <link rel="stylesheet" href="WebApp/Design/Render.css" />
        <script type="text/javascript"
          src="WebApp/Action/Logic.js"></script>
```

```
    </head>

    <body>
    <div id="WebApp">

        <div id="iHeader">
            <a href="#" id="waBackButton">Home</a>
            <span id="waHeadTitle">Altes Amt W&ouml;lpe</span>
        </div>

        <div id="iGroup">

            <div class="iLayer" id="waHome" title="Home">
                <div class="iBlock">
                    <p>Das Alte Amt Wölpe war im Mittelalter der
Herrschaftssitz der W&ouml;lper Grafen. Heute steht dort nur noch das
Amtshaus, vermutlich aus dem Jahre 1852.
                    </p>
                </div>

                <div class="iMenu">
                    <h3>Bilder</h3>
                    <ul class="iArrow">
                        <li><a href="#_Stein"><img src="stein32.jpg" />
                            <span>Foto 2011</span> Gedenkstein</a></li>
                        <li><a href="#_Burg"><img src="burg32.jpg" />
                            <span>Zeichnung 1823</span> Burg</a></li>
                        <li><a href="#_Forst"><img src="forsthaus32" />
                            <span>Foto 1951</span> Forsthaus</a></li>
                    </ul>
                </div>
            </div>

            <div class="iLayer" id="waStein" title="Gedenkstein">
                <div class="iBlock">
                    <h1>Gedenkstein vor dem Haus</h1>
                    <p><img src="stein280.jpg" /></p>
                </div>
            </div>

            <div class="iLayer" id="waBurg" title="Burg">
                <div class="iBlock">
                    <h1>Zeichnung der Burg von 1823</h1>
                    <p><img src="burg280.jpg" /></p>
                </div>
            </div>

            <div class="iLayer" id="waForst" title="Forsthaus">
```

```
                    <div class="iBlock">
                        <h1>Das Forsthaus im Jahr 1951</h1>
                        <p><img src="forsthaus280.jpg" /></p>
                    </div>
                </div>

            </div>
        </div>
        </body>
</html>
```

Das Menü wird über einen Container definiert:

```
<div class="iMenu">
    <h3>Bilder</h3>
    <ul class="iArrow">
...
    </ul>
</div>
```

Der ul-Block definiert automatisch einen weißen Block aus Schaltflächen, der an den Außenecken abgerundet ist. Die Klasse iArrow legt fest, dass die Menüpunkte rechts Pfeile haben.

```
<li><a href="# Stein"><img src="stein32.jpg" /><span>Foto 2011</span>
Gedenkstein</a></li>
```

Jeder einzelne Menüpunkt ist ein li-Block, der einen Link auf einen Layer innerhalb der HTML-Datei oder auch auf eine eigene Datei enthält. Im img-Tag kann ein Bild definiert sein, das automatisch links im Menü angezeigt wird. Diese Bilder müssen eine Größe von 32 x 32 Pixeln haben.

Der eigentliche Text im Block bezeichnet den fett dargestellten Menüpunkt, ein optionaler zusätzlicher Text in einem span-Tag gibt den Text an, der auf der rechten Seite in hellem Grau angezeigt wird.

Alle Menüpunkte in dieser Beispiel-App führen zu Layern innerhalb der gleichen HTML-Datei. Diese Layer enthalten innerhalb eines p-Tags, der ein weißes Feld mit abgerundeten Ecken definiert, je ein Bild. Verwenden Sie hier Bilder mit 280 Pixeln Breite, ergibt sich auf beiden Seiten ein Rand von genau 20 Pixeln. Auf hochauflösenden Android-Bildschirmen ist der rechte Rand entsprechend breiter.

3.7.8   Sencha Touch

Sencha Touch ist ein noch komplexeres Framework zur Entwicklung von Web-Apps mit HTML5 und JavaScript. Dieses Framework liefert vorgefertigte JavaScript- und CSS-Elemente für alle wichtigen Bedienelemente, sodass sich damit Web-Apps erstellen lassen, die wie native Apps aussehen und auch einen Großteil ihrer Funktionen beherrschen.

Bild 3.68: Sencha Touch-JavaScript-Framework.

🔖 Lesezeichen

http://bit.ly/xfUu1t

Das Sencha Touch-Framework kann hier kostenlos heruntergeladen werden.

http://bit.ly/ABMzzC

Die mobile Demo-App von Sencha Touch zeigt die zahlreichen vordefinierten Bedienelemente.

Sencha Touch liefert keine eigene Entwicklungsumgebung, sondern lediglich HTML-, CSS- und JavaScript-Dateien, die aber gut dokumentiert sind, sodass der Einstieg für jemanden, der mit diesen Webtechnologien vertraut ist, leicht fällt.

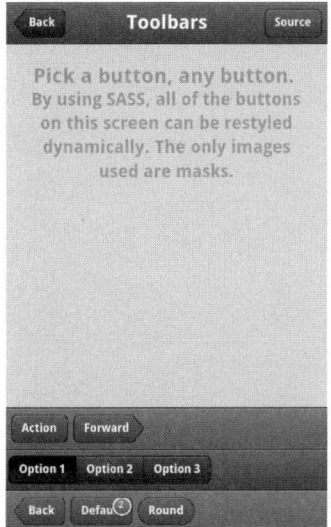 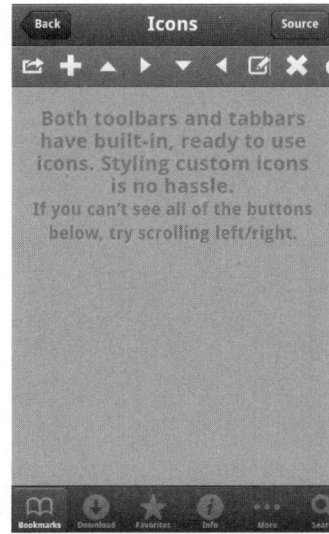

Bild 3.69: Vordefinierte Toolbars und Symbole in Sencha Touch.

Auf den ersten Blick erinnert das Design der Sencha Touch-Elemente stark an iOS. Die Entwickler von Sencha Touch legen aber großen Wert darauf, mehrere Plattformen zu unterstützen, und bieten dafür in ihrem Framework unterschiedliche Themen an, mit denen man seine App nicht nur in der Farbe, sondern auch in Formen und Symbolen der Bedienelemente an das Design der Zielplattform anpassen kann.

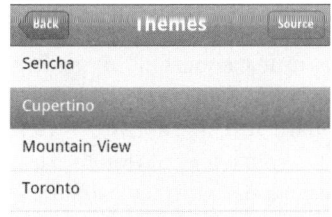 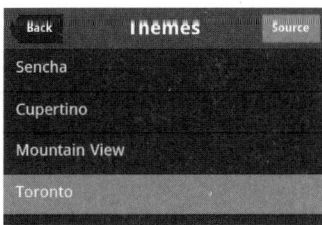

Bild 3.70: Sencha Touch nennt bei den Themen zwar keine Plattformen, aber die Städte sind eindeutig.

Das Zusatzpaket Sencha Touch Charts enthält HTML5-Elemente, mit denen sich beliebige Daten in eindrucksvollen Grafiken darstellen lassen. Auch hierbei handelt es sich um reine Webtechnologien und keine nativen Apps.

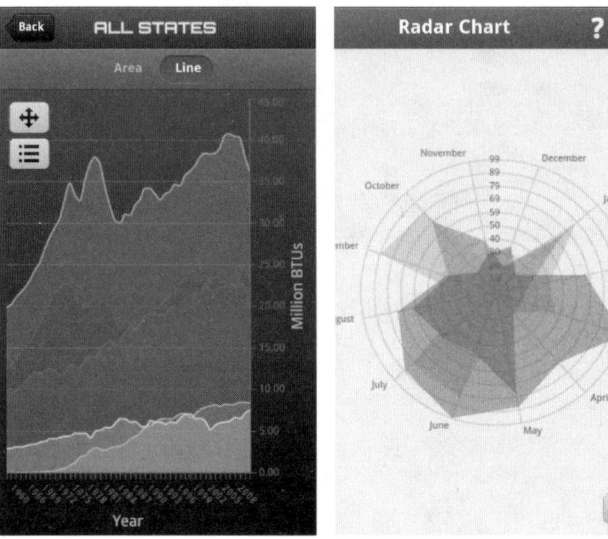

Bild 3.71: HTML5-Grafiken mit Sencha Touch Chart.

☑ **Lesezeichen**

http://bit.ly/xoRrDx

Sencha Touch Chart kann hier kostenlos heruntergeladen werden.

3.7.9 JQuery Mobile

jQuery ist eine weitverbreitete JavaScript-Bibliothek, die unter anderem in großen Content-Management-Systemen wie WordPress oder MediaWiki integriert ist. jQuery gilt unter JavaScript-Programmierern mittlerweile als Standard für interaktive Anwendungen. Die mobile Version jQuery Mobile bietet umfangreiche Funktionen zum Design von Web-Apps, die in Funktion und Aussehen nativen Apps kaum nachstehen.

Bild 3.72: jQuery Mobile – JavaScript-Framework für mobile Web-Apps.

▣ Lesezeichen

http://jquerymobile.com
jQuery Mobile kann hier kostenlos heruntergeladen werden.

http://bit.ly/wLUOrg
Die interaktive jQuery-Demo zeigt die Vielfalt möglicher Design- und
Bedienelemente für Web-Apps in jQuery.

Wie ähnliche Frameworks braucht auch jQuery Mobile keine spezielle Entwicklungsumgebung. Die JavaScript- und CSS-Dateien müssen einfach nur auf den Webserver
kopiert und im Header der eigenen HTML-Dateien eingetragen werden. Das Grundgerüst der Web-App ist vergleichsweise simpel, da überall auf Funktionen der Bibliothek
zugegriffen werden kann.

```
<!DOCTYPE html>
<html>
    <head>
    <title>SEITENTITEL</title>
    <meta name="viewport" content="width=device-width, initial-scale=1">
    <link rel="stylesheet"
href="http://code.jquery.com/mobile/1.0.1/jquery.mobile-1.0.1.min.css" />
```

```
    <script src="http://code.jquery.com/jquery-1.6.4.min.js"></script>
    <script src="http://code.jquery.com/mobile/1.0.1/jquery.mobile-
1.0.1.min.js"></script>
</head>
<body>
<div data-role="page">
    <div data-role="header">
        <h1>TITEL DER APP</h1>
    </div>
    <div data-role="content">
        <p>INHALT DER APP</p>
    </div>
</div>
</body>
</html>
```

Um variable Inhalte von Strukturelementen zu unterscheiden, sind im Beispiel die Inhalte in Großbuchstaben geschrieben.

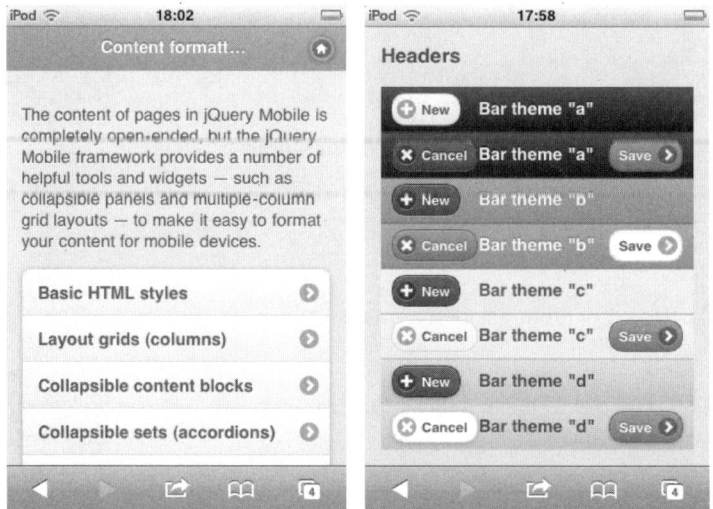

Bild 3.73:
Gestaltungs- und Bedienelemente für Web-Apps mit jQuery.

Web-Apps, die mit jQuery entwickelt wurden, laufen nicht nur auf iOS und Android, sondern auch sehr gut auf Windows Phones. Im Gegensatz zu vergleichbaren Frameworks erzeugt jQuery einen Code, der nicht zwingend einen WebKit-Browser voraussetzt und daher auch auf dem Internet Explorer von Windows Phone problemlos dargestellt wird.

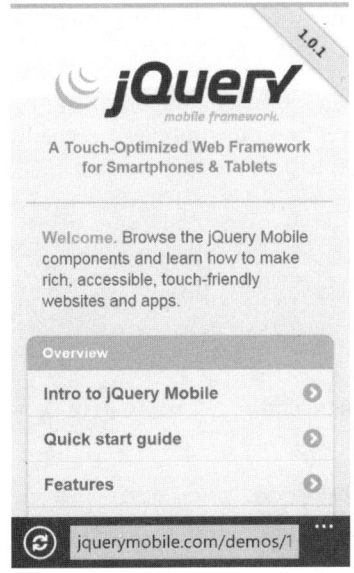
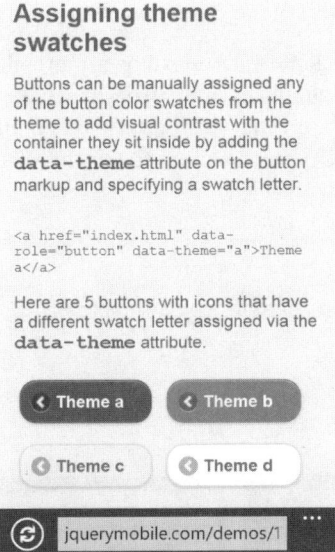

Bild 3.74: Die jQuery-Demo-Web-App auf einem Windows Phone.

▣ Lesezeichen

http://jquerymobile.com/themeroller

jQuery Mobile bietet vielfältige Möglichkeiten zur farblichen Gestaltung der Oberflächen. Mit dem ThemeRoller lassen sich eigene Farbthemen interaktiv gestalten und dann im CSS-Format zur Verwendung in eigenen Web Apps herunterladen.

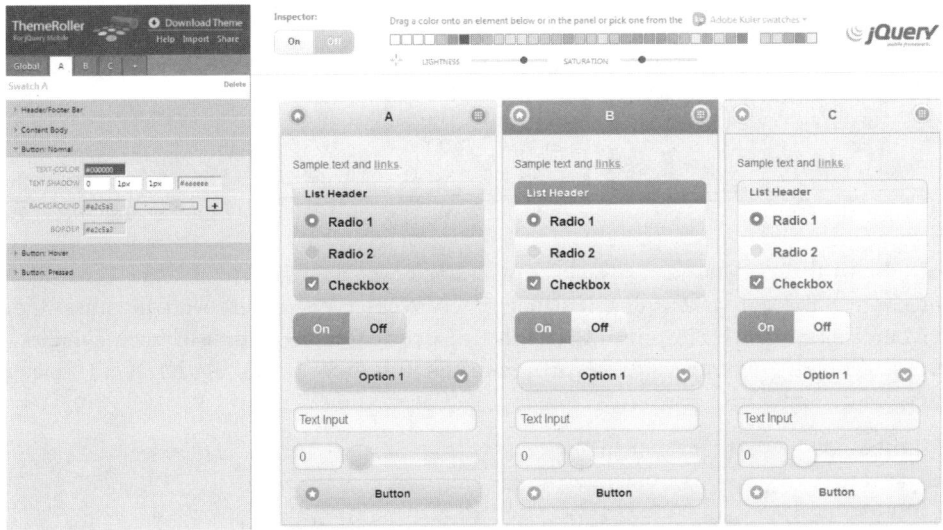

Bild 3.75: Der jQuery ThemeRoller.

3.7.10 jqMobi

Neben der »offiziellen« jQuery-Umsetzung für mobile Geräte haben unabhängige Entwickler mit jqMobi ein ähnliches Framework geschaffen, das vor allem auf Geschwindigkeit optimiert ist. jqMobi erzeugt deutlich schlankeren HTML5-Code und bietet ebenfalls diverse vorgefertigte Bedienelemente, die für eigene Web-Apps genutzt werden können.

⊡ Lesezeichen

http://www.jqmobi.com
jqMobi kann hier kostenlos heruntergeladen werden.

http://bit.ly/zZpOxs
Die interaktive jqMobi-Demo zeigt die Vielfalt möglicher Design- und Bedienelemente für Web-Apps in jqMobi.

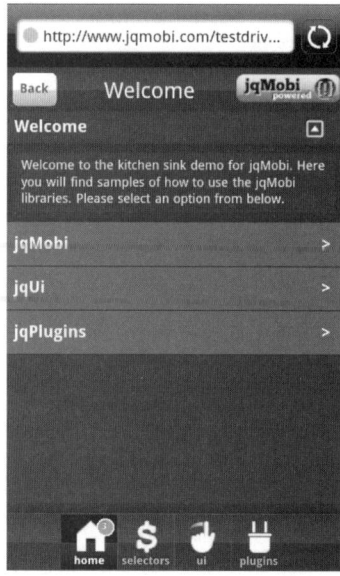 

Bild 3.76: Demo-Web-App von jqMobi.

jqMobi wird wie die anderen JavaScript-Frameworks als ZIP-Archiv zum Download angeboten, das entpackt und auf den eigenen Webserver kopiert werden muss. Um jqMobi einschließlich Plug-ins und der als CSS definierten Gestaltungselemente in einer eigenen Web-App nutzen zu können, müssen folgende Zeilen in die HTML-Datei eingetragen werden:

```
<script type="text/javascript" charset="utf-8" src="jq.mobi.min.js">
</script>
<script type="text/javascript" charset="utf-8" src="jq.web.min.js">
</script>
<script type="text/javascript" charset="utf-8" src="ui/jq.ui.min.js">
</script>
<link rel="stylesheet" type="text/css" href="jq.ui.css" />
```

3.7.11 iUI-Framework

iUI ist ein weiteres Framework, mit dem sich auf einfache Weise Web-Apps im iOS-Design erstellen lassen, ohne dass JavaScript-Kenntnisse nötig sind.

⊡ Lesezeichen

http://www.iui-js.org

Das iUI-Framework kann hier kostenlos heruntergeladen werden. Das Framework wurde von den Entwicklern unter der Lizenz »Creative Commons 3.0 BY-SA« veröffentlicht, kann also sehr frei für eigene Projekte genutzt werden.

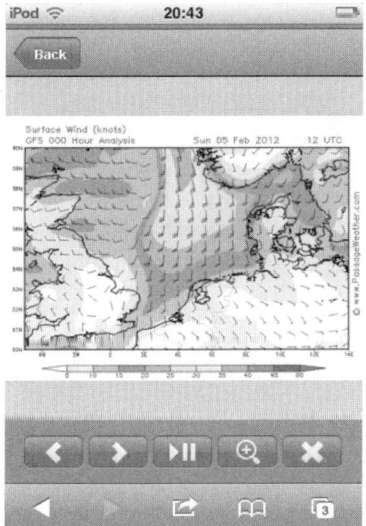

Bild 3.77: Beispiele für Web-Apps, die mit dem iUI-Framework entwickelt wurden.

Das iUI-Framework wird wie die anderen JavaScript-Frameworks als ZIP-Archiv zum Download angeboten, das entpackt und auf den eigenen Webserver kopiert werden muss. Um das iUI-Framework einschließlich der als CSS definierten Gestaltungselemente in einer eigenen Web-App nutzen zu können, müssen folgende Zeilen in die HTML-Datei eingetragen werden:

```
<!DOCTYPE html>
<html>
<head>
   <title>Page Title</title>
   <meta name="viewport" content="width=device-width;
      initial-scale=1.0; maximum-scale=1.0; user-scalable=0;"/>
   <link rel="stylesheet" href="iui/iui.css" type="text/css" />
   <link rel="stylesheet" href="iui/t/default/default-theme.css"
      type="text/css"/>
   <script type="application/x-javascript" src="iui/iui.js"></script>
</head>
```

Mit dem iUI-Framework können mehrere Bildschirmseiten einer App als `div`-Bereiche innerhalb einer HTML-Datei definiert werden, sodass für viele Web-Apps nur eine einzige HTML-Datei notwendig ist.

Bild 3.78: Die iUI-Demo-Web-App zeigt Design und Bedienelemente, die das Framework bietet.

Das iUI-Framework liefert alle wichtigen Bedienelemente der iOS-Oberfläche, sodass sich Web-Apps bauen lassen, die wie native iOS-Apps aussehen, aber im Browser laufen.

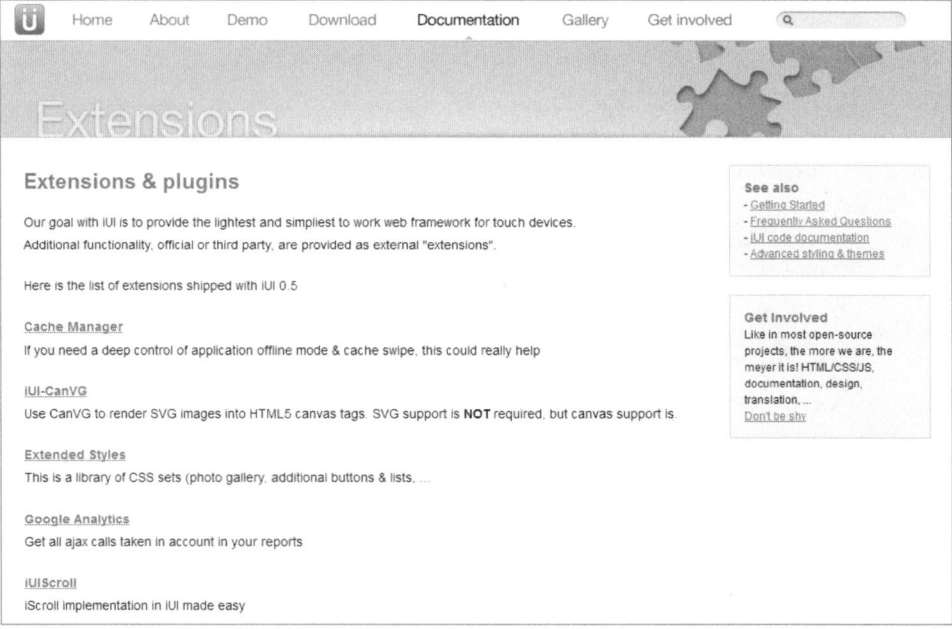

Bild 3.79: Über zusätzliche Erweiterungen lässt sich die Funktionalität des iUI-Frameworks noch erweitern.

4 Anforderungen an das User-Interface-Design

Vor inzwischen über 17 Jahren hat Microsoft mit der Oberfläche von Windows 95 einen Standard gesetzt, der plötzlich auch für alle anderen PC-Plattformen als bindend galt. Unten links gibt es einen Button, der ein Startmenü öffnet, in dem installierte Programme in Untermenüs zu finden sind. Jedes Programm öffnet sich in einem Fenster, das durch »Anfassen« der Titelleiste über den Bildschirm geschoben werden oder auf Vollbildgröße vergrößert werden kann. Ein Rechtsklick auf irgendein Bildschirmelement öffnet ein Menü mit weiteren Funktionen, dazu kommen Menü- und Symbolleisten am oberen Fensterrand. Fragen und Einstellungen erscheinen in Dialogfeldern, die vom Benutzer mit *OK* oder *Abbruch* beendet werden können.

Bei genauerem Hinsehen fallen einem noch weitere Pseudostandards zur Bedienung eines PCs ein, die bis zum heutigen Windows 7 weitgehend gleich geblieben sind. Auch Linux, sonst für seine Individualität bekannt, konnte erst in den modernen Desktops der letzten Zeit Bedienalternativen finden.

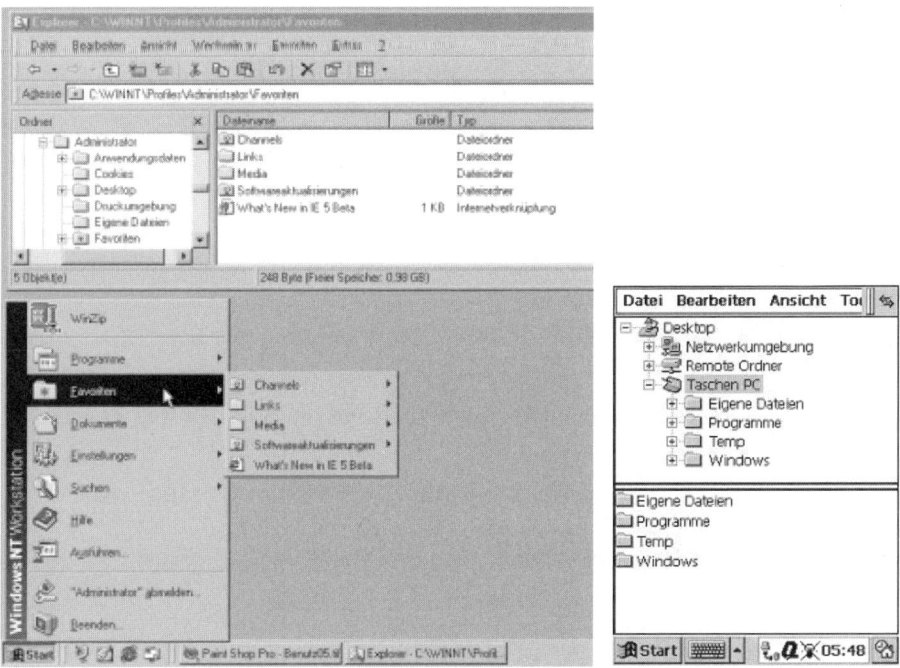

Bild 4.1: Benutzeroberfläche von Windows NT 4.0 im Vergleich zu einer alten Windows Mobile-Version.

Frühe Smartphone-Plattformen wie Windows Mobile, damals noch unter dem Namen Pocket PC, und die ersten Symbian-Versionen orientierten sich viel zu stark an PCs und wirken daher aus heutiger Sicht umständlich und wenig benutzerfreundlich.

Die Bedienung eines Smartphones erfolgt heute fast ausschließlich über kapazitive Touchscreens mit den Fingern. Oberfläche und Steuerungsmechanismen orientieren sich an der Größe und Beweglichkeit der menschlichen Hand.

Die großen Plattformen Android, iOS und Windows Phone haben unterschiedliche Bedienkonzepte entwickelt, auf die man auch in der App-Entwicklung eingehen sollte. Benutzer erwarten von einer guten App die gleiche Steuerung und auch Optik, die das Betriebssystem selbst vorgibt.

4.1 Standards für Benutzerfreundlichkeit

Bevor wir uns jedoch die speziellen Designvorgaben und Steuerelemente der Plattformen ansehen, zunächst ein paar Gemeinsamkeiten, die heute schon als Standard für die Benutzerfreundlichkeit eines Smartphones gelten.

- Bildschirminhalte sind üblicherweise nicht breiter als der Bildschirm. Man scrollt vertikal durch die Seite. Bei Bedarf kann horizontal zwischen Seiten geblättert werden.

- Schnelles Scrollen verursacht einen automatischen Nachlauf des Bildschirms, sodass man durch »Anschubsen« schnell durch sehr lange Texte oder Listen (z. B. Adressbuch) navigieren kann.

- Über Multitouch-Gesten mit zwei Fingern lassen sich Inhalte zoomen. Doppeltes Antippen zoomt auf die normale an den Bildschirm angepasste Darstellungsgröße zurück.

- Alle Apps erscheinen im Vollbildmodus, es gibt keine Fenster.

- Alle Buttons wirken sofort, es ist weder eine Bestätigung noch ein Doppelklick erforderlich.

- Kontextmenüs, ähnlich dem Rechtsklick auf dem PC, lassen sich über langes Antippen realisieren.

- Eine spezielle Taste oder ein einheitliches Bildschirmsymbol bringt den Benutzer in einer App einen Schritt zurück.

- Eine weitere Taste, bei Android die Home-Taste, bei Windows Phone die Windows-Taste und bei iOS die einzige Taste überhaupt, bringt den Benutzer auf den Startbildschirm zurück. Apps brauchen nicht explizit beendet zu werden.

4.1.1 Elemente mit Wiedererkennungswert

Neben diesen grundlegenden Gemeinsamkeiten gibt es jede Menge Spezialelemente der einzelnen Plattformen, die das typische Design und auch das Nutzererlebnis bestimmen. Der offensichtlichste Unterschied ist bereits der Startbildschirm der Smartphones:

- Der Android-Startbildschirm kann mit Apps oder interaktiven Widgets belegt werden, für die es außer einem Größenraster keine strengen Vorgaben gibt. Ein spezielles Symbol auf dem Bildschirm blendet die Liste aller installierten Apps ein.

Bild 4.2: Startbildschirm und Liste der Apps in Android 4.0.

- Der Windows Phone-Startbildschirm besteht aus sogenannten Kacheln oder »Live-Tiles«. Diese rufen Apps auf, können aber auch direkt Informationen der App anzeigen, wie z. B. Termine oder neue E-Mails. Ein kleiner Pfeil oben rechts öffnet die Liste aller installierten Apps.

- iOS kennt keinen Startbildschirm in diesem Sinne. Hier gibt es nur eine Liste von Apps. Allerdings kann der Benutzer die Reihenfolge festlegen und so seine wichtigsten Apps auf die erste Seite dieser Liste bringen.

4.1.2 Plattformtypische Elemente nutzen

Viele Entwickler entwickeln ihre Apps für mehrere Plattformen parallel. Auf den ersten Blick liegt es nahe, die Benutzeroberfläche einfach gleich zu belassen. Das ist jedoch nicht anzuraten, da Benutzer die Bedienung und auch das Aussehen der Bedienelemente ihres Handys gewohnt sind und diese auch in anderen Apps erwarten. Da nur die wenigsten Smartphones unterschiedliche Plattformen gleichzeitig verwenden, ist der Wiedererkennungseffekt bestimmter Elemente innerhalb der App bei Weitem nicht so wichtig wie eine durchgängige Bedienung aller Apps auf einem Handy bzw. einer Plattform.

Die wichtigsten Bedienelemente wie Schaltflächen (Buttons), Auswahlkästchen (Check-boxen) und Texteingabefelder sollte man immer an die Standards der jeweiligen Platt-form anpassen.

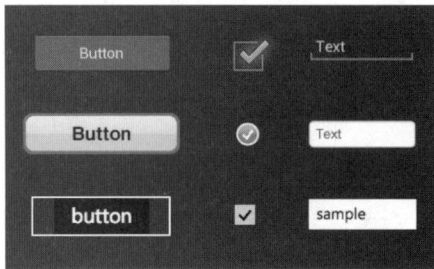

Bild 4.3: Aussehen der wichtigsten Bedienelemente in Android 4.0, iOS und Windows Phone 7.

Das Gleiche gilt auch für die Verwendung von Symbolen für wichtige Standardfunktio-nen. Benutzer kennen die üblicherweise verwendeten Symbole, sodass es keinen Sinn ergibt, diese neu erfinden zu wollen oder aus einer anderen Plattform zu übernehmen.

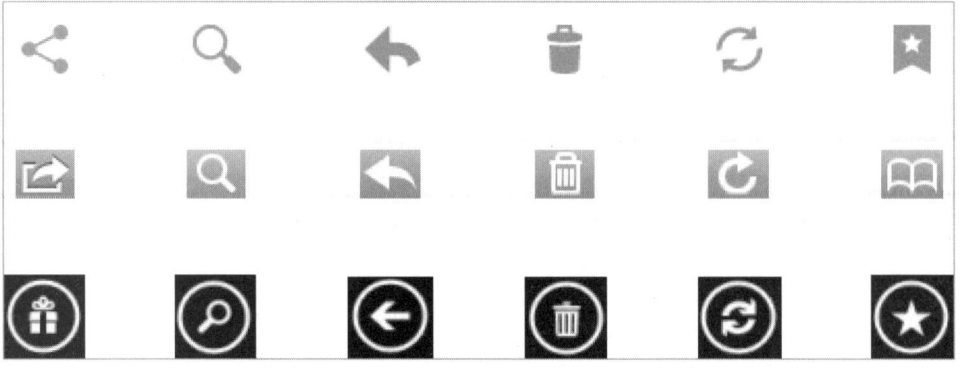

Bild 4.4: Symbole für Standardfunktionen in Android 4.0, iOS und Windows Phone 7.

Das Bild aus den Android-Entwicklerrichtlinien zeigt die in den drei wichtigsten Platt-formen verwendeten Symbole für *Teilen, Suchen, Zurück, Löschen, Neu laden* und *Lese-zeichen.*

4.2   Designvorgaben für Android-Apps

In der Anfangszeit von Android gab es kaum Vorgaben, wie eine App auszusehen hatte. Dadurch entwickelte sich eine Vielfalt unterschiedlichster Bedienkonzepte, die Verwir-rung bei Benutzern stifteten und auch dem Image der Plattform schadeten. Daher veröffentlichte Google Anfang 2012 erstmals sehr detaillierte Designvorgaben für Android-Apps, die sich schon an der neuen Betriebssystemversion 4.0 Ice Cream Sandwich orientieren. Wie weit diese Vorgaben für alle Entwickler bindend werden und was mit Apps passiert, die sich nicht daran halten, steht noch nicht fest.

Google versteht diese Richtlinien bisher eher als Empfehlungen, um Android-Entwicklern zu helfen, ihre Apps besser in das Design von Android 4.0 zu integrieren und Benutzern zu helfen, sich in der App besser zurechtzufinden.

⊡ Lesezeichen

http://bit.ly/AtG5J6

Hier veröffentlicht Google im Entwicklerbereich der Android-Webseite die Designvorgaben.

Bild 4.5: Designvorgaben für Android-Apps von Google.

4.2.1   Empfehlungen und Entwicklerrichtlinien

Die wichtigsten Designvorstellungen und Entwicklerrichtlinien haben wir im Folgenden zusammengefasst. Viele davon gelten sinngemäß sogar für alle mobilen Plattformen.

* **Ansprechende Oberfläche, dezente Effekte**
  Eine ansprechende Oberfläche motiviert den Benutzer, eine App intensiv zu nutzen. Dezent eingesetzte Effekte sollten auf Aktionen des Benutzers antworten, sodass man sofort sieht, dass eine Aktion bei der App auch verstanden wurde.

* **Echte Objekte besser als Menüs und Buttons**
  Wann immer möglich, sollte man den Benutzer die Objekte in der App direkt antippen oder bewegen lassen. Das wirkt wesentlich intuitiver als Schaltflächen oder Menüpunkte.

* **Persönliche Anpassungen**
  Benutzer lieben Personalisierbarkeit. Apps sollten Möglichkeiten zur persönlichen Anpassung bieten. Ein systemweit vom Benutzer ausgewähltes Farbthema sollte von der App übernommen werden.

- **Lernfähige Apps**
  Die Eingabe von Text ist auf einem Smartphone deutlich mühsamer als auf einem PC. Wenn unbedingt nötig, sollten Texteingabefelder sinnvoll vorbelegt sein und aus typischen Benutzereingaben lernen, um diese beim nächsten Mal automatisch vorzuschlagen.

- **Kurze Texte**
  Niemand will in einer App lange Erklärungstexte lesen. Verfassen Sie alle notwendigen Texte kurz und prägnant. Lange Texte werden von Benutzern eher ignoriert als kurze.

- **Bilder statt Worte**
  Bilder oder einfache, aber bekannte Symbole sind oft leichter zu verstehen als Worte und machen die App gleichzeitig auch sprachunabhängig.

- **Vorschläge für Aktionen**
  Stellen Sie den Benutzer nicht vor eine endlose Auswahl möglicher Aktionen, sondern lassen Sie die App eine sinnvolle Aktion vorschlagen, die dann mit einem Tipp ausgeführt werden kann. Ermöglichen Sie immer ein Zurück.

- **Nur Notwendiges anzeigen**
  Benutzer sind durch eine Vielzahl von Auswahlmöglichkeiten leicht überfordert. Zeigen Sie in Menüs und Listen nur die Optionen an, die zum aktuellen Zeitpunkt auch wirklich relevant sind.

- **Benutzer wollen wissen, wo sie sind**
  Zeigen Sie dem Benutzer mithilfe durchgängig verwendeter Begriffe und Symbolik immer, wo er gerade in der App ist. Animierte Übergänge von einem Bildschirm zum nächsten bieten dem Benutzer Orientierungshilfe, sich innerhalb einer App nicht zu verlaufen.

- **Eigene Daten sichern**
  Jedem Benutzer sind seine eigenen Daten heilig. Das gilt nicht nur für selbst verfasste Texte oder eigene Fotos, die auf keinen Fall verloren gehen dürfen. Selbst persönliche Einstellungen oder Lesezeichen möchte heute niemand mehr verlieren. Lassen Sie Apps alle diese Daten am besten in der Cloud speichern, um Updates und Gerätewechsel so einfach wie möglich zu machen.

- **Was gleich aussieht, muss auch gleich funktionieren**
  Verwenden Sie Begriffe und Symbole, die Benutzer bereits aus den Standard-Apps kennen, in genau der gleichen Weise, wie der Benutzer es gewohnt ist. Verhindern Sie Situationen, in denen scheinbar Gewohntes auf einmal ganz anders abläuft.

- **Unterbrechungen nur, wenn wirklich nötig**
  Belästigen Sie den Benutzer nicht mit Meldungen, die nicht wirklich sein müssen. Nur in wirklich wichtigen Fällen sollte der Benutzer unterbrochen werden, andernfalls wird er schnell alle Meldungen ignorieren. Bieten Sie Möglichkeiten zur Auswahl, welche Art von Meldungen der Benutzer sehen möchte und welche nicht.

- **Intuitive Bedienung**
  Übernehmen Sie Bedienungsprinzipien aus dem Betriebssystem oder bekannten Apps und erfinden Sie nichts neu. Benutzer erwarten bei bestimmten Aktionen oder Fingergesten bestimmte Reaktionen, die dann in der App auch erfolgen sollten.

- **Fehlermeldungen**
  Es kann immer einmal etwas schiefgehen. Geben Sie bei Fehlern dem Benutzer einfache und klare Hilfestellung und verwirren Sie ihn nicht mit technischen Details. Lässt sich die Fehlerursache automatisch beheben, sollte die App das auch tun.

- **Einfache Schritte und Rückmeldung**
  Teilen Sie komplexe Aufgaben in kurze Einzelschritte auf und lassen Sie die App Rückmeldungen geben, zum Beispiel durch farbige Hinterlegung markierter Elemente, aber nicht über Textmeldungen.

- **Komplizierte Aufgaben vereinfachen**
  Helfen Sie besonders Anfängern bei der Erledigung komplizierter Aufgaben, indem sinnvolle Vorgaben zu Einstellungen gemacht werden oder ein automatischer Modus die manuelle Auswahl durch häufig verwendete Standardwerte ersetzt.

- **Wichtiges leicht auffindbar machen**
  Die jeweils wichtigste Funktion in einer Situation sollte jederzeit leicht zu finden sein, auffällig angeordnet, groß oder farbig hinterlegt. Weniger wichtige Funktionen sollten entsprechend in den Hintergrund verschwinden.

4.2.2   Elemente der Android-Benutzeroberfläche

Die Android 4.0-Benutzeroberfläche bietet einige Standardelemente, die Apps für ihre Zwecke sinnvoll nutzen sollten.

Startbildschirm

Der Startbildschirm erscheint beim Einschalten des Handys und beim Aufwecken aus dem Ruhezustand. Hier kann der Benutzer Apps und Widgets ablegen, die er persönlich häufig braucht. Der Startbildschirm besteht aus fünf einzelnen Bildschirmseiten, zwischen denen man horizontal blättern kann. Ganz unten lassen sich bis zu vier Apps platzieren, die auf jeder Startbildschirmseite zu sehen sind. Eine farbige Markierung auf der Trennlinie zeigt, auf welcher Seite man sich gerade befindet.

Mit der Home-Taste oder dem Haussymbol in der Symbolleiste kommt man jederzeit auf den Startbildschirm zurück.

 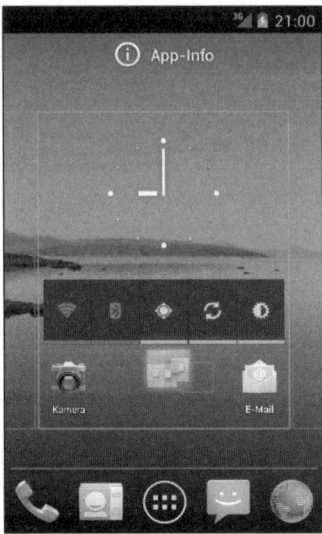

Bild 4.6: Startbildschirm und App aus der Liste auf den Startbildschirm bringen.

Apps-Liste

Das Symbol in der Mitte unten auf dem Startbildschirm zeigt eine Liste aller installierten Apps. Diese ist alphabetisch sortiert. Alternative Launcher bieten auch andere Sortiermethoden. Von hier aus lässt sich jede App über ihr Symbol starten. Dazu braucht jede App ein Symbol, das standardmäßig 48 x 48 Pixel groß ist. Mit längerem Antippen kann eine App auf den Startbildschirm gezogen werden.

Liste zuletzt verwendeter Apps

Das rechte der drei Symbole in der Navigationsleiste blendet eine Liste der zuletzt verwendeten Apps ein, von wo aus man auch schnell auf eine dieser Apps umschalten kann. Seit Android 3.0 zeigt die Liste Vorschaubilder der Apps. Früher wurden nur die Symbole angezeigt.

Systemleisten

Android-Smartphones zeigen seit der ersten Betriebssystemversion am oberen Bildschirmrand eine *Statusleiste* mit Uhrzeit, Akku- und Funksignalstatus. Zieht man diese Leiste herunter, kommen Benachrichtigungen zum Vorschein. Auf Tablets befindet sich diese Statusleiste unten rechts.

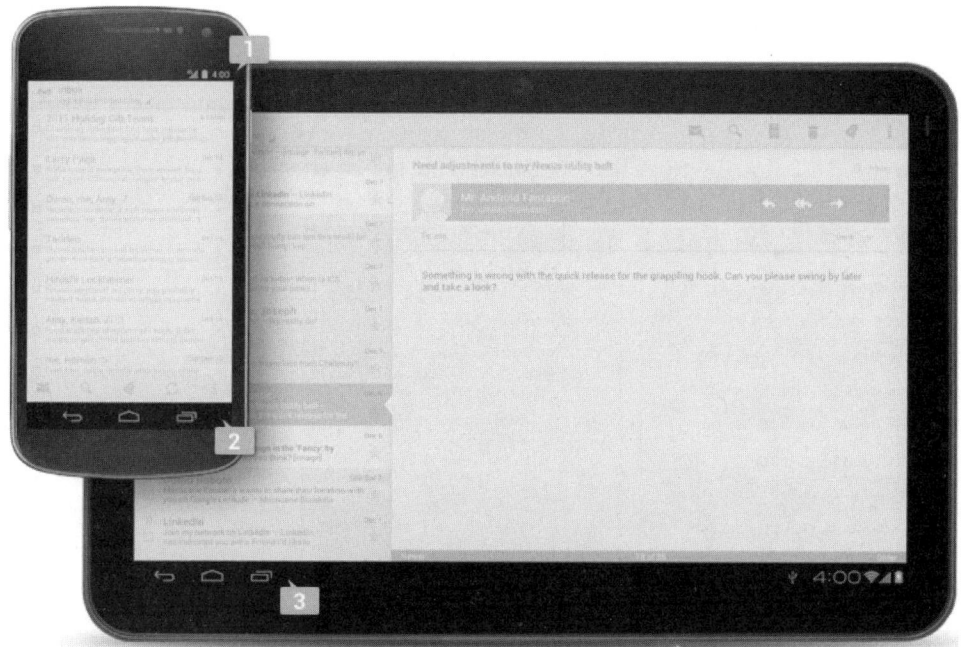

Bild 4.7: Statusleiste (1), Navigationsleiste (2) und kombinierte Navigations- und Statusleiste auf Tablets (3)

Die *Navigationsleiste* erscheint bei Smartphones mit Android 4.0 am unteren Bild schirmrand, wenn die Geräte keine Hardwaretasten für die entsprechenden Funktionen haben. Seit Android 4.0 ist es nicht mehr nötig, dass ein Handy die typischen Android-Tasten für die Home-, Menü- und Zurück-Funktionen hat. In der Navigationsleiste sind dann drei Schaltflächen zu finden: *Zurück, Home* (zum Startbildschirm) und *zuletzt ver-wendete Apps*. In Apps, die für Android 2.3 und früher entwickelt wurden, erscheint hier auch eine Menütaste.

Auf Tablets bildet die Navigationsleiste den linken Teil der gemeinsamen Systemleiste am unteren Bildschirmrand.

Benachrichtigungen

Apps können den Benutzer über aktuelle Ereignisse wie zum Beispiel neue E-Mails be-nachrichtigen, ohne ihn bei der Arbeit zu unterbrechen. In der Benachrichtigungsleiste erscheint ein Symbol. Zieht der Benutzer die Benachrichtigungsleiste nach unten oder auf Tablets nach oben, erscheinen zeilenweise die detaillierten Benachrichtigungen. Tippt man darauf, wird direkt die betreffende App gestartet.

4.2.3 Typische Bedienelemente für Apps

Nach den Vorstellungen von Google sollen auch eigenständige Apps die wesentlichen Bedienelemente der System-Apps übernehmen und in Zukunft auf ganz eigene Oberflächen, wie man sie zurzeit noch häufig findet, verzichten. Am Beispiel der E-Mail-App aus Android 4.0 sind die typischen Bedienelemente gut zu erläutern.

Bild 4.8: Die E-Mail-App in Android 4.0.

Am oberen Rand jeder App befindet sich die Aktionsleiste mit dem App-Symbol ganz links. Befindet man sich bereits auf einer untergeordneten Seite der App, erscheint ganz links ein Pfeil, der zeigt, dass man durch Antippen des App-Symbols wieder eine Ebene nach oben kommt.

Der Text in der Aktionsleiste ist nicht der App-Name, sondern eine Überschrift für den aktuellen Bildschirminhalt. Das kann beispielsweise der E-Mail-Ordner oder die Betreffzeile der angezeigten Mail sein.

Das kleine Dreieck unten rechts vom Text schaltet auf weitere Ansichten der App um. Hier wird ein Auswahlmenü eingeblendet, in dem man im Beispiel auf andere E-Mail-Konten oder weitere Ordner umschalten kann.

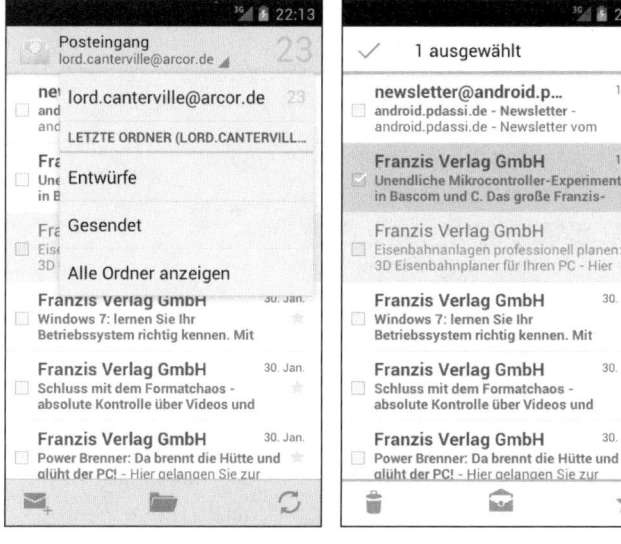

Bild 4.9: Auswahl verschiedener Ansichtsseiten und Darstellung mit markiertem Element.

Am unteren Bildschirmrand gibt es eine weitere Aktionsleiste mit Symbolen für wichtige Funktionen, die auf der jeweiligen Seite genutzt werden können. Auf Tablets befindet sich diese Aktionsleiste am oberen Bildschirmrand rechts neben der Hauptaktionsleiste.

Der größte Teil des Bildschirms ist für die eigentlichen Inhalte der App verfügbar und wird je nach Bildschirmthema schwarz auf weiß oder weiß auf schwarz dargestellt. Listen wie zum Beispiel E-Mails sollten immer in Form breiter Zeilen dargestellt werden, die als Ganzes angetippt werden können. Mehrere Elemente nebeneinander sind in Android-Apps unüblich.

Besteht in der App die Möglichkeit, mehrere solcher Listenelemente zu markieren, sollten diese farblich hervorgehoben werden. Die Aktionsleisten oben und unten sollen ihre Farbe verändern, um klarzustellen, dass deren Anzeige und Schaltflächen jetzt nur für die markierten Elemente gelten.

Die Ansicht einer einzelnen E-Mail zeigt weitere typische Bedienelemente:

Die farbig hervorgehobene Absenderzeile kann links ein Kontaktbild enthalten, das systemweit verwendet werden kann. Auch hier findet sich ein kleines Dreieck, das weitere Funktionen bietet, wie hier die Aufnahme des E-Mail-Absenders ins Adressbuch.

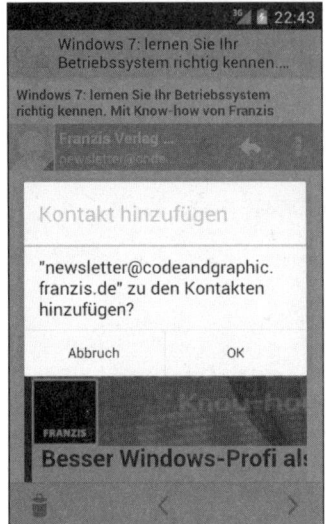 

Bild 4.10: Bedienelemente für weniger häufig genutzte Funktionen.

Wichtige Funktionen, beispielsweise eine E-Mail als wichtig zu markieren oder zu beantworten, liegen prägnant als Symbole auf der farbigen Absenderzeile. Achten Sie darauf, an solchen Stellen, wenn möglich, die von Android vertrauten Symbole zu nutzen.

Die drei Quadrate ganz rechts bezeichnet Android als »Action Overflow«. Hier kann man selten gebrauchte Funktionen verstecken. Dieses Element kann in verschiedenen Symbolleisten genutzt werden, sollte aber, wenn vorhanden, immer ganz rechts außen stehen.

Auf Smartphones mit Hardwaretasten wird das Action Overflow durch die Menütaste ersetzt. Bei älteren Apps zeigt die Navigationsleiste von Android 4.0 automatisch ein Action Overflow an, worüber das klassische Menü der App eingeblendet werden kann, wenn das Gerät über keine Menütaste verfügt.

Die beiden Pfeile ganz unten blättern zwischen verschiedenen E-Mails hin und her. Diese Art der Navigation wird in Android-Apps zum Blättern zwischen gleichrangigen Elementen verwendet, nicht zum Blättern zwischen Hierarchieebenen (dafür dient das App-Icon) und auch nicht zum Zurückblättern in einer zeitlichen Abfolge (dafür dient die Zurück-Taste).

⊡ Lesezeichen

http://bit.ly/z5lA4z

Vladimir Grishin, ein unabhängiger Android-Entwickler, hat alle grafischen Elemente, die man für das Design einer Android-App braucht, in einer PSD-Datei zusammengestellt, die aus zahlreichen Layern und Objekten besteht, die einzeln mit Adobe Photoshop oder auch dem kostenlosen Grafikprogramm GIMP bearbeitet werden können. Leider enthält diese Datei noch das Design von Android 2.x und nicht die neuesten Designvorgaben von Google für Android 4.0.

Bild 4.11: Grafik der Android 2.x-Bedienelemente in GIMP.

4.3 Designvorgaben für iOS-Apps

iOS hat sein typisches Design, das vor allem von grau-silbernen Farbverläufen und Elementen mit abgerundeten Ecken geprägt ist. Die iPhone-Entwicklertools enthalten alle diese Elemente. Für Web-Apps und Entwürfe gibt es diverse Bibliotheken mit grafischen Objekten im iOS-Design.

⊡ Lesezeichen

http://bit.ly/A7Ywcy

Die Entwickler der App Notespark haben alle grafischen Elemente, die man für das Design einer iOS-App braucht, in einer PNG-Datei zusammengestellt, die aus zahlreichen Vektorobjekten besteht, die einzeln mit Adobe Fireworks bearbeitet werden können. Andere Grafikprogramme zeigen nur den Pixellayer der PNG-Datei an und bieten so keine Möglichkeit, zum Beispiel Texte auf den Schaltflächen zu bearbeiten.

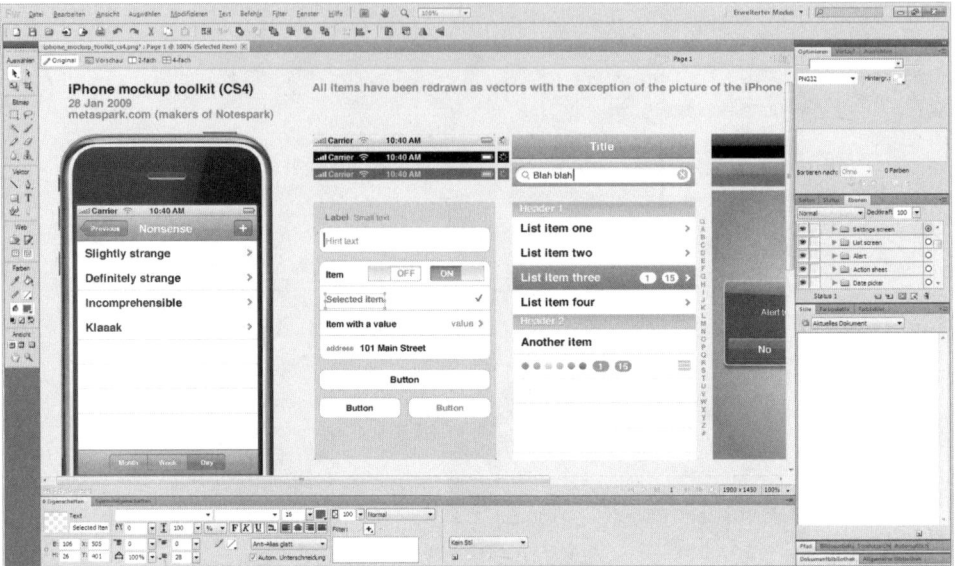

Bild 4.12: Das iPhone Mockup Toolkit in Adobe Fireworks.

4.3.1 Zurück-Schaltfläche im Titelbalken

Beim Design von iOS-Apps ist zu bedenken, dass das iPhone keine Tasten hat. Es gibt also nicht wie bei Android die Möglichkeit, über eine immer vorhandene Zurück-Taste einen Schritt zurückzugehen. Diese Funktion muss in die Oberfläche der App integriert werden. In iOS-Apps sollte standardmäßig oben links im Titelbalken eine *Zurück-*Schaltfläche eingebaut werden.

4.3.2 Kopfleiste und Fußleiste

Das iPhone hat auch keine Menütaste. Alle Funktionen der App müssen also immer über Symbole auf dem Bildschirm erreichbar sein.

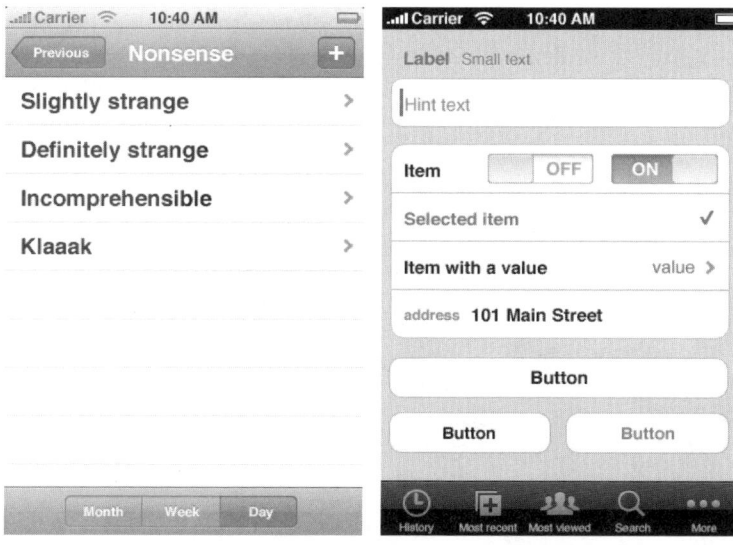

Bild 4.13: Typische Bedienelemente von iOS-Apps.

Am oberen Bildschirmrand zeigt iOS eine Statusleiste mit Funkempfang, Uhr und Batteriestatus, die unverändert in jeder App zu sehen ist. iOS bietet dafür ein helles und ein dunkles Design an.

Die meisten Apps zeigen einen Titelbalken im typischen graublauen Farbverlauf. Hier können rechts und links vom Titel Schaltflächen angeordnet sein. Die linke führt üblicherweise auf die letzte Seite zurück, während die rechte je nach Anwendungsfall weitere Optionen zeigt. Die Fußzeile am unteren Bildschirmrand kann als eine Art Menü dienen, um zwischen verschiedenen Bereichen der App umzuschalten.

4.3.3 Vorgaben für Eingabefelder und Schaltflächen

Listenartig angeordnete Objekte stehen auf weißem Hintergrund, wobei jedes Objekt eine Zeile ausfüllt. Im Gegensatz zu Android werden bei iOS rechts Pfeile angezeigt, die verdeutlichen sollen, dass es beim Antippen hier weitergeht.

Bildschirmseiten, auf denen Einstellungen getätigt werden, haben einen graublauen Hintergrund, auf dem dezente senkrechte Streifen liegen können. Für Schaltflächen und Eingabefelder gibt es auch hier sehr klare Vorgaben. Zur Einstellung von Datum und Uhrzeit sowie zur Auswahl von einzelnen Elementen aus einer Liste stellt iOS eigene Bedienelemente zur Verfügung, die wie drehbare Walzen aussehen, sogenannte *Picker*.

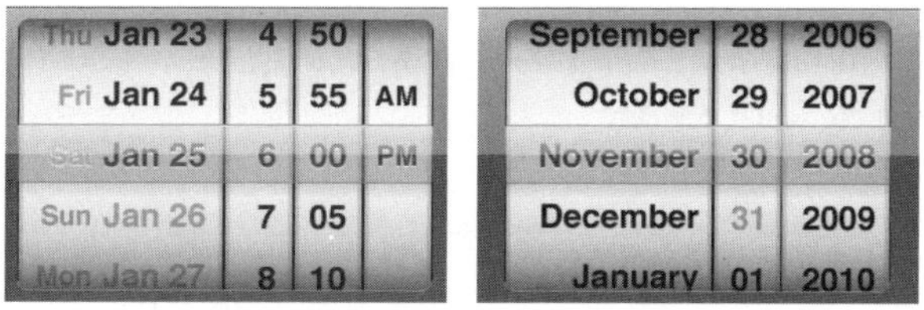

Bild 4.14: Einstellung von Datum und Uhrzeit in iOS.

Bei bestimmten Ereignissen kann eine Meldung auf dem Bildschirm eingeblendet werden, die vom Benutzer bestätigt werden muss, oder man lässt ein Bedienfeld von unten auf den Bildschirm schieben, das verschiedene Schaltflächen enthält. Hier sind neben den standardgrauen Schaltflächen auch rote und grüne für besondere Zwecke zulässig.

Bild 4.15:
Warnmeldung und Panel mit Schaltflächen in iOS-Apps.

4.3.4   Typische Farbverläufe mit CSS umsetzen

In HTML-basierten Oberflächen lassen sich die typischen Farbverläufe sehr gut mit einem CSS darstellen.

So sieht der Titelbalken von iOS-Apps in CSS aus:

```
background-image:
 -webkit-gradient(linear, left top, left bottom, from(#bbc), to(#789));
border-bottom:1px solid #666;
color:#fff;
display:block;
padding:10px 0;
font-size:20px;
font-weight:bold;
text-align:center;
text-shadow:0px 1px 0px #222;
```

Solche CSS-Formate von Hand zu schreiben, erfordert viel Erfahrung und einiges Ausprobieren. Interaktive Programme erleichtern die Arbeit.

⊡ Lesezeichen

http://www.colorzilla.com/gradient-editor

Dieser interaktive CSS Gradient Generator erstellt Verläufe zwischen verschiedenen Farben. Dabei lassen sich Größe, Richtung und Verlaufsbereich innerhalb der Fläche frei wählen. Der fertige CSS-Code braucht nur noch in die App kopiert zu werden. Für iOS-Web-Apps verwenden Sie die WebKit-Variante des generierten Codes.

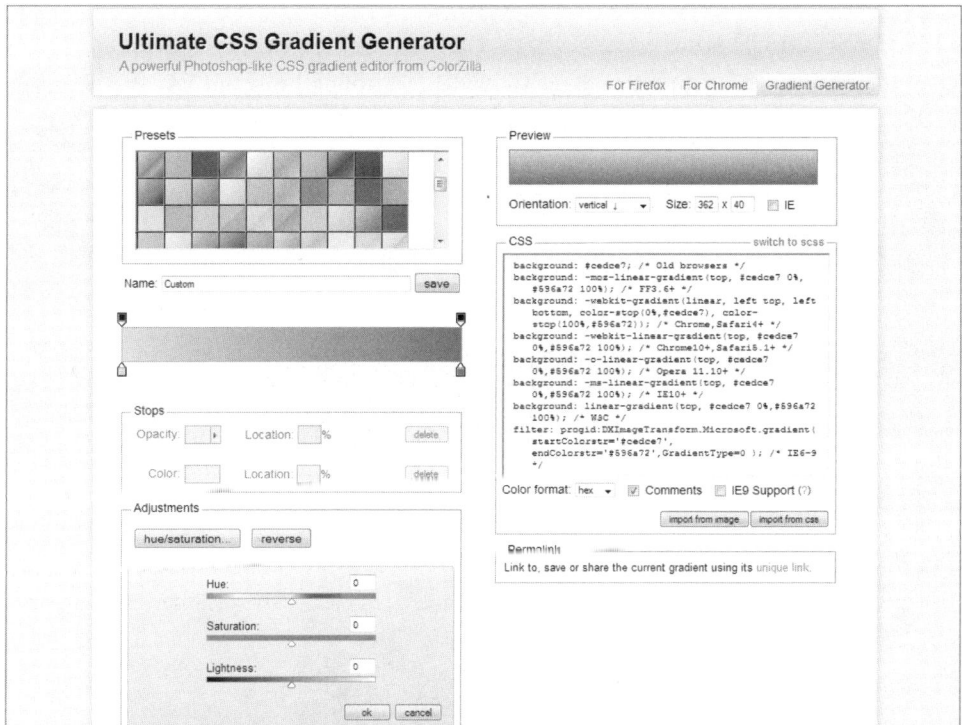

Bild 4.16: Interaktiver Generator für CSS-Farbverläufe.

4.4 Designvorgaben von Windows Phone-Apps

Windows Phone überzeugt immer mehr Anwender durch seine intuitive, leicht bedienbare Benutzeroberfläche, die sich angenehm von den Oberflächen von Android und iOS abhebt.

Microsoft macht es Entwicklern einfach, mit eigenen Apps diesem doch sehr speziellen Design von Windows Phone zu entsprechen. Die Entwicklung der Apps ist nur über von Microsoft gelieferte Entwicklertools möglich, die bereits alle notwendigen Komponenten enthalten.

Windows Phones haben alle die gleiche Bildschirmauflösung WVGA 800 x 480, die von Apps im Hochformat oder Querformat genutzt werden kann. Auch die Ausstattung mit

Tasten ist überall gleich. Jedes Windows Phone hat eine Einschalttaste, eine Kamera-taste, die auch im Ruhezustand funktioniert, sowie Tasten zur Lautstärkeregelung. Dazu kommen drei Tasten zur Bedienung der Oberfläche, die häufig auch als Sensortasten ausgebildet sind:

- Die *Zurück*-Taste springt in Apps und auch auf Webseiten jeweils einen Schritt zurück. Hält der Benutzer diese Taste länger gedrückt, erscheint eine Übersicht der zuletzt verwendeten Apps mit Vorschau-bildern der Bildschirminhalte. Hier kann direkt zu einer dieser Apps gewechselt werden.

- Die *Windows*-Taste springt jederzeit auf den Startbildschirm zurück. Hält der Benutzer diese Taste länger gedrückt, startet die Sprachsteue-rung von Windows Phone.

- Die *Suchtaste* bringt ein Suchfeld der Microsoft-Suchmaschine Bing auf den Bildschirm. Dieses Suchformular bietet neben der klassischen Websuche über die drei Schaltflächen unten noch weitere Suchfunkti-onen.

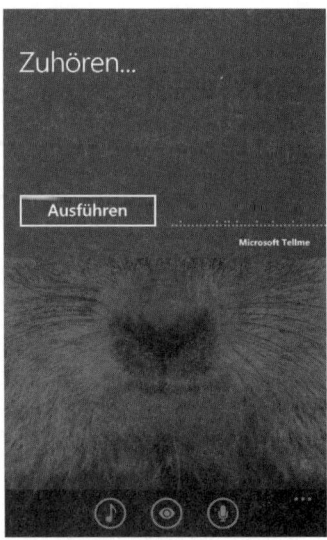

Bild 4.17: Bing-Suchfeld und Sprachsuche in Windows Phone.

Die Leiste mit den runden Schaltflächen am unteren Bildschirmrand wird bei Windows Phone als »ApplicationBar« bezeichnet und kann auch in eigene Anwendungen einge-baut werden.

- Das *Notensymbol* sucht Musik. Wenn zum Beispiel Musik im Radio läuft, kann das Windows Phone über das Mikrofon erkennen, um welchen Titel es sich handelt, zeigt Titelinfo und Interpret an und bietet gleich die Möglichkeit, diesen Musiktitel im Windows Marketplace zu finden.

- Das *Augensymbol* ermöglicht, einen QR-Code oder ein Microsoft-Tag zu scannen und die darin hinterlegten Informationen auszuwerten, indem dann zum Beispiel auf eine Webseite gewechselt wird. Außerdem kann man einen Text scannen und online übersetzen lassen.

• Das *Mikrofonsymbol* startet die Sprachsuche. Hier spricht man den Suchbegriff, statt ihn einzutippen, einfach ins Mikrofon. Auf diese Weise lassen sich auch Begriffe suchen, deren Schreibweise nicht genau bekannt ist. Der gesprochene Begriff wird automatisch als Text ins Suchfeld eingetragen und dann bei Bing gesucht.

4.4.1 Panoramalayout einer Windows Phone-App

Eine Windows Phone-App kann deutlich mehr Anzeigefläche nutzen, als auf den Bildschirm eines Windows Phone passt. Dazu nutzt Windows Phone den sogenannten Panorama Screen, eine Technik, die es vergleichbar bei Android und iOS nicht gibt.

Bild 4.18: Die Facebook-App für Windows Phone mit Panorama Screen.

Der virtuelle Bildschirm der App erstreckt sich über mehrere Bildschirmseiten, von denen jede einzelne vertikal scrollbar, also höher als ein Bildschirm sein kann. Das Hintergrundbild oder auch der Titel der App kann sich über mehrere Seiten erstrecken.

Durch horizontales Verschieben kommt man von einem Bildschirm zum nächsten, wobei diese beim Verschieben scheinbar einrasten. Man bleibt nie zwischen zwei Seiten hängen. Um zu verdeutlichen, dass es nach rechts weitergeht, zeigen die Apps am rechten Bildschirmrand einen schmalen Streifen der nächsten Bildschirmseite an. Einzelne Bildschirmseiten können auch breiter sein, wie der Fotobereich der abgebildeten Facebook-App zeigt. Für den Benutzer ist der Panorama Screen eine Weiterentwicklung der Registerkarten in Programmfenstern der klassischen Desktopoberflächen.

4.4.2   Elemente der Windows Phone-Oberfläche

Windows Phone setzt auf schlichtes, einheitliches Design der Apps mit einer typischen Schriftart, weißer Schrift auf schwarzem Grund sowie einer zusätzlichen Akzentfarbe, die der Benutzer in den Einstellungen selbst wählen kann und die dann systemweit für alle Apps und auch für den Startbildschirm gilt.

Der schwarze Hintergrund sieht nicht nur elegant aus, er trägt auch deutlich dazu bei, Akkustrom zu sparen – besonders bei AMOLED-Bildschirmen.

Bild 4.19: Farbauswahl in Windows Phone.

An der System-App für die Einstellungen sind viele typische Elemente der Windows Phone-Oberfläche zu sehen. Jede App zeigt oben eine Titelzeile in kleiner Kapitälchenschrift und darunter einen Untertitel für einzelne Kategorien in größerer Schrift. Dieser kann über den rechten Rand hinausragen, damit der Benutzer sofort sieht, dass weitere Seiten folgen. Die Titel dieser Seiten im Hintergrund werden etwas abgedunkelt angezeigt.

Stehen auf einer Seite mehrere Optionen zur Auswahl, werden diese mit etwas kleinerer Schrift untereinander aufgelistet, wobei ein zusätzliches, noch kleineres Textfeld weitere Informationen, zum Beispiel eine gewählte Einstellung, zeigen kann.

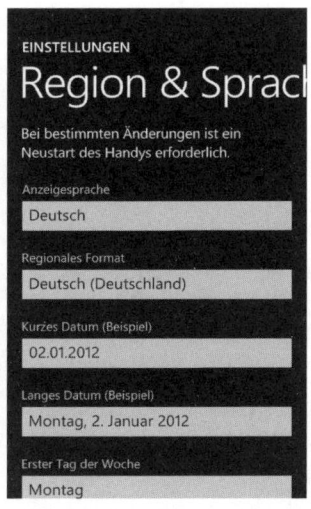

Bild 4.20: Typografie und typisches Layout einer Windows Phone-App.

Texteingabe- und Auswahlfelder werden durch einen hellen Hintergrund deutlich von statischen Texten unterschieden. Die Eingabe von Text sollte möglichst vermieden werden. Stattdessen sollte man dem Benutzer Auswahllisten für die möglichen Optionen anbieten. Windows Phone stellt zwei Arten solcher Auswahllisten zur Verfügung.

Bild 4.21: Im Auswahlfeld eingebettete und bildschirmfüllende Auswahllisten.

Auswahllisten mit nur wenigen Optionen können direkt in einem erweiterten Auswahlfeld angezeigt werden. Listen mit vielen Optionen sollten bildschirmfüllend angezeigt werden, wobei durch vertikales Scrollen die Liste auch noch deutlich länger sein kann. In beiden Fällen wird die vom Benutzer gewählte Akzentfarbe zur Hervorhebung der Auswahl genutzt. Sind bei einer Auswahl mehrere Optionen möglich, bietet Windows Phone die aus anderen Plattformen bekannten Kontrollkästchen, die man mit einem Häkchen markiert und damit einschaltet.

Wichtige Einstellungen können über einen symbolisierten Schiebeschalter ein- und aus-
geschaltet werden. Hier kann sich beim Umschalten ein Teil des Bildschirminhalts verändern, um zum Beispiel bisher versteckte Optionen freizugeben.

Bild 4.22: Ein Schiebeschalter schaltet unsichtbare Optionen frei.

Zur Auswahl von Datum und Uhrzeit bietet Windows Phone eigene Dialoge an. Daher
brauchen Sie nicht auf klassische Auswahllisten oder Texteingabe zurückzugreifen.

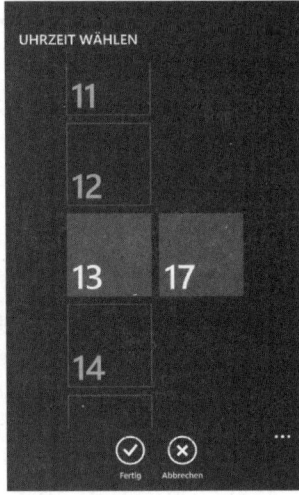

Bild 4.23: Auswahldialoge für Datum und Uhrzeit in Windows Phone.

Für wichtige Funktionen, wie zum Beispiel *OK* oder *Abbrechen*, können am unteren
Bildschirmrand Symbole eingeblendet werden. Diese Leiste wird als »ApplicationBar«
bezeichnet. Tippt der Benutzer auf die drei Punkte rechts unten, erscheint ein
beschreibender Text zu den Symbolen.

5 Offizielle Entwicklertools und Emulatoren für native Apps

Im Gegensatz zu Web-Apps bieten native Apps auf Smartphones deutlich mehr Möglichkeiten, obwohl die Abgrenzung – wie auch auf dem PC – langsam verschwimmt. Dank HTML5 haben Web-Apps mehr Zugriff auf Gerätehardware. Native Apps können umgekehrt natürlich auch auf Inhalte aus dem Web zugreifen und diese darstellen. Native Apps müssen aber für jede Plattform speziell erstellt und auf den Geräten auch wirklich installiert werden, wogegen für eine Web-App nur ein Browser nötig ist. Professionelle Web-Apps sollten aber auch über den User Agent String des Browsers das Gerät erkennen und sich an die Designvorgaben der jeweiligen Plattform anpassen.

Native Apps haben den großen Vorteil, dass sie sich über die Appstores der jeweiligen Plattform an die Nutzer verteilen lassen und dort deutlich besser zu finden sind als eine Web-App, die ja nichts anderes als eine Webseite ist. Auch ist eine native App nach der Installation auf dem Gerät, da sie in der Liste der Apps steht, für den Benutzer wesentlich präsenter als eine Web-App, die üblicherweise nur als Lesezeichen im Browser zu finden ist. Nur wenige Benutzer legen sich die Web Apps aus dem Browser auf den Startbildschirm, obwohl alle Plattformen diese Möglichkeit bieten.

Alle großen Plattformen bieten den Entwicklern SDKs (Software Development Kits) an, um die App-Entwicklung für die jeweilige Plattform zu ermöglichen. Allerdings hat jede Plattform hier ihre eigenen Tools, auch die verwendeten Programmiersprachen unterscheiden sich erheblich.

- **Android** setzt auf Java und bietet ein SDK an, das in die freie Entwicklungsumgebung Eclipse eingebunden werden kann. Android-Entwicklung ist sowohl unter Windows wie auch unter Linux oder Mac OS X möglich.

- **Windows Phone** setzt auf die Microsoft-Sprachen C# und mit Einschränkungen VB.NET. Microsoft bietet die kostenlose Entwicklungsumgebung Visual Studio 2010 Express für Windows Phone an. Diese läuft auf Windows 7 und Vista.

- **iOS** setzt auf Objective-C. Apple liefert ein iOS-SDK sowie die Entwicklungsumgebung Xcode, die allerdings nur auf Mac OS X laufen, nicht auf Windows-PCs.

In diesem Kapitel beschreiben wir die offiziellen Entwicklungsumgebungen für die drei Plattformen, im nächsten Kapitel finden Sie einige plattformübergreifende Tools von externen Softwareherstellern.

5.1 Entwicklertools für Android

Die Apps auf Handys, Smartphones und Tablets mit dem Betriebssystem Android laufen im Hintergrund mit Java-Programmen. Hier soll an zwei zugegebenermaßen sehr einfachen Apps gezeigt werden, wie Apps entwickelt werden können. Um eine App selbst zu entwickeln, braucht man ein Entwicklungswerkzeug (SDK – Software Development Kit) und die Programmiersprache Java. Beides ist im Internet verfügbar. Für eine Eigenentwicklung sollten Grundkenntnisse in Java vorhanden sein. Folgende Schritte werden auf den nächsten Seiten beschrieben:

1. Festlegen der Arbeitsumgebung

2. Installieren des Android-SDK

3. Installieren der ADT-Plug-ins (Android Development Tool)

4. Einrichten einer Android-Plattform

5. Erstellen der ersten App

Es empfiehlt sich, die Arbeiten in der angegebenen Reihenfolge auszuführen.

5.1.1 Eclipse als Arbeitsumgebung installieren

Wie für jede Programmierarbeit ist auch für eine Android-App eine Arbeitsumgebung erforderlich. Dafür ist das Programm Eclipse besonders geeignet, weil dafür die entsprechenden Plug-ins verfügbar sind. Wenn schon eine Eclipse-Umgebung installiert ist, kann dieser Punkt übersprungen werden. Dann ist sicher auch bereits die Java-Umgebung auf dem PC vorhanden.

Eclipse kann unter *http://www.eclipse.org/downloads* heruntergeladen werden. Die ZIP-Datei wird in einem beliebigen Ordner gespeichert und entpackt. Das Programm muss nicht installiert werden. Es ist nach dem Entpacken sofort lauffähig. Das Starten erfolgt über die Datei *Eclipse.exe*. Wer bevorzugt mit der Kommandozeile arbeitet, startet dort die Datei *Eclipsec.exe*.

Bild 5.1: Der Startbildschirm von Eclipse.

Eclipse-Versionsnamen
Die Versionsnamen von Eclipse wurden früher nach den Hauptmonden des Jupiter (Callisto, Europa, Ganymed), der Sonne (Helios) und einer Raumsonde (Galileo) benannt. Die aktuelle Version ist nach der Eclipse-typischen Farbe Indigo benannt.

Nach einem Begrüßungsbild startet Eclipse mit der Frage nach dem Workspace. Hier legt Eclipse alle seine Verwaltungsinformationen ab. Ebenso liegen hier alle in Eclipse erzeugten Dateien. Standardmäßig wird der Workspace in *Dokumente und Einstellungen* angelegt. Mit der Schaltfläche *Browse* kann (und sollte) ein eigener Ordner angelegt werden.

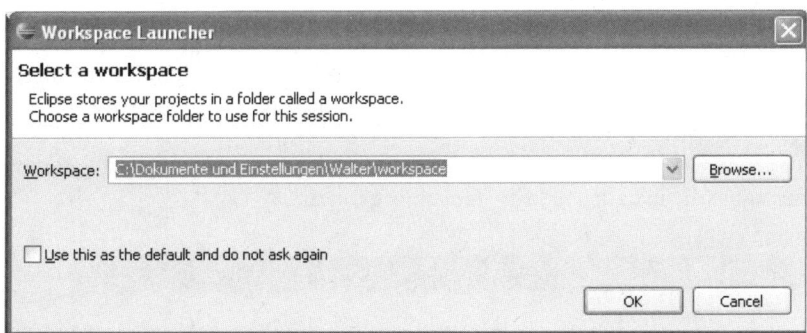

Bild 5.2: Auswahl des Workspace.

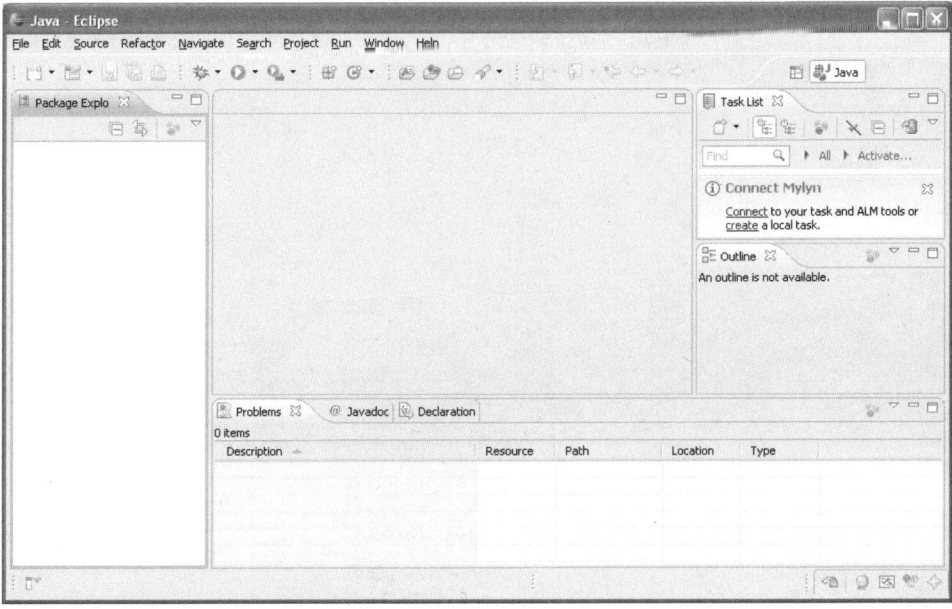

Bild 5.3: Die Eclipse-Arbeitsfläche.

Nach dem Start dauert es ein paar Sekunden, bis Eclipse die Arbeitsumgebung und den Workspace geladen und eingerichtet hat. Der Willkommensbildschirm zeigt mehrere Auswahlmöglichkeiten. Für die praktische Arbeit führt der Button ganz rechts zum Arbeitsbildschirm. Eclipse nennt ihn Workbench. Der Arbeitsbildschirm ist noch leer.

Ist auf dem PC eine Java-Installation vorhanden, hat Eclipse diese bereits eingefügt. Um Android-Apps zu erzeugen, muss ein Java Development Kit (JDK) bereitstehen. Eine Java Virtual Machine (Java Runtime Environment JRE) ist im JDK enthalten.

◉ Lesezeichen

http://bit.ly/wS6kQj

Hier kann man Java kostenlos herunterladen.

Durch Start der Datei *jdk-<version>.exe* wird die Java-Umgebung installiert.

Wenn beim ersten Starten von Eclipse noch keine Java-Umgebung vorhanden war, muss diese bei Eclipse angemeldet werden. Dazu dient in Eclipse das Menü *Window/ Preferences*. Im linken Auswahlfenster wählen Sie *Java/Installed JREs* aus. Mit einem Klick auf *Add* fügen Sie die installierte Java-Umgebung hinzu.

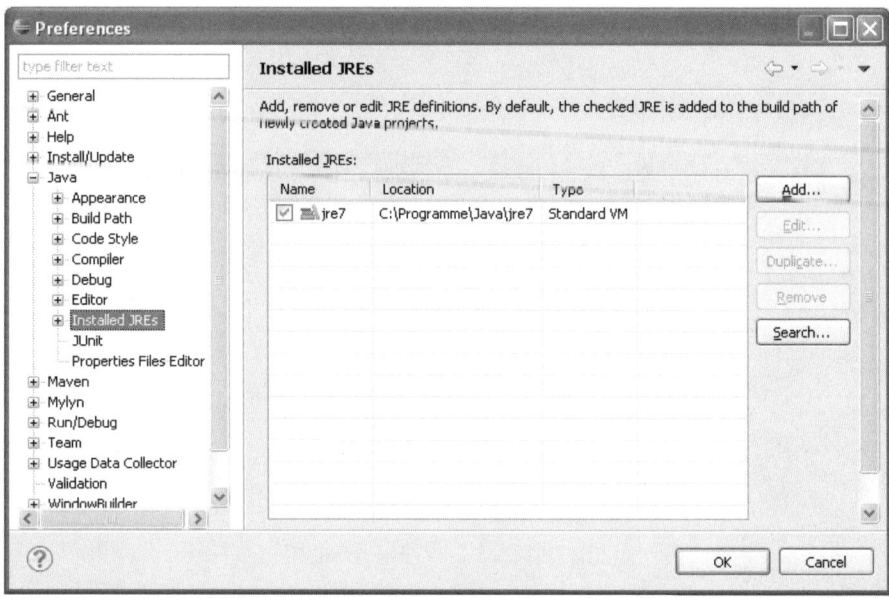

Bild 5.4: Einfügen der Java-Umgebung in Eclipse.

Jetzt ist die Arbeitsumgebung für eine Java-Programmierung eingerichtet.

5.1.2 Android-SDK herunterladen und installieren

Das Android-SDK ist kein vollständiges Entwicklungswerkzeug, sondern enthält nur die Basiswerkzeuge. Es muss von der Seite *http://developer.android.com/sdk* heruntergeladen werden. Am einfachsten geht es über die EXE-Datei. Diese installiert das Paket selbstständig.

Gleich zu Beginn des Installationsvorgangs hat das Android-SDK erkannt, dass auf dem PC bereits eine Java-Umgebung installiert ist, hier Version 1.7.

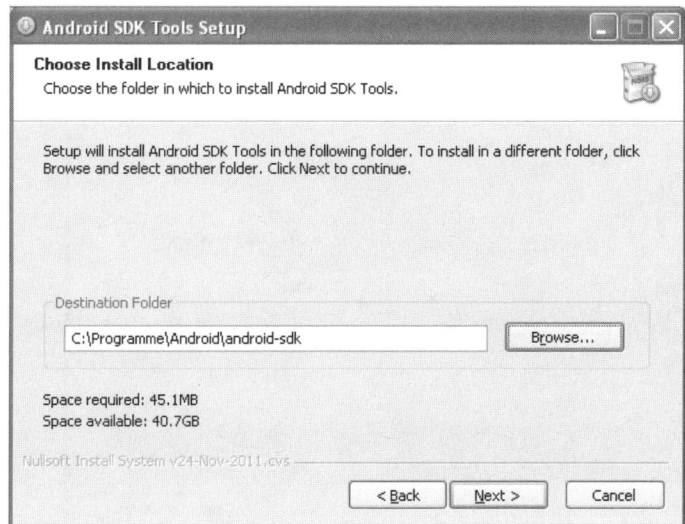

Bild 5.5:
Installation des SDK.

Den vorgeschlagenen Installationsort sollten Sie sinnvollerweise beibehalten. Im folgenden Schritt Wählen Sie ein Verzeichnis für das Startmenü aus. Dann läuft die Installation automatisch ab.

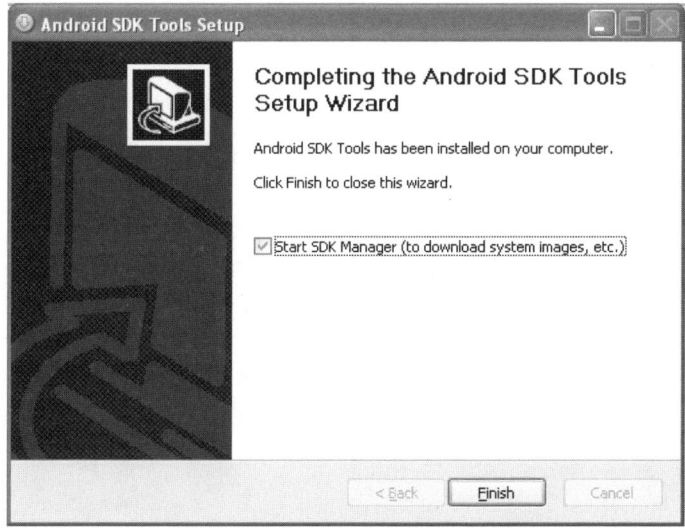

Bild 5.6: Die Installation des SDK ist abgeschlossen.

Zum Schluss sollte noch der SDK-Manager gestartet werden, damit die restlichen Komponenten nachgeladen und installiert werden. Wählen Sie in Eclipse das Menü *Window/Android SDK Manager*.

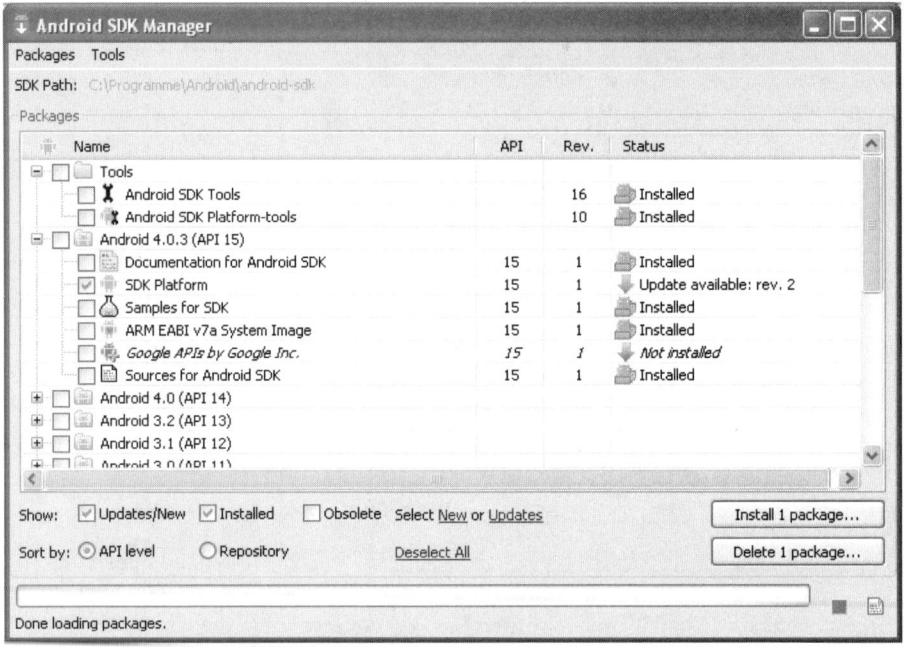

Bild 5.7: Der SDK-Manager hat zusätzliche Tools installiert.

Die Liste zeigt alle installierten Komponenten. Durch Anhaken können noch zusätzliche Komponenten installiert werden. Falls Updates existieren, können Sie diese ebenfalls sofort nachladen.

Auch später ist es jederzeit möglich, Komponenten nachzuladen oder zu aktualisieren. Dazu wird im oben eingerichteten Programmverzeichnis die Datei *SDK Manager.exe* aufgerufen. Der SDK-Manager kann auch schnell direkt aus Eclipse heraus über *Window/Android SDK Manager* aufgerufen werden.

5.1.3   Eclipse mit ADT-Plug-ins vorbereiten

Eclipse ist bis jetzt nur eine neutrale Entwicklungsumgebung. Durch ADT-Plug-ins muss sie auf das Arbeiten mit Android eingerichtet werden. Dazu werden die Plug-ins über *Help/Install New Software* installiert, wie das folgende Bild zeigt.

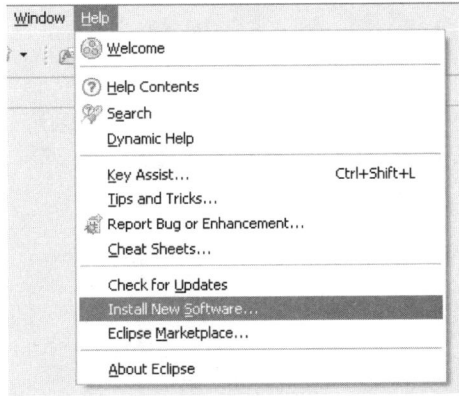

Bild 5.8: ADT-Plug-ins installieren.

Mit Klick auf *Add* erscheint ein kleines Fenster, in dem folgende Angaben zu machen sind:

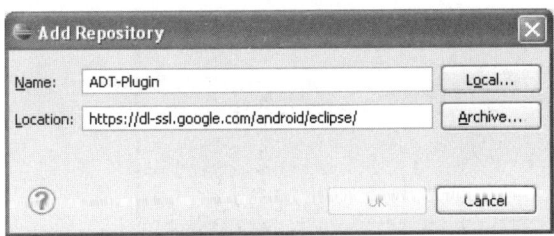

Bild 5.9: Plug-In-Adresse: *https://dl-ssl.google.com/android/Eclipse/.*

Gibt es Schwierigkeiten mit der Internetadresse, können Sie es ersatzweise mit dem Protokoll *http://* probieren. Nachdem die Developer Tools heruntergeladen sind, wird diese Zeile mit einem Haken markiert. Mit *Next >* geht es weiter.

Im nächsten Fenster werden die Tools angezeigt. Weiter geht es wieder mit *Next >*. Sind im nächsten Fenster die Lizenzen akzeptiert, werden mit *Finish* die Plug-ins endgültig installiert. Sollte eine Security Warning erscheinen, muss diese mit *OK* bestätigt werden. Damit die Plug-ins wirksam werden, müssen Sie Eclipse nun neu starten.

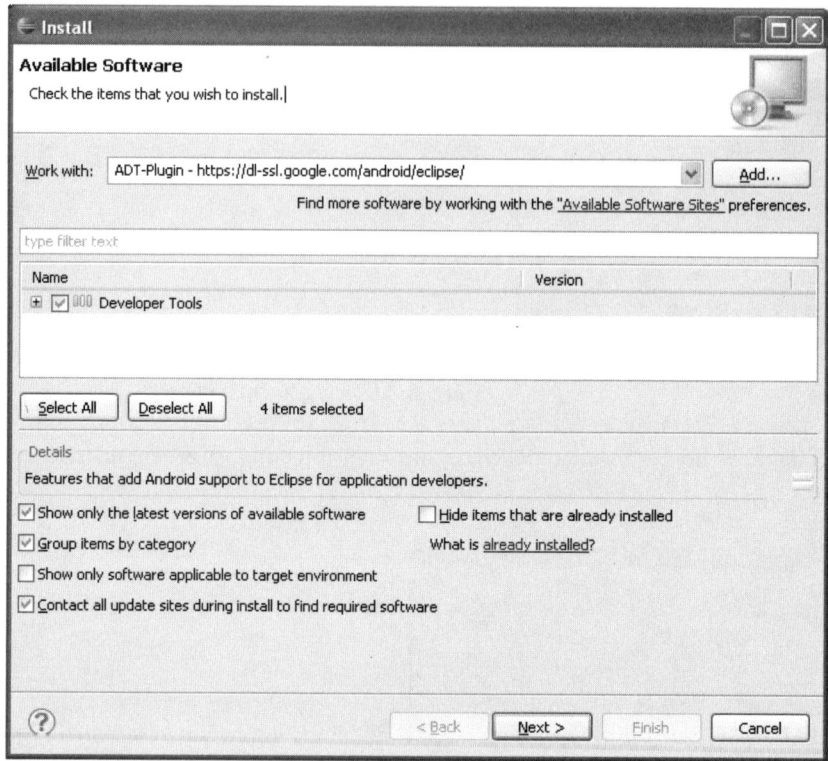

Bild 5.10: Das ADT-Plug-in ist heruntergeladen.

Jetzt müssen die Plug-ins in Eclipse konfiguriert werden. Dazu dient das Menü *Window/Preference/Android*. Im rechten Teil muss unter *SDK Location* der Speicherort des Android-SDK eingetragen werden. Über *Browse* geht es zum Verzeichnis. Bestätigen Sie das mit *OK*. Zurück bei den Preferences, wird die Wahl mit *Apply* übernommen. Mit *OK* verlassen Sie das Fenster.

5.1.4   Einrichten der passenden Android-Plattform

Als Letztes vor der produktiven Programmierarbeit muss noch eine Android-Plattform eingerichtet werden. In Eclipse geht das über das Menü *Window/AVD Manager*.

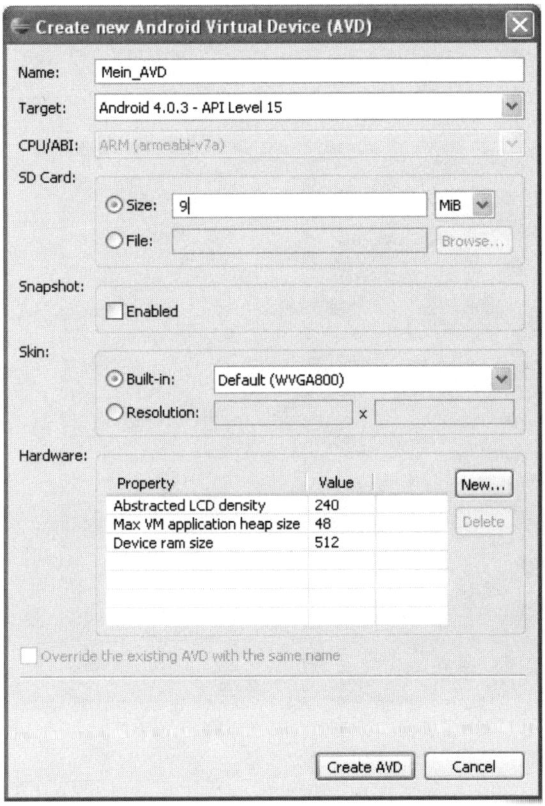

Bild 5.11: Ein neues
Android Virtual Device.

Über die Schaltfläche *New* richten Sie ein neues Android Virtual Device (einen Bildschirm eines virtuellen Android-Geräts) ein. Bei *Name:* wird ein aussagekräftiger Name eingetragen und unter *Target:* das bereits installierte SDK. Die übrigen Angaben können unverändert bleiben. Mit *Create AVD* wird das AVD mit dem neuen Namen eingerichtet. In dem AVD-Manager steht es jetzt zur Verfügung und kann mit *Start* gestartet werden.

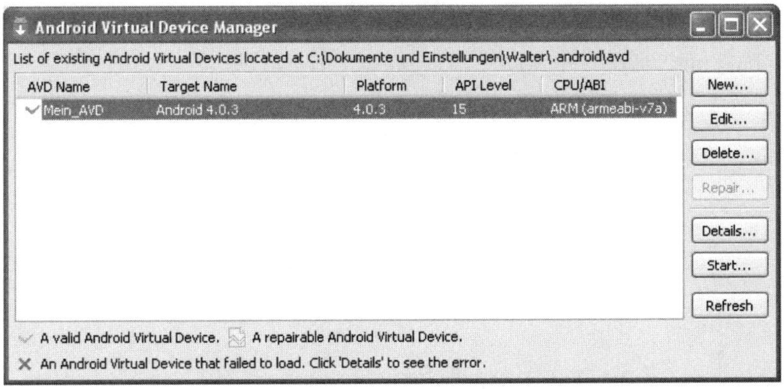

Bild 5.12: Das neue Android Virtual Device steht bereit.

Nach dem Startvorgang erscheint noch ein kleines Fenster, in dem die Größe des virtu-ellen Geräts auf dem Bildschirm eingestellt werden kann. Die Größe (*Screen Size*) kann in Inch nach eigenem Belieben vorgegeben werden.

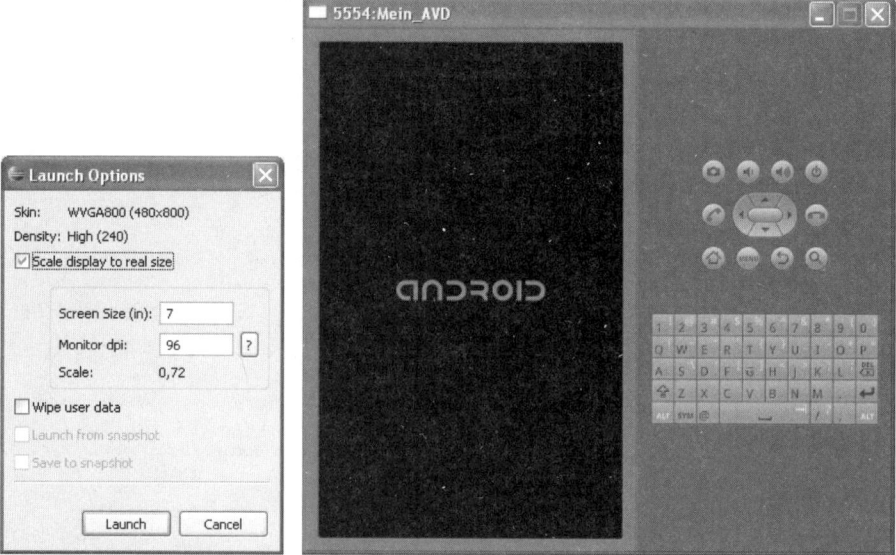

Bild 5.13: Einstellungen für das virtuelle Gerät und das fertige virtuelle Gerät (AVD).

Jetzt sind alle Vorbereitungen getroffen, sodass der produktiven Arbeit nichts mehr im Wege steht. Auf dem Bildschirm befindet sich ein virtuelles Android-Handy. Der linke Teil stellt die Anzeigefläche dar. Der rechte Teil enthält Tasten, die in dieser oder ähnli-cher Form in fast jedem Handy vorkommen.

Mit der Einrichtung ist das virtuelle Gerät auch schon betriebsbereit. Mit der linken Maustaste lässt sich wie mit dem Finger auf dem Display navigieren. Es geht auch mit den Pfeiltasten, der ⎗Tab⎘- sowie der ⎗Esc⎘-Taste. Die Tastatur auf der rechten Seite kann mit Mausklick, aber auch mit der PC-Tastatur bedient werden. Die Tastenkombination ⎗Strg⎘+⎗F11⎘ schaltet zwischen Hoch- und Querformat um. Das virtuelle Gerät hat schon alle im Betriebssystem mitgelieferten Apps installiert. Wenn der PC eine Internetverbindung hat, steht auch der Browser online zur Verfügung.

Bild 5.14: Das virtuelle Gerät mit Apps und Webseite.

5.1.5 In Eclipse ein neues Projekt vorbereiten

Für eine selbst entwickelte App für das Betriebssystem Android sind nun alle Vorbereitungen getroffen: Entwicklungsumgebung Eclipse mit Android-Plug-ins, Java-Umgebung, SDK-Manager für die Android-Umgebung und AVD-Manager als Emulator für ein virtuelles Gerät.

Als Erstes müssen Sie in Eclipse ein neues Projekt anlegen, das die Java-Klassen für die Apps aufnimmt. Es wird eingerichtet mit der Aufruffolge *File/New/Other*. Im Assistenten des nächsten Fensters wählen Sie *Android/Android Project* aus.

Mit *Next >* geht es weiter zum nächsten Fenster. Hier erhält das Projekt seinen Namen. Als Speicherort sollte der vorgegebene Name beibehalten werden (*Use default location* ist markiert).

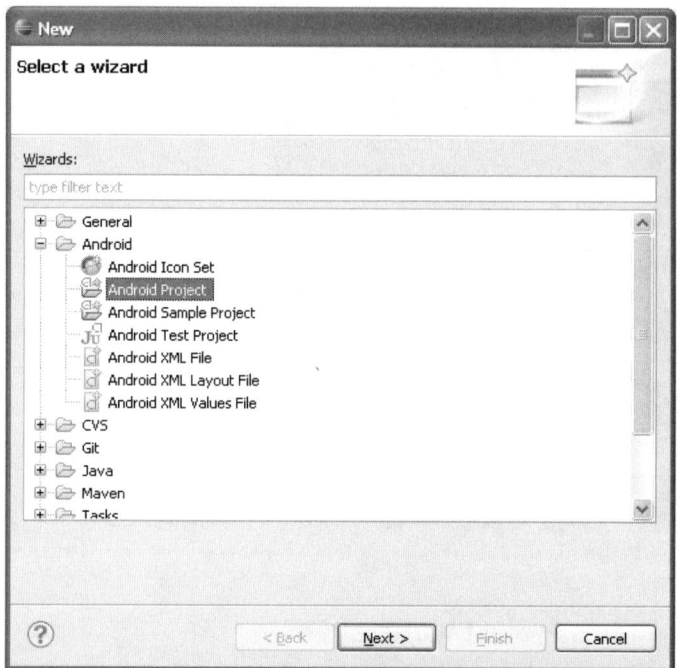

Bild 5.15: Assistent für ein neues Projekt.

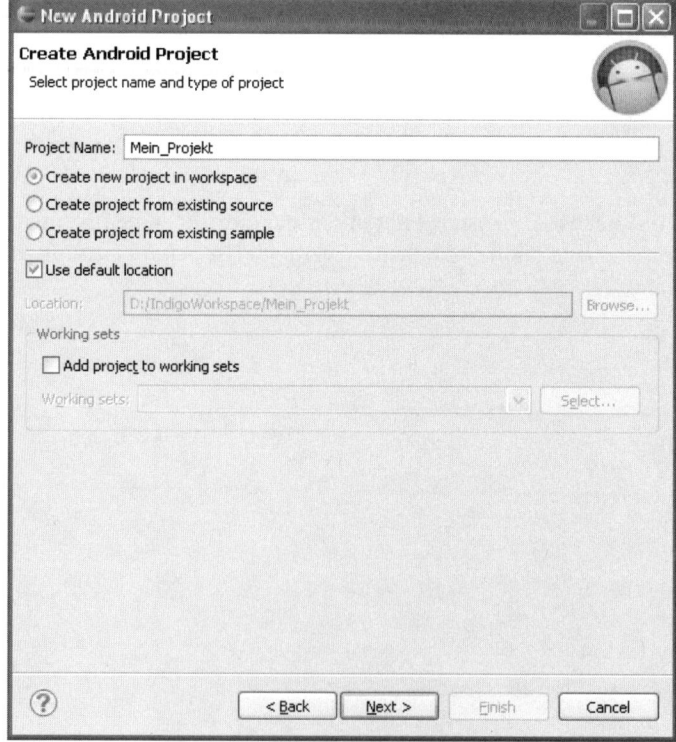

Bild 5.16: Das neue Projekt bekommt einen Namen.

Im nächsten Fenster wählen Sie die Version der Android-Plattform. Da anfangs nur eine Version installiert ist, geht es direkt weiter mit *Next>*.

Im letzten Fenster sind die meisten Angaben schon vorgegeben und können übernommen werden. Da das Projekt auf Basis von Java entstehen soll, sind alle Klassen in Packages organisiert. Deshalb ist auch hier ein Package-Name anzugeben. Der Name muss innerhalb der gesamten Anwendung eindeutig sein. Deshalb wird vor dem Namen ein Firmenkürzel, getrennt durch einen Punkt, erwartet. Bei der Programmierung sind Fehler nie auszuschließen, daher sollte auch parallel ein Testprojekt eingerichtet werden. Wenn dieser Punkt aktiviert ist, werden alle notwendigen Angaben aus dem normalen Projekt übernommen.

Bild 5.17: Das Projekt kann fertiggestellt werden.

Über *Finish* werden die beiden neuen Projekte eingerichtet. Sie sind auf der linken Fensterseite im Package Explorer zu sehen.

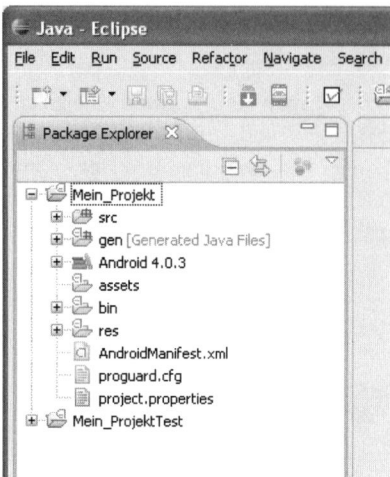

Bild 5.18: Das neue Projekt im Package Explorer.

Unter dem Punkt *src* (Source) werden die Java-Klassen als Primärcode eingerichtet. Wie bei Java üblich, werden alle Klassen zu einem übergeordneten Begriff zusammengefasst. Alle Klassen gehören zu einem Package, das jetzt einzurichten ist. Mit einem Rechtsklick auf *src* und *new/package* wird in einem Fenster der Name des Package angefordert.

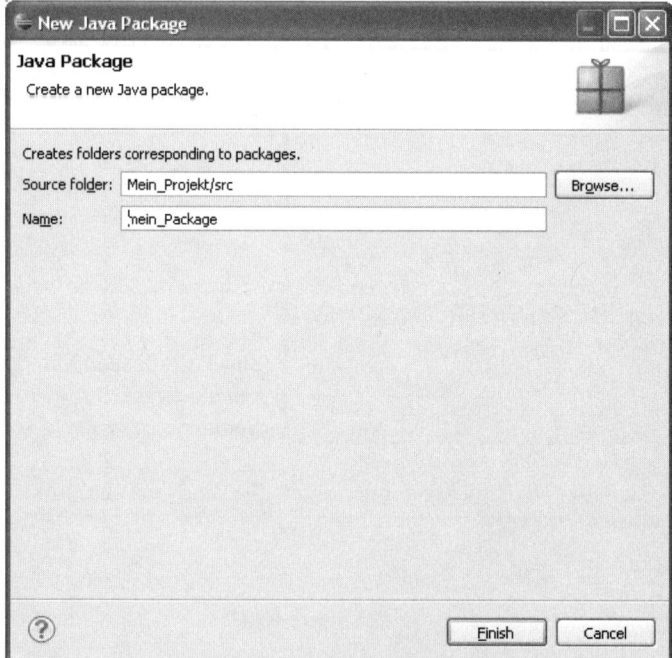

Bild 5.19: Ein neues Package wird eingerichtet.

Als erstes Java-Programm wird üblicherweise eine Mini-Klasse eingerichtet, die nur den Text »Hello World« auf dem Bildschirm ausgibt. So soll es auch für ein Android-Handy geschehen, natürlich mit dem Text »Hallo Android«. Im Package wird im Kontextmenü über *New/Class* eine neue Klasse eingerichtet. In Eclipse reicht ein Klick auf das Klassensymbol in der Werkzeugleiste.

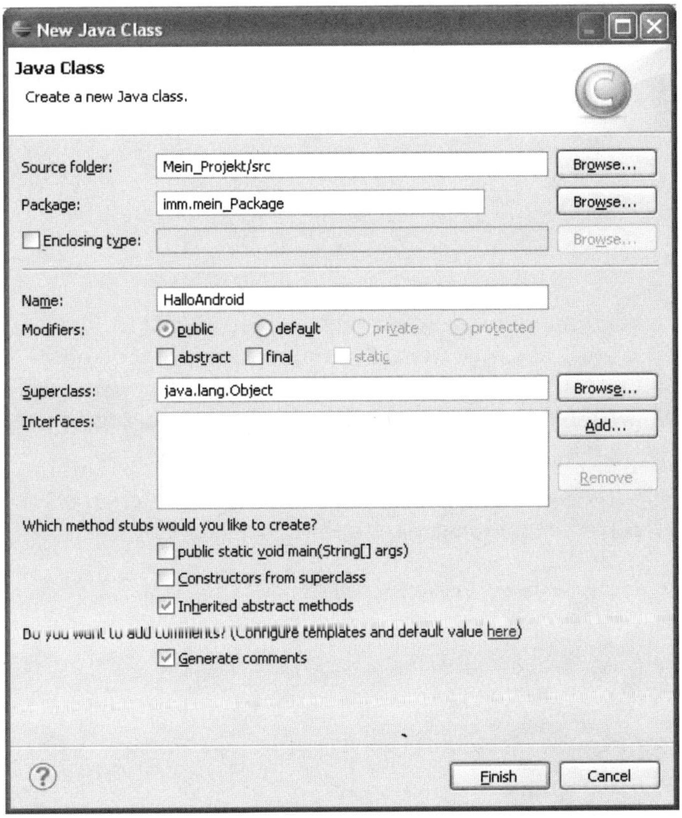

Bild 5.20: Die neue Klasse wird eingerichtet.

Das Grundgerüst einer Klasse wird automatisch eingerichtet. Im Gegensatz zu normalen Java-Anwendungen gibt es zum Start keine main-Methode. Stattdessen wird eine Activity eingerichtet. Sie wird gestartet, wenn auf dem Display mit dem Finger das zugehörige Icon angetippt wird.

Die neue Klasse ist eine Unterklasse der Android-Klasse Activity. Deshalb muss sie auch von android.app.Activity importiert werden.

```
package imm.mein_Package;

import android.app.Activity;
import android.os.Bundle;
import android.widget.TextView;
/**
 * Erste Android-Applikation als Activity.
 * @author Walter
 * created on 23.01.2012 16:45
 */
```

```
public class HalloAndroid extends Activity {
    /** Diese Methode schreibt einen Text auf das Display. */
    @Override
    public void onCreate(Bundle savedInstanceState) {
        super.onCreate(savedInstanceState);
        setContentView(R.layout.main);
        TextView tv = new TextView(this);
        tv.setText("Hallo Android");
        setContentView(tv);
    }
}
```

Die erste, sehr einfache Java-Klasse.

Die Methode `onCreate()` wird vom Android-System aufgerufen, wenn die `Activity` gestartet wird (Antippen des Icons). Ein `View` ist ein Objekt auf der Anwenderoberfläche, wie z. B. ein Button, ein Bild oder ein Textlabel. Hier wird mit der Klassenmethode `TextView()` ein Textlabel eingerichtet und diesem mit `setText()` ein Text zugewiesen. Die Methode `setContentView()` zeigt den Text schließlich auf der Oberfläche an.

Mit *Run/Run* erzeugt das Eclipse-Plug-in automatisch eine Startkonfiguration und startet den Android-Emulator. Das nächste Bild zeigt das Ergebnis.

Bild 5.21: Ausgabe des Beispiels von oben.

Android-Emulator
Je nach Rechnerkonfiguration kann es einige Zeit dauern, bis der Emulator geladen und das Activity angezeigt wird. Haben Sie Geduld, es kann schon mal fast eine Minute dauern.

Das Eclipse-Plug-in hat nicht nur die Startkonfiguration erzeugt, sondern auch eine XML-Datei mit dem Namen *AndroidManifest.xml*. Diese ist für die Funktion der Anwendung unbedingt notwendig.

```
<?xml version="1.0" encoding="utf-8"?>
<manifest xmlns:android="http://schemas.android.com/apk/res/android"
    package="imm.mein_Package"
    android:versionCode="1"
    android:versionName="1.0" >
```

```
  <uses-sdk android:minSdkVersion="15" />
  <application
      android:icon="@drawable/ic_launcher"
      android:label="@string/app_name" >
      <activity
          android:name=".HalloAndroid"
          android:label="@string/app_name" >
          <intent-filter>
            <action android:name="android.intent.action.MAIN" />
            <category adroid:name=
                            "android.intent.category.LAUNCHER" />
          </intent-filter>
      </activity>
  </application>
</manifest>
```

Die automatisch generierte *AndroidManifest.xml*.

Die Datei *AndroidManifest.xml* ist integraler Bestandteil des Projekts. Im Abschnitt application / activity wird mit android:name der Java-Klassenname festgelegt, dessen Klasse zu laden ist.

5.1.6 Entwickeln einer ersten echten App

Nachdem der geneigte Leser hoffentlich Geschmack an der Sache gefunden hat, soll nun eine App entwickelt werden, die auch etwas Sinnvolles tut.

Aufgabe
Mit der Anwendung »Spruch des Tages« soll aus einer Liste zufällig ein Spruch ausgewählt und im Display angezeigt werden. Die App wird in Eclipse entwickelt und auf einen Server hochgeladen. Von dort kann sie mit jedem Handy oder Tablet heruntergeladen und installiert werden.

Das folgende Listing zeigt die sehr kleine Java-Klasse mit dem Namen SpruchActivity.

```
package imm.sprueche;

import android.app.Activity;
import android.os.Bundle;
import android.widget.TextView;

public class SpruchActivity extends Activity {

    /** Called when the activity is first created. */
    @Override
    public void onCreate(Bundle savedInstanceState) {
        super.onCreate(savedInstanceState);
        setContentView(R.layout.main);
```

```
    TextView tv = new TextView(this);
    Speicher.aufbauen();
    tv.setText(Speicher.gibSpruch());
    setContentView(tv);
  }
  @Override
  protected void onStop() {
  super.onDestroy();
  }
}
```

Die Klasse für den Spruch des Tages.

Der grundsätzliche Aufbau ist schon von der Datei *HalloAndroid.java* bekannt. Der Ausgabetext ist allerdings in eine eigene Klasse mit dem Namen Speicher.java ausgelagert (siehe nachfolgendes Listing). Mit der Methode aufbauen() wird die Liste der Texte aufgebaut, mit der Methode gibSpruch() wird ein beliebiger Spruch aus der Liste ausgewählt, und setContentView(tv) zeigt dann den ausgewählten Spruch auf dem Display an.

Normalerweise soll bei jedem neuen Aufruf ein neuer Text angezeigt werden. Das Betriebssystem merkt sich aber alle Aktivitäten (Activities) in einem sogenannten Stack, ohne sie explizit zu beenden.

Mit der Zurück-Taste würde also nur der vorherige Zustand wiederhergestellt. Deshalb beendet die Methode onStop() die App gewaltsam und fordert beim erneuten Aufruf auch einen Neustart mit einem neuen Spruch an.

```
package imm.sprueche;

import java.util.ArrayList;
import java.util.Date;
import java.io.*;
import org.apache.http.message.BufferedHeader;

public class Speicher {
   public static ArrayList<String> liste = new ArrayList<String>();

   public Speicher() {};

   public static void aufbauen() {
      /* Die folgenden Zeilen bauen die Liste direkt auf. */
      liste.add("Heute schon gelacht?");
      ... ... ...
      liste.add("Arbeit hat bittere Wurzel aber süße Frucht.");
   }

   public static String gibSpruch(){
      int lge = liste.size();
```

```
Date sek = new Date();
long millis = sek.getTime();
int index = (int) (millis % lge);
String aktSpruch = (String) liste.get(index);
    return aktSpruch;
  }
}
```
Die Speicherklasse.

Die Methode `aufbauen()` baut eine Liste (`ArrayList`) mit den Tagessprüchen auf. An dieser Stelle könnte aber auch der Leseaufruf an eine lokale Datei oder ein Download aus einer Internetquelle stehen.

Die Methode `gibSpruch()` ermittelt den Tagesspruch und gibt ihn an die aufrufende Klasse `SpruchActivity` zurück. Dazu muss zunächst die Anzahl der Einträge (`lge`) abgefragt werden, weil die Listengröße nicht bekannt ist. Als Zufallsgröße wird die Anzahl der Millisekunden seit dem 1. Januar 1970 verwendet. Diese riesige Zahl wird durch die Anzahl der Sprüche dividiert. Die Restklassenbildung ergibt einen `index` zwischen 0 und der Anzahl der Sprüche. Mit diesem `index` wird nun der aktuelle Spruch ausgewählt.

Wurde die App auf dem Emulator einmal gestartet, hat Eclipse automatisch eine Startkonfiguration mit allen zugehörigen XML-Dateien erzeugt. In der Manifestdatei (siehe weiter oben) wird allerdings als Überschrift (`android.label="@string/app_name"`) der App-Name eingetragen. Hier soll jedoch die Überschrift »Spruch des Tages« erscheinen. Deshalb muss in der Datei *strings.xml* die Konstante `string` für `name` entsprechend geändert werden:

```
<?xml version="1.0" encoding="utf-8"?>
<resources>

    <string name="app_name">Spruch des Tages</string>

</resources>
```
Die geänderte *strings.xml*.

Als Icon für diese App wurde ein kleines Kalendersymbol verwendet. Dieses wird als PNG-Datei in die Projektstruktur eingetragen. Die Position ergibt sich aus der folgenden Darstellung des Package Explorer.

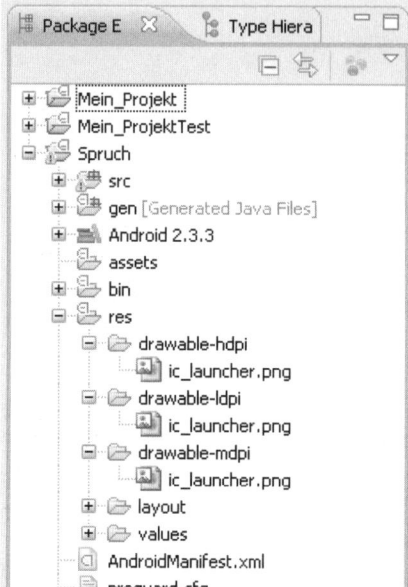

Bild 5.22: Position des App-Icons.

Das Icon erhält fix den Namen *ic_launcher.png*, muss aber in drei verschiedenen Größen bereitgestellt werden.

Name	ldpi (120 dpi)	mdpi (160 dpi)	hdpi (240 dpi)
Icongröße	36 x 36 px	48 x 48 px	72 x 72 px

Notwendige Auflösung für das Icon.

Die Möglichkeiten zur visuellen Gestaltung wurden bei dieser App nicht berücksichtigt.

Wenn alles fehlerfrei erstellt bzw. eingetippt ist, sollte sich folgendes Ergebnis auf dem Emulator zeigen:

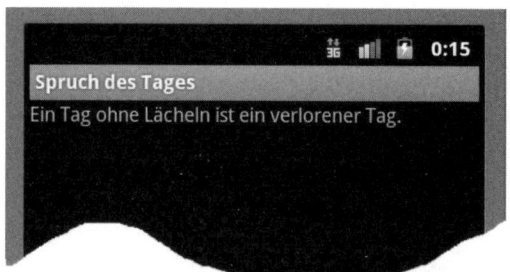

Bild 5.23: Ein Spruch des Tages.

Zusätzlich hat Eclipse eine Datei mit dem Namen *Spruch.apk* erzeugt. Diese Datei enthält in komprimierter Form alle Informationen zu der Applikation.

APK-Datei
Die APK-Datei ist eine gepackte Datei, die z. B. mit WinZip entpackt wird, damit der Inhalt angezeigt werden kann. Darin sollten aber auf keinen Fall Änderungen vorgenommen werden! Da einige Inhalte zusätzlich verschlüsselt sind, wird die Datei bei eigenmächtigen Änderungen mit Sicherheit unbrauchbar.

Diese generierte Datei kann auf einen beliebigen Server hochgeladen und von dort mit dem Browser aufs Handy oder Tablet geladen werden. Unter Umständen müssen Sie unter *Einstellungen/Anwendungen* die *Unbekannte Herkunft* zulassen.

⊡ Lesezeichen

http://bit.ly/wJfhPn
Das vorgestellte Beispiel steht hier zum Download zur Verfügung.

5.2 Entwicklertools für iOS

Möchten Sie native Apps für iOS entwickeln, brauchen Sie als Erstes einen Mac mit mindestens Mac OS X 10.6.3 Snow Leopard, iOS-Entwicklung auf dem PC unter Windows ist nicht möglich.

Um sich die Entwicklertools bei Apple herunterladen zu können, müssen Sie sich zunächst bei *developer.apple.com* als Entwickler registrieren. Dazu brauchen Sie eine Apple ID. Sie können die gleiche verwenden, die Sie auch schon auf Ihrem iPhone nutzen. Eine Apple ID ist, vergleichbar mit einem Google-Konto oder einer Windows Live ID, eine persönliche Kennung, die für verschiedene Apple-Dienste genutzt werden kann und über die auch die Abrechnung erfolgt.

In diesem Zusammenhang gleich zum Thema Kosten: Die Apple ID selbst ist natürlich, wie für Millionen von iTunes-Nutzern, kostenlos. Auch die Registrierung als Entwickler kostet erst einmal nichts. Um allerdings Apps im App Store zu veröffentlichen oder auch nur ein iPhone freizuschalten, um selbst entwickelte Apps darauf zu testen, ist ein kostenpflichtiges Entwicklerkonto nötig, wofür Apple 99 US-Dollar pro Jahr berechnet. Für Firmen sind 299 US-Dollar im Jahr fällig. Bei Firmenaccounts sind zusätzlich noch verschiedene Formalitäten zu erledigen, was die Prüfung möglicherweise ein paar Tage dauern lässt.

Bild 5.24: Anmeldung zum Apple-Entwicklerprogramm.

⊡ Lesezeichen

http://bit.ly/ySyizA

Das iOS Dev Center ist die zentrale Anlaufstelle, in der Apple Entwicklertools und Hilfestellung für iOS-Entwickler anbietet.

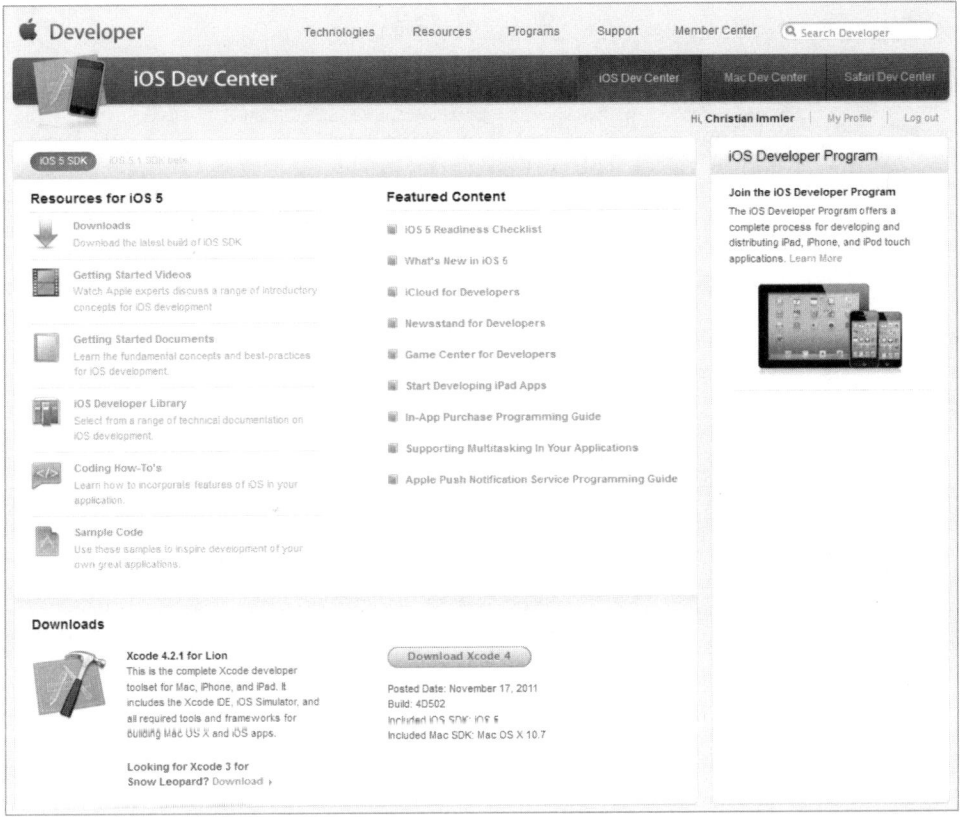

Bild 5.25: Das iOS Dev Center von Apple.

5.2.1 Xcode 4 als Entwicklungsumgebung installieren

Laden Sie sich dort die Entwicklungsumgebung Xcode 4 herunter. Diese läuft ab Mac OS X 10.7 Lion. Für Mac OS X Snow Leopard wird noch die ältere Version Xcode 3 angeboten. Xcode enthält eine IDE zur Entwicklung von Anwendungen für iOS und Mac OS X mit der Programmiersprache Objective-C. Der Compiler und das SDK für iOS sind bereits integriert, ebenso ein iOS-Simulator zum Testen der Apps.

Jetzt können Sie direkt mit der Entwicklung der App beginnen, wobei gute Kenntnisse in Objective-C Voraussetzung sind. Wie auch auf den anderen Plattformen brauchen Sie das Rad nicht komplett neu zu erfinden. Apple und auch unabhängige Entwickler stellen diverse Bibliotheken und vorgefertigten Code zur Verfügung, der innerhalb eigener Apps genutzt werden kann. In vielen Fällen erwarten die Urheber der jeweiligen Bibliothek aber, im Lizenztext der entstandenen App genannt zu werden.

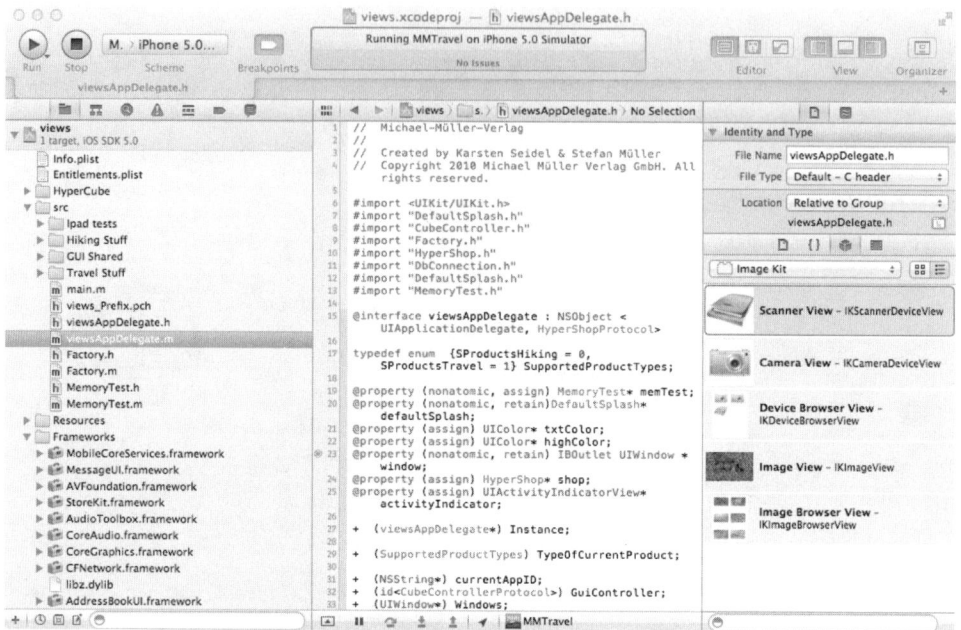

Bild 5.26: Die Entwicklungsumgebung Xcode.

Achten Sie bereits bei der Entwicklung darauf, Apples Richtlinien zur Gestaltung und Funktionalität von Apps genau zu beachten. Sie werden sonst später Schwierigkeiten haben, die App im App Store zu veröffentlichen.

Während der Entwicklung können Sie Ihre App jederzeit über den Button *Run* links oben testen. Vorher legen Sie ein Debug-Profil an. Mithilfe verschiedener Profile können Sie aus jedem Projekt verschiedene Arten von Programmcode erzeugen, beispielsweise zum Testen oder auch zum späteren Veröffentlichen im App Store.

5.2.2 Apps mit dem iOS-Simulator testen

Im einfachsten Fall nutzen Sie zum Testen den iOS-Simulator, der bei Xcode 4 mitgeliefert wird. Hier haben Sie die Wahl zwischen verschiedenen simulierten Geräten, um unterschiedliche Bildschirmauflösungen testen zu können.

Bild 5.27: Eine App im iPhone-Simulator.

Natürlich ersetzt der iOS-Simulator keine Tests auf einem echten Gerät. Bevor Sie Ihre App veröffentlichen, testen Sie sie immer noch auf einem tatsächlichen iPhone. Da Apple für normale Anwender keine Möglichkeit bietet, Apps ohne den App Store zu installieren, brauchen Sie spätestens jetzt das kostenpflichtige Entwicklerkonto. Darüber können Sie Ihre Geräte freischalten und dann direkt aus Xcode 4 heraus die App per USB-Kabel auf das Gerät übertragen, um sie dort zu testen.

Erst wenn alles problemlos funktioniert und Sie selbst keinen Fehler mehr finden, können Sie die App im App Store anmelden.

5.3 Entwicklertools für Windows Phone

Anwendungen für Windows Phone werden grundsätzlich in einem Framework entwickelt, das auf Microsofts .NET-Technologie basiert. In diesem Framework stehen zwei Technologien für Benutzeroberflächen zur Verfügung: Silverlight und XNA.

5.3.1 Silverlight für Rich Internet Applications

Silverlight ist Microsofts Technologie für sogenannte Rich Internet Applications (RIA) und inzwischen für verschiedene Browser und Betriebssysteme verfügbar. Seit Version 3 sind Silverlight-Anwendungen auch außerhalb des Browsers ausführbar. Mit »Silverlight for Windows Embedded« steht auch ein Silverlight-Framework für Windows Embedded CE zur Verfügung, die Basis des Windows Phone-Betriebssystems.

Unter Windows Phone stellt Silverlight ein vollwertiges Anwendungsframework für eigenständige Programme dar, läuft also nicht im Browser. Es basiert auf Silverlight 3 mit Erweiterungen und Anpassungen speziell für mobile Geräte und Touchscreens.

- Durchgehende Hardwarebeschleunigung für höchste Performance.

- Integration der Bildschirmtastatur für Eingabeelemente.

- Multitouch-Unterstützung.

- Zugriff auf die Gerätehardware (Kamera, GPS, Sensoren) über spezielle APIs.

- Anpassung an das Anwendungsmodell von Windows Phone (voneinander isolierte Anwendungen).

- Weniger enge Sandbox (für Cross-Domain-Zugriffe etc.).

Zur Entwicklung von Anwendungen mit Silverlight-Oberflächen stellt Microsoft die Entwicklungsumgebung Visual Studio 2010 Express für Windows Phone zur Verfügung.

5.3.2 XNA für hochperformante 2D- und 3D-Spiele

XNA ist Microsofts .NET-basiertes Spieleframework für hochperformante 2D- und 3D-Spiele. Es ist auf dem PC, der Xbox und auch auf dem Windows Phone verwendbar und ermöglicht somit plattformübergreifende Spiele. Zur Entwicklung von Spielen auf XNA-Basis stellt Microsoft die Entwicklungsumgebung XNA Game Studio zur Verfügung.

5.3.3 followmyfeed für den schnellen Einstieg

Für den ersten Einstieg in Design und Entwicklung von Windows Phone-Apps bietet sich das interaktive Tool followmyfeed an, mit dem sich Apps, die die Nachrichten eines RSS-Feeds, zum Beispiel eines eigenen Blogs, anzeigen, ganz einfach bauen lassen. Dabei sind diverse persönliche Einstellungen möglich, und das Ganze ohne auch nur eine Zeile Programmcode schreiben zu müssen.

⊡ Lesezeichen

http://www.followmyfeed.net

Nach der Anmeldung mit einer Windows Live ID kann man bei followmyfeed seine erste eigene Windows Phone-App interaktiv gestalten.

Die einzige Voraussetzung zum Bau der App ist ein Blog mit einem eigenen RSS-Feed, aus dem die App ihre Daten holt. Fangen Sie also gleich an und tragen Sie auf der ersten Seite des Assistenten einen Namen und eine Kurzbeschreibung für die App ein, Ihren Namen sowie einen Link zur Webseite, von der die Daten kommen.

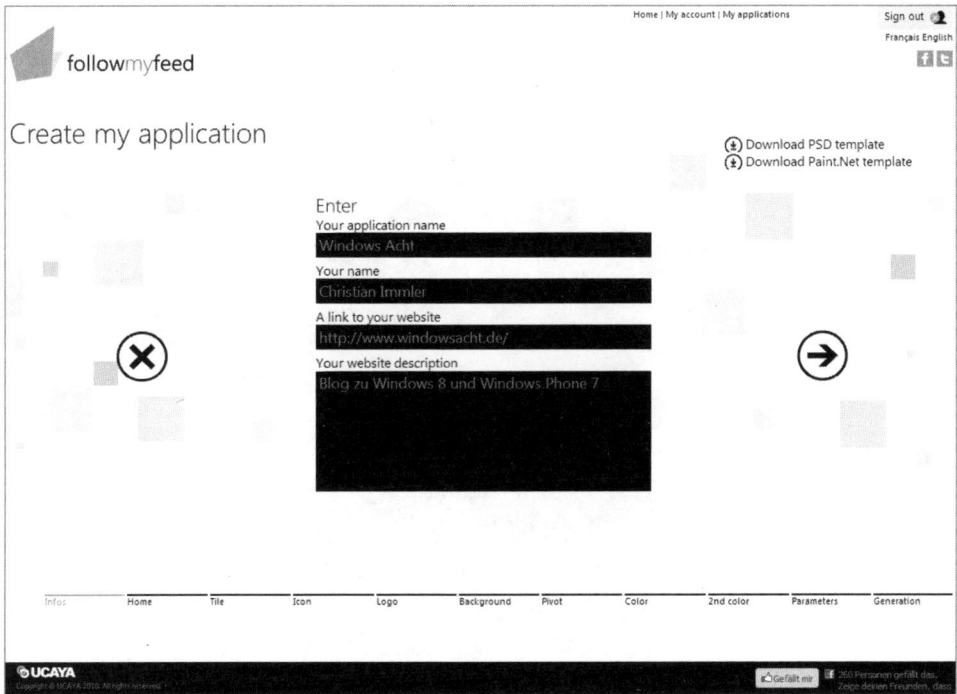

Bild 5.28: Der erste Schritt zur eigenen App bei followmyfeed.

Laden Sie sich auch gleich auf dieser Seite das Template im PSD- oder Paint.Net-Format herunter. Diese Vorlage enthält alle Grafiken, die für die App benötigt werden. Sie können diese dann an Ihre persönlichen Vorstellungen anpassen.

▣ Lesezeichen

http://www.getpaint.net

Paint.Net ist ein kostenloses Bildbearbeitungsprogramm, das ähnlich wie Photoshop mit Ebenentechnik arbeitet und sehr viele Funktionen zur Bearbeitung von Fotos und Webgrafiken bietet.

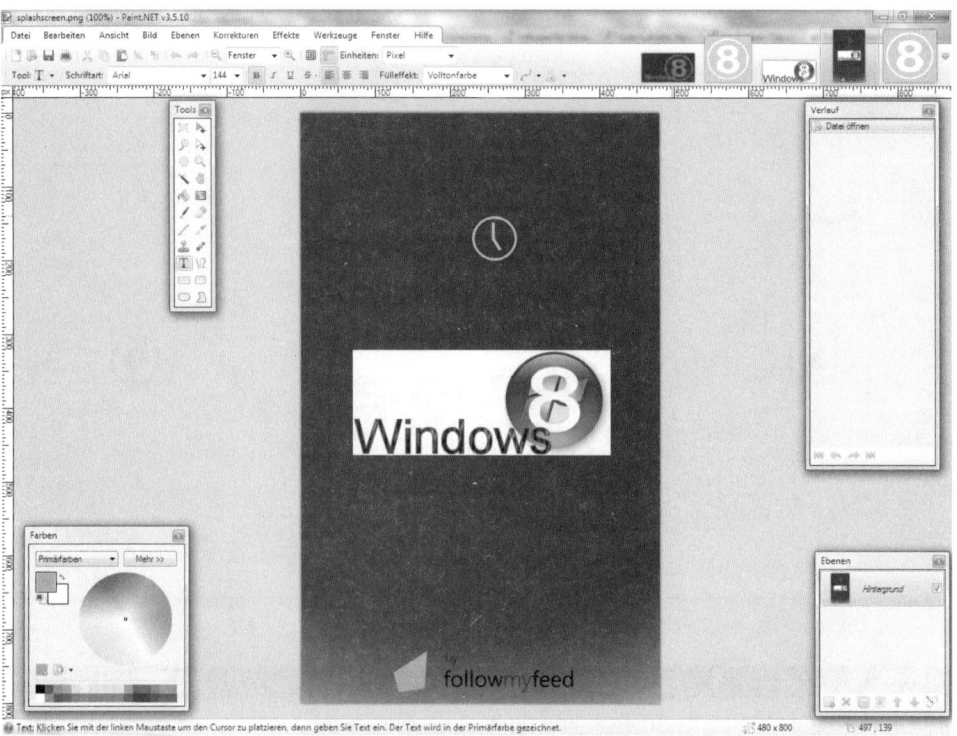

Bild 5.29: Die Vorlage für die App in Paint.Net.

Im nächsten Schritt laden Sie den Splashscreen für Ihre App bei followmyfeed hoch. Dieser Bildschirm wird angezeigt, während die App beim Start Daten lädt. Der Splashscreen sollte genau 480 x 800 Pixel groß sein, so groß wie der Bildschirm eines Windows Phone. Die Datei *splashscreen.pdn* aus dem Template hat genau die richtige Größe und zeigt auch die typische Uhr, die in Windows Phone-Apps während der Wartezeiten angezeigt wird. Speichern Sie die Datei nach Bearbeitung im PNG-Format. Das gilt ebenso für alle anderen Grafiken, die aus den Templates generiert werden.

Im nächsten Schritt laden Sie eine Grafik in der Größe 173 x 173 Pixel hoch, die für die Kachel auf dem Startbildschirm genutzt wird, wenn Sie Ihre App dort ablegen. Das Template enthält die Vorlage *tile.pdn*, aus der Sie diese Grafik im PNG-Format bauen können.

Zusätzlich brauchen Sie noch das kleine Icon für die Apps-Liste auf dem Windows Phone. Dieses hat eine Größe von 62 x 62 Pixeln und kann aus der Vorlage *icon.pdn* erstellt werden.

Jetzt können Sie ein Logo für die App hochladen, das oben auf dem Bildschirm angezeigt wird. Dieses darf bis zu 1.440 Pixel breit sein und sich damit über mehrere Seiten des Panorama Screen erstrecken. Die Höhe ist auf 92 Pixel begrenzt. Das Template enthält eine Vorlage *logo.pdn* in maximaler Größe, die Sie bei Bedarf zurechtschneiden können. Alternativ lassen Sie den Namen der App hier anzeigen.

Bild 5.30: Logo oder App-Namen in die App einbauen.

Im nächsten Schritt laden Sie das Hintergrundbild hoch. Dieses darf bis zu 1.440 Pixel breit sein und sich damit ebenfalls über mehrere Seiten des Panorama Screen erstrecken. Die Höhe sollte mit 800 Pixeln der Höhe des Windows Phone-Bildschirms entsprechen. Sie können anschließend noch einen *Pivot Background* hochladen, der genau einer Bildschirmgröße von 480 x 800 Pixeln entspricht. Dieser wird hinter einem einzelnen Beitrag in der App angezeigt. Lassen Sie ihn weg, erscheint der standardmäßig schwarze Hintergrund von Windows Phone.

Eine gute Windows Phone-App sollte sich an das vom Benutzer gewählte Farbschema halten. Trotzdem bietet followmyfeed auch die Möglichkeit, in der eigenen App ein bestimmtes Farbschema zu verwenden, was aber nur in seltenen Fällen von extremer Corporate Identity sinnvoll ist.

Der letzte Schritt ist entscheidend. Hier werden die eigentlichen Daten festgelegt, die die App anzeigen soll. Geben Sie dazu den RSS-Feed Ihres Blogs an, der die Daten enthält. Optional können Sie zusätzlich noch Ihre Twitter- und Facebook-Daten angeben, um Benutzern der App die Möglichkeit zu geben, auf diese Seiten zu kommen.

Bild 5.31: Farbschema auswählen oder – besser – vom Windows Phone übernehmen.

Als Letztes speichern Sie Ihre App und gehen zum Download. Da eine selbst gebaute App nicht direkt auf einem beliebigen Windows Phone installiert werden kann, gibt es jetzt zwei Möglichkeiten, die App zu nutzen.

Bild 5.32: Die fertige App von followmyfeed herunterladen.

- Nutzung mithilfe der followmyfeed-App
- Nutzung mithilfe der Windows Phone Developer Tools

Der Newsreader von followmyfeed

followmyfeed bietet im Windows Phone Marketplace einen eigenen Newsreader an, mit dem man seine über diesen Dienst erstellten Apps nutzen kann. Nach Anmeldung mit der eigenen Windows Live ID bekommt man alle seine followmyfeed-Apps angezeigt und kann sie direkt starten.

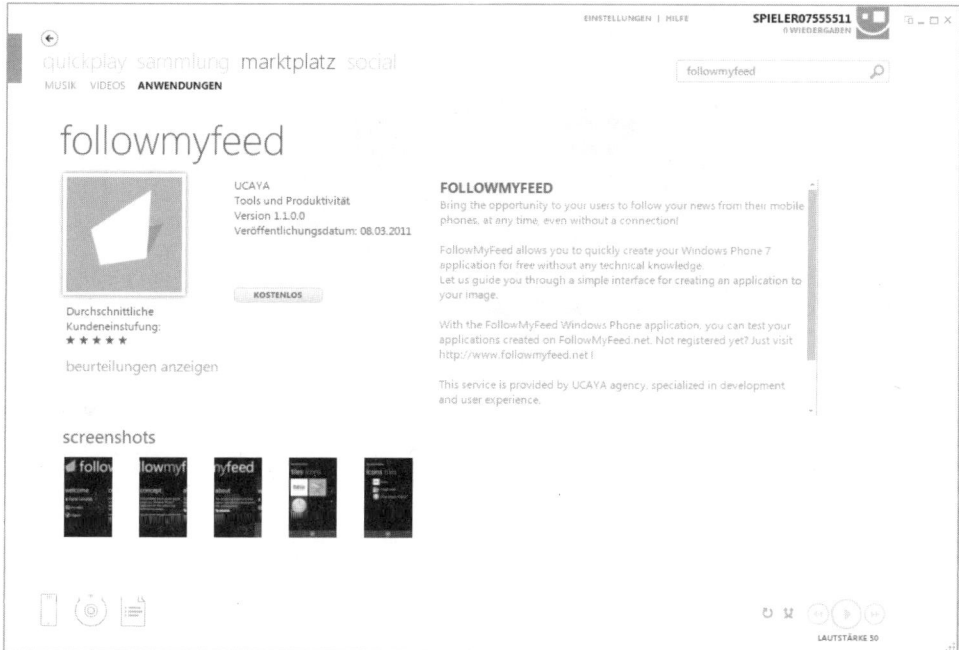

Bild 5.33: followmyfeed im Zune-Marktplatz.

▣ Lesezeichen

http://bit.ly/xmXHV3

followmyfeed im Windows Phone Marketplace. Dieser Link funktioniert auf dem PC und auf dem Windows Phone. Dort führt er direkt in den Windows Phone Marketplace.

followmyfeed über Windows Phone Developer Tools nutzen

followmyfeed bietet aber auch die Möglichkeit, eine »echte« Windows Phone-Anwendung zu generieren. Laden Sie dazu die XAP-Datei Ihrer selbst erstellten App von der Webseite herunter.

Bild 5.34: Die eigene followmyfeed-App.

XAP ist das Format, in dem die Apps in den Windows Phone Marketplace hochgeladen werden. Entwickler können ihre eigenen Apps auf eigens dafür registrierten und freigeschalteten Windows Phones installieren oder den Windows Phone Emulator aus den Windows Phone Developer Tools nutzen (siehe nächster Abschnitt).

Bild 5.35: Kategorien aus dem Blog werden in der eigenen followmyfeed-App automatisch übernommen.

Diese Möglichkeiten haben Sie, um Ihre followmyfeed-App auszuprobieren und sogar zu veröffentlichen.

5.3.4 touchdevelop: Skriptsprache für Windows Phones

Wer nicht gleich eine große Entwicklungsumgebung installieren und in die Profiprogrammierung einsteigen will, kann auch direkt auf dem Windows Phone mit einer einfachen Skriptsprache kleine Apps erstellen und diese an Freunde weitergeben.

Microsoft veröffentlicht unter dem Namen »touchdevelop« eine Skriptsprache, die speziell für Windows Phone entwickelt wurde.

Bild 5.36: touchdevelop im Zune-Marktplatz.

▣ Lesezeichen

http://bit.ly/xSVBFu

touchdevelop im Windows Phone Marketplace. Dieser Link funktioniert auf dem PC und auf dem Windows Phone. Dort führt er direkt in den Windows Phone Marketplace.

touchdevelop enthält bereits eine beachtliche Sammlung an fertigen Skripten, die von Microsoft selbst, aber auch von Nutzern der App hochgeladen wurden.

Bild 5.37: touchdevelop von Microsoft Research.

Probieren Sie einfach ein paar der angebotenen Skripte aus und spielen Sie das kurze Tutorial einmal durch, um einen Überblick über die Skriptsprache touchdevelop zu bekommen.

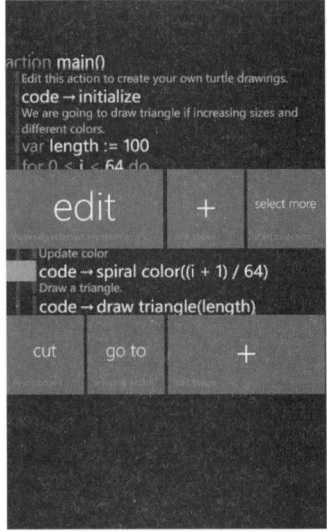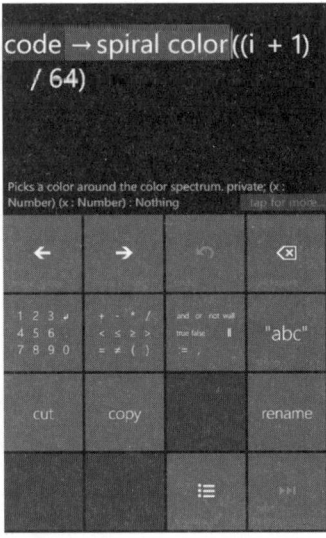

Bild 5.38: Skript in touchdevelop bearbeiten.

Die Skripte laufen direkt ohne Kompilierung ab und können auch jederzeit bearbeitet werden. touchdevelop liefert dazu einen einfachen Editor mit, in dem alle Skriptbefehle bereits vordefiniert sind, sodass man kaum noch Code selbst schreiben muss.

Ein fertiges Skript kann direkt in die Skriptbibliothek hochgeladen werden. Dazu muss man sich nur mit seiner Windows Live ID anmelden. touchdevelop bietet außerdem

Möglichkeiten, ein Icon auszuwählen und einen Screenshot des eigenen Skripts direkt auf dem Windows Phone zu erstellen und mit hochzuladen.

5.3.5 Windows Phone Developer Tools

Für die Programmierung nativer Anwendungen für Windows Phone stellt Microsoft kostenlose Programmierwerkzeuge, die Windows Phone Developer Tools, zur Verfügung, die alle aber Kenntnisse in der Programmiersprache C# (C Sharp) voraussetzen und die von der einfachen Mini-App bis zu komplexen Projekten alle Möglichkeiten, die ein Windows Phone bietet, abdecken:

- Visual Studio 2010 Express for Windows Phone (kostenlose C#-Entwicklungsumgebung)

- Expression Blend 4 for Windows Phone

- XNA Game Studio 4.0

- Windows Phone Emulator

Die Windows Phone Developer Tools lassen sich auch in die kostenpflichtigen Versionen von Visual Studio 2010 integrieren.

Die aktuelle Version der Windows Phone Developer Tools ist seit Januar 2011 erhältlich. Sie enthält bereits zusätzliche Tools, aktualisierte Controls und ein neues Emulator Image für das erste Windows Phone-Update aus dem Frühjahr 2011, das unter anderem Copy-and-paste-Funktionen mitbrachte.

Für Visual Basic-Entwickler besteht die Möglichkeit, Unterstützung für VB.NET separat zu installieren, um dann in Visual Studio 2010 Professional oder höher Silverlight-basierte Anwendungen in VB.NET zu entwickeln. Das kostenlose Visual Studio Express wird hier nicht unterstützt.

Windows Phone Developer Tools installieren

Die Windows Phone Developer Tools für Windows werden bei Microsoft zum Download angeboten. Es ist lediglich eine kostenlose Registrierung mit einer Windows Live ID erforderlich. Die Windows Phone Developer Tools laufen auf allen Versionen von Windows 7, 32 und 64 Bit mit Ausnahme der Starter Edition.

Mit Einschränkungen laufen die Windows Phone Developer Tools auch unter Windows XP. Allerdings kann hier der Webinstaller nicht verwendet werden. Man muss sich zunächst das komplette Paket als ISO-Image herunterladen, auf eine DVD brennen und von dort installieren. Der Windows Phone Emulator läuft allerdings nicht, da dieser DirectX 10 benötigt.

⊡ Lesezeichen

http://bit.ly/x0edZq

Hier gibt es den nur etwa 3 MByte großen Webinstaller zum Download, der anschließend die fast 3 GByte großen Windows Phone Developer Tools herunterlädt und installiert.

http://bit.ly/yWeYMw

Laden Sie anschließend noch das aktuelle Update-Patch herunter, um die Developer Tools auf den neuesten Stand zu bringen.

Im Startmenü werden diverse neue Menüpunkte für die verschiedenen Microsoft-Entwicklertools angelegt.

5.3.6 Windows Phone Emulator

Der Windows Phone Emulator, im Startmenü unter *Windows Phone SDK* simuliert ein Windows Phone auf dem PC. Allerdings fehlen diesem simulierten Windows Phone alle Apps. Nur der Internet Explorer und ein paar Einstellungen sind verfügbar. Der Emulator lässt sich aber gut zum Testen eigener Apps wie auch webbasierter Anwendungen nutzen.

Bild 5.39: Der Windows Phone Emulator aus den Windows Phone Developer Tools.

Der Windows Phone Emulator kann mit der Maus wie ein echtes Windows Phone auf dem Touchscreen bedient werden. Zusätzlich stehen die drei typischen Tasten zur Verfügung.

Rechts oben neben dem Emulator erscheint eine kleine Werkzeugleiste, in der der Emulator auf Querformat umgeschaltet werden kann. Hier kann man auch für kleinere Bildschirme einen Zoomfaktor festlegen.

Die untere Schaltfläche dieser Werkzeugleiste blendet ein Fenster mit zusätzlichen Tools ein, mit denen sich der Beschleunigungsmesser des Windows Phone simulieren lässt. Hier können Sie einen beliebigen Ort eingeben, der von einer Anwendung so ausgewertet wird, als hätte ein echtes Windows Phone diese Koordinaten per GPS empfangen.

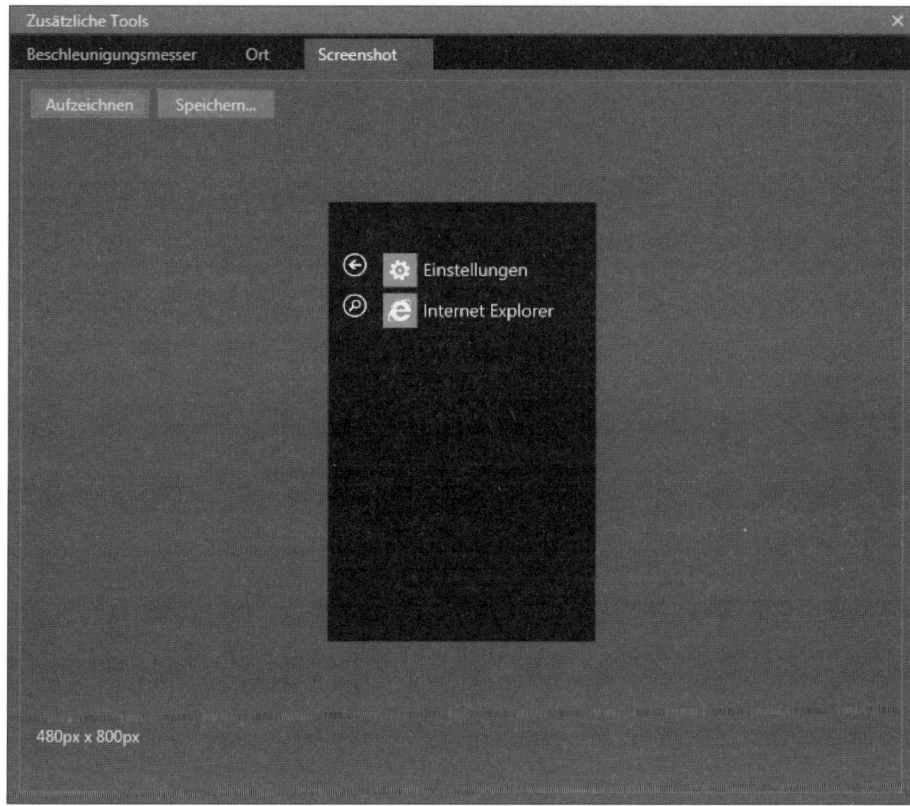

Bild 5.40: Die Screenshot-Funktion im Windows Phone Emulator.

Eine weitere sehr nützliche Funktion des Emulator ist die Möglichkeit, Screenshots von eigenen Apps oder Webanwendungen zu erstellen. Für beste Qualität sollte der Zoomfaktor des Emulator auf 100 % stehen, selbst wenn der Emulator dann nicht ganz auf den PC-Bildschirm passt. Um eine eigene Windows Phone-App, die Sie im XAP-Format vorliegen haben, im Windows Phone Emulator zu testen, starten Sie aus dem Windows Phone-SDK das Tool Application Deployment.

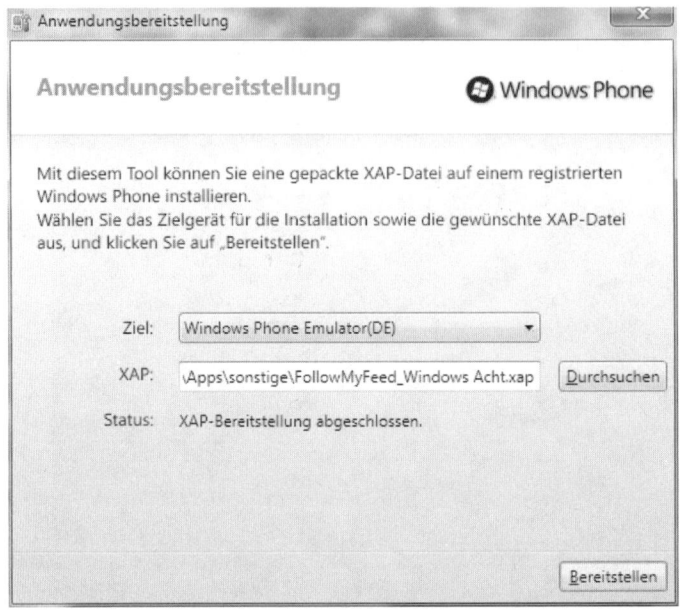

Bild 5.41: Windows Phone-Apps im Emulator installieren.

Schalten Sie dort das *Ziel* auf den Windows Phone Emulator um und wählen Sie die gewünschte XAP-Datei aus. Jetzt brauchen Sie nur noch auf *Bereitstellen* zu klicken, und die App wird auf dem simulierten Windows Phone installiert.

5.3.7 Visual Studio 2010 Express

Visual Studio 2010 Express für Windows Phone ist eine kostenlose Version der Micro-soft-Entwicklungsumgebung Visual Studio, die zur Entwicklung jeglicher Software genutzt werden kann. Wer das »große« Visual Studio installiert hat, kann dort auch die Windows Phone Developer Tools integrieren und so mit der vertrauten Umgebung weiterarbeiten.

Die Express-Version ist keine eingeschränkte Demoversion, sondern voll funktionsfähig, aber speziell zur Entwicklung von Windows Phone-Apps eingerichtet und nicht zum Programmieren von PC-Programmen. Nach den ersten Starts wird nach einem Registrierungsschlüssel gefragt, den man kostenlos über seine Windows Live ID bekommen kann.

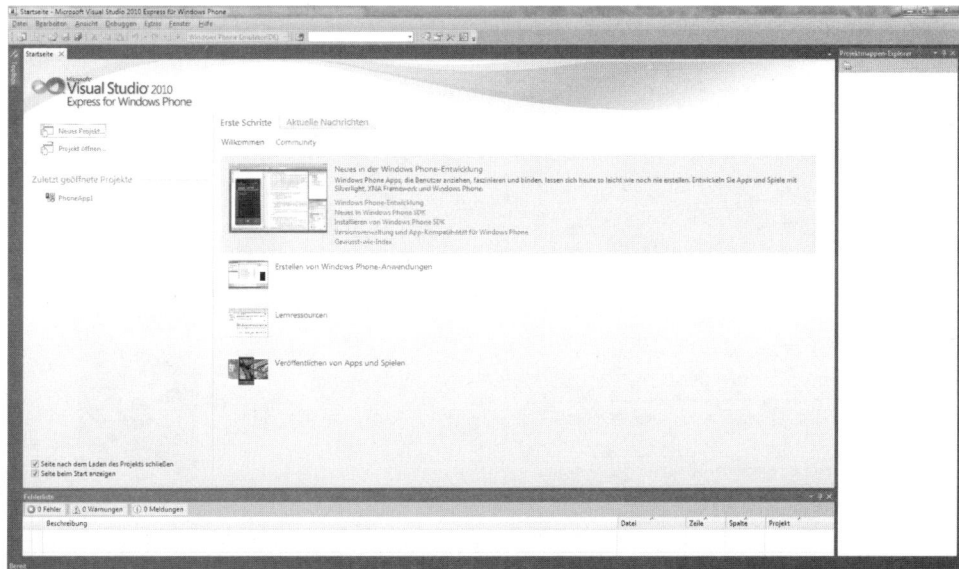

Bild 5.42: Der Startbildschirm von Microsoft Visual Studio 2010 Express für Windows Phone.

Erste Schritte in Visual Studio 2010 Express

Anhand eines ganz einfachen Beispiels zeigen wir die Grundprinzipien der App-Entwicklung für Windows Phone mit Microsoft Visual Studio 2010 Express.

Klicken Sie auf dem Startbildschirm von Microsoft Visual Studio 2010 Express für Windows Phone oben links auf den Link *Neues Projekt* oder auf den gleichnamigen Button in der Symbolleiste.

Es öffnet sich eine Liste installierter Vorlagen, die Sie nutzen können, um nicht völlig bei null anzufangen. Diese Vorlagen haben den Vorteil, dass das Grundgerüst der App im Stil von Windows Phone bereits vorgegeben ist und man also das Rad nicht neu zu erfinden braucht.

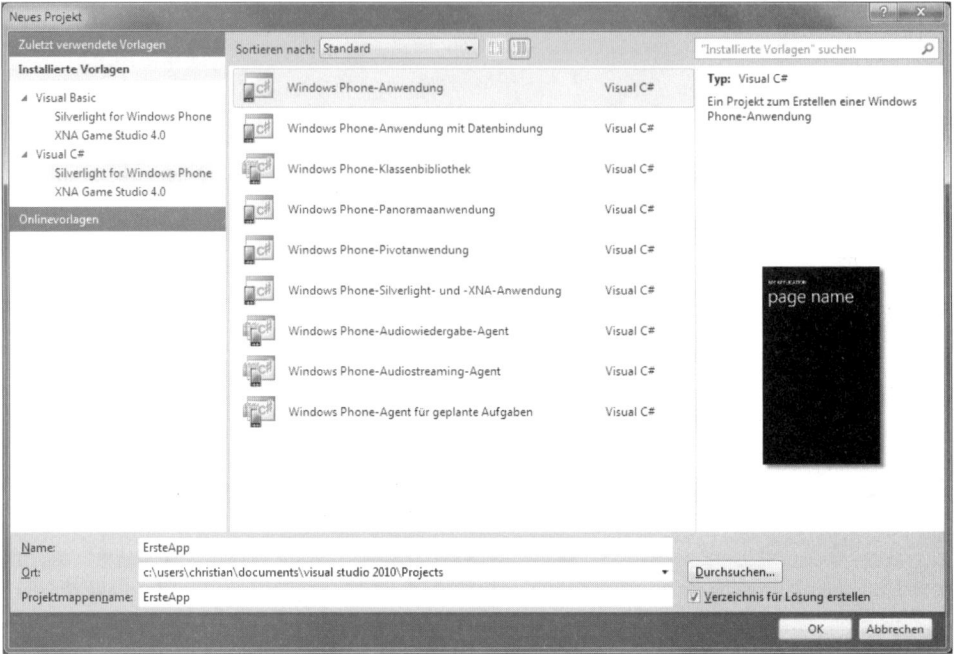

Bild 5.43: Vorlagenauswahl in Microsoft Visual Studio 2010 Express.

Wählen Sie hier oben links *Visual C#*. Die Option *Visual Basic* erscheint nur, wenn VB-Entwicklungskomponenten installiert sind, die aber bei Visual Studio 2010 Express standardmäßig nicht dabei sind.

Wählen Sie nun unter *Silverlight for Windows Phone* die Vorlage *Windows Phone-Anwendung* und legen Sie ganz unten einen Namen für Ihre erste App fest. Danach werden Sie noch nach der Windows Phone-Version gefragt. Wählen Sie hier einfach die neueste, die angezeigt wird.

Microsoft Visual Studio 2010 Express legt jetzt ein neues Projekt mit allen notwendigen Dateien an. Die Entwicklungsumgebung zeigt den Quellcode für das Grundgerüst der App und gleichzeitig die Oberfläche in einem simulierten Windows Phone. Dies ist kein echter Emulator, hier laufen keine Apps, dafür sieht man in Echtzeit Veränderungen der Oberfläche.

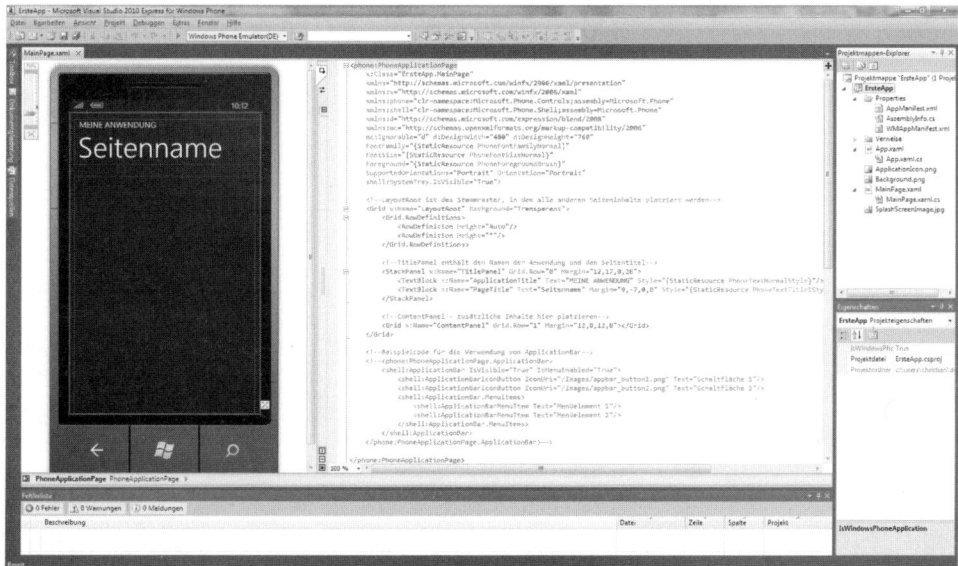

Bild 5.44: Die erste noch leere App.

Der *Projektmappen-Explorer* rechts zeigt alle Dateien, die zur App gehören. Die wichtigsten sind:

- *MainPaxe.xaml* – beschreibt die Oberfläche der App. *xaml* steht für Extended Application Markup Language.

- *MainPaxe.xaml.cs* – beschreibt die Programmlogik hinter der Oberfläche in der Programmiersprache C#.

Hallo Welt

Seit Generationen steigen Programmierer mit sogenannten Hallo-Welt-Anwendungen in die Programmierung neuer Plattformen ein. Diese tun nichts anderes, als den Text *Hallo Welt* auf den Bildschirm zu schreiben.

Natürlich könnten wir den vorgenerierten Text einfach durch *Hallo Welt* ersetzen, aber das wäre ja doch zu simpel. Der Begrüßungsspruch soll erst erscheinen, wenn der Benutzer auf einen Button klickt.

Zunächst soll das nichtssagende Wort *Seitenname* durch den Text *Meine 1. App* ersetzt werden.

Klicken Sie dazu in der Vorschau links auf diesen Text. Der Textblock wird mit vier Kästchen in den Ecken markiert, und im xaml-Code wird der entsprechende Textblock ebenfalls leicht grau hervorgehoben.

Ändern Sie hier das entsprechende `Text`-Attribut in `Meine 1. App`. Die Änderung wird sofort in der Vorschau sichtbar.

Bild 5.45: Geänderter Seitentitel.

Fügen Sie jetzt unterhalb des Titelbalkens im eigentlichen Inhaltsbereich einen Textblock ein, der später das *Hallo Welt* anzeigen soll.

Den Code dafür brauchen Sie nicht selbst zu schreiben. Hier hilft die Toolbox weiter. Klicken Sie ganz links im Seitenbalken von Visual Studio 2010 Express auf *Toolbox*. Es öffnet sich eine Toolbox mit Werkzeugen zum Erstellen von Windows Phone-Steuerelementen. Pinnen Sie diese Toolbox mit dem Pinsymbol fest. Das Layout von Visual Studio 2010 Express ändert sich so, dass die Toolbox jetzt gleichzeitig mit allen bisherigen Elementen auf dem Bildschirm zu sehen ist.

Klicken Sie auf *TextBlock* (nicht *TextBox*, das wäre ein Texteingabefeld) und ziehen Sie in der Vorschau ein rechteckiges Feld auf. Dieses können Sie genau passend unter den Text der Überschrift ziehen. Dazu werden rote Hilfslinien angezeigt, die an der exakten Position einrasten.

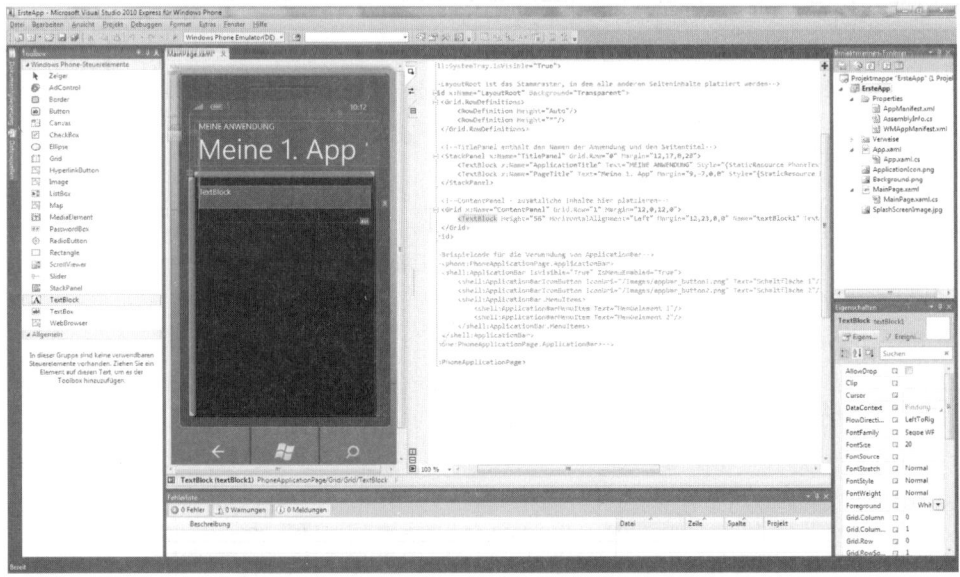

Bild 5.46: Der erste Textblock in der App.

Visual Studio 2010 Express fügt automatisch neuen Code in die xaml-Datei ein. Dieser Textblock liegt jetzt im `Grid`-Element `ContentPanel`, das die Inhalte der App enthält. Der zuvor geänderte Titel liegt dagegen im `TitlePanel`.

Ändern Sie hier noch das `Text`-Attribut im xaml-Code auf `Bitte auf den Button klicken`.

Als Nächstes brauchen wir einen Button, auf den der Benutzer klicken kann. Diesen Button erstellen Sie ähnlich wie den Textblock über die Toolbox. Auch hier werden Hilfsmittel zur exakten Ausrichtung angeboten.

Ändern Sie dann das `Content`-Attribut des neuen Buttons im xaml-Code auf `Hier klicken`.

Bild 5.47: Der erste Button in der App.

Bis jetzt würde allerdings noch überhaupt nichts passieren, wenn jemand auf den Button klickt. Silverlight ist ein eventbasiertes Anwendungsmodell. Immer wenn ein Event (Ereignis) passiert, zum Beispiel ein Button angeklickt wird, wird eine Aktion ausgelöst. Diese Aktion, der sogenannte Event Handler, muss jetzt dem Button zugewiesen werden.

Markieren Sie dazu den Button in der Vorschau oder im xaml-Code und sehen Sie sich unten rechts das *Eigenschaften*-Panel an. Hier sind alle Eigenschaften des markierten Elements zu sehen.

Schalten Sie dort auf die Registerkarte *Ereignisse* um, können Sie festlegen, was bei bestimmten Ereignissen dieses Elements passieren soll.

Bild 5.48: Ereignisse in den *Eigenschaften* eines Buttons.

Klicken Sie jetzt doppelt auf das Ereignis *Click*, das das Anklicken des Buttons beschreibt. Automatisch öffnet sich die Datei *MainPage.xaml.cs*, die die Programmlogik enthält. Der Cursor steht schon an der Stelle, an der der Button beschrieben wird.

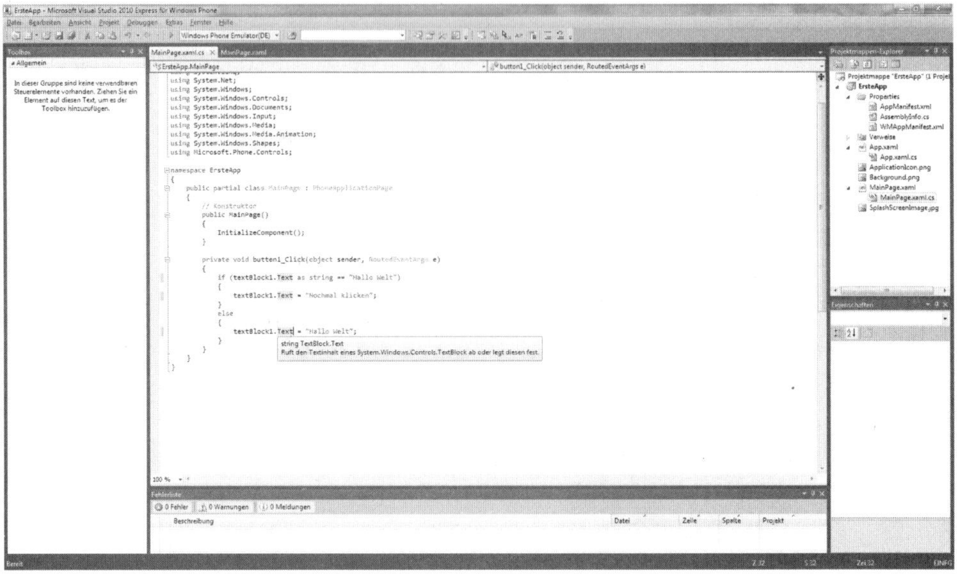

Bild 5.49: Der C#-Code der App.

Fügen Sie hier den folgenden Text ein, wobei Visual Studio 2010 Express durch Farbmarkierungen und automatisches Einrücken diverse Hilfestellungen gibt.

```csharp
private void button1_Click(object sender, RoutedEventArgs e)
{
    if (textBlock1.Text as string == "Hallo Welt")
    {
        textBlock1.Text = "Noch mal klicken";
    }
    else
    {
        textBlock1.Text = "Hallo Welt";
    }
}
```

Im C#-Code bedeutet das: Wenn das Attribut Text des Elements textBlock1 die Zeichenkette Hallo Welt enthält, soll in dieses Attribut die Zeichenkette Noch mal klicken geschrieben werden.

Andernfalls, wenn irgendetwas anderes im Attribut Text des Elements textBlock1 steht, zum Beispiel *Bitte auf den Button klicken*, soll in dieses Attribut die Zeichenkette Hallo Welt geschrieben werden.

Den Namen jedes Elements, wie hier textBlock1, finden Sie im xaml-Quelltext oder in der *Eigenschaften*-Palette jedes Elements.

Die erste App im Emulator testen

Jetzt, da die App schon eine wirkliche Funktion hat, wird es Zeit, sie einmal zu testen. Visual Studio 2010 Express kann dazu direkt den Windows Phone Emulator nutzen.

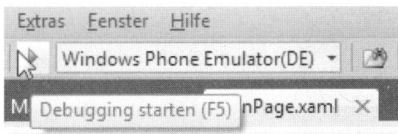

Bild 5.50: Windows Phone Emulator starten.

Wählen Sie in der Liste in der oberen Symbolleiste die Option *Windows Phone Emulator(DE)* und klicken Sie dann auf den grünen Pfeil links daneben oder auf die Taste F5.

Jetzt startet der Windows Phone Emulator mit Ihrer ersten eigenen App. Am rechten Bildschirmrand werden Debug-Informationen angezeigt, die Sie erst einmal ignorieren können. Diese sind in der endgültigen App nicht enthalten.

Bild 5.51: Die erste App im Windows Phone Emulator.

Im Emulator erscheint die App wie auf einem echten Windows Phone. Am Anfang wird der Text *Bitte auf den Button klicken* angezeigt. Tippen Sie auf den Button, ändert er sich wie erwartet in *Hallo Welt*. Tippen Sie noch einmal auf den Button, wird *Noch mal klicken* daraus und beim nächsten Antippen wieder *Hallo Welt*.

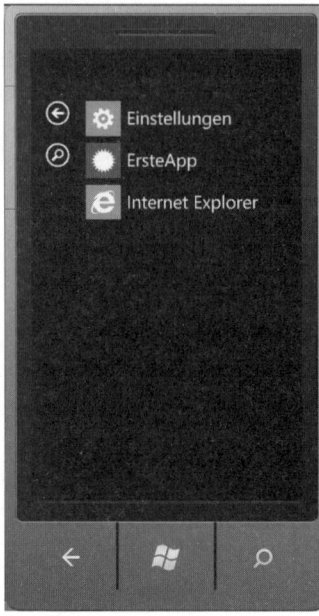

Bild 5.52: Die erste App im Windows Phone Emulator.

Tippen Sie im Emulator auf die Taste mit dem Windows-Logo, kommen Sie auf den Startbildschirm des Windows Phone. Der Pfeil oben rechts zeigt die Liste der installierten Apps, in der die neue App ebenfalls erscheint.

Der Name der App wird aus dem Projektnamen übernommen und kann bei Bedarf über den Menüpunkt *Projekt/Eigenschaften* geändert werden.

Möchten Sie den Test beenden und an der App weiterarbeiten, schließen Sie nicht einfach den Emulator, denn das führt zu Fehlermeldungen. Klicken Sie stattdessen in Visual Studio 2010 Express oben auf *Debugging beenden* oder drücken Sie die Tastenkombination `Umschalt` + `F5`.

Die Apps verwenden ein einfaches Standardicon, solange man selbst noch kein anderes Icon erstellt hat. Das kleine Icon für die Liste *ApplicationIcon.png* sowie das große Icon für den Startbildschirm *Background.png* sind rechts oben im *Projektmappen-Explorer* zu finden. Ein Doppelklick darauf öffnet Paint, wo Sie dieses Icon bearbeiten können.

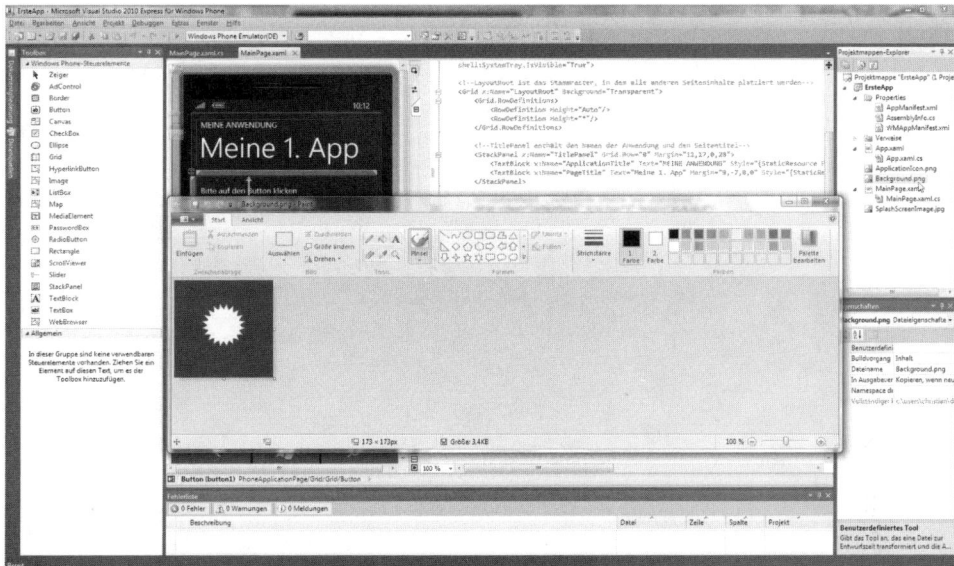

Bild 5.53: Anwendungsicon bearbeiten.

Natürlich können Sie jedes andere Grafikprogramm ebenfalls nutzen und die Icon-dateien im Projektverzeichnis bearbeiten. Nur die Größen 62 x 62 Pixel bzw. 173 x 173 Pixel müssen beibehalten werden. An der gleichen Stelle finden Sie auch den Splash-screen *SplashScreenImage.jpg*, der angezeigt wird, während das Windows Phone die App lädt.

Die erste App auf einem Windows Phone testen

Microsoft bietet Anwendern keinen Weg, eine App ohne den Windows Phone Marketplace auf das Windows Phone zu übertragen. Um auf einem echten Gerät zu testen, müssen Sie sich bei Microsoft als Entwickler kostenpflichtig registrieren und können dann im App Hub Ihr Windows Phone freischalten. So ein »Developer unlocked phone« lässt sich direkt mit dem PC verbinden, und Sie können aus Visual Studio 2010 Express für Windows Phone die App auf das Gerät übertragen, um sie dort zu testen.

5.3.8 Microsoft Expression Blend

Microsoft Expression Blend ist ein kostenloses Werkzeug, das noch deutlich mehr Möglichkeiten bei der Gestaltung grafischer Oberflächen bietet. Es wird bei den Windows Phone Developer Tools ebenfalls mitgeliefert.

Ein Projekt kann aus Visual Studio 2010 Express jederzeit über den Menüpunkt *Projekt/In Expression Blend öffnen* in Expression Blend bearbeitet werden.

Bild 5.54: Die erste App in Expression Blend.

Auch dieses Programm schreibt xaml-Code, der 100 % kompatibel zu dem von Visual Studio 2010 Express ist, nur dass Expression Blend deutlich mehr Möglichkeiten bietet. Natürlich können Sie den xaml-Code jederzeit auch von Hand bearbeiten oder komplett selbst schreiben. Die fertige Oberfläche wird dann wieder zu Visual Studio 2010 Express für Windows Phone zurückübertragen, wo Sie am Programm weiterarbeiten können.

6 Plattformübergreifende Frameworks

Neben den offiziellen Entwicklertools ist mittlerweile eine Vielzahl von Werkzeugen entstanden, mit denen sich Apps auch auf anderen Wegen entwickeln lassen. Manche dieser Frameworks unterstützen auch gleich die App-Entwicklung für mehrere Smartphone-Plattformen. Bedingt durch technologische oder marktpolitische Einschränkungen der Plattform ist oft für den letzten Schritt zur Fertigstellung der App das Original-SDK noch notwendig.

6.1 PhoneGap: HTML5-Plattform für native Apps

PhoneGap verbindet die Vorteile der leichten HTML-Entwicklung von Web-Apps mit den komfortablen Distributionsmöglichkeiten nativer Apps. Das Prinzip ist einfach: PhoneGap baut eine native App, die im Wesentlichen aus einem Browser besteht, der die Web-App anzeigt. Auf diese Weise haben Sie eine eigene App mit eigenem Icon, die in den Appstores angeboten werden kann, brauchen sich aber nicht um die native Entwicklung zu kümmern.

Bild 6.1: Liga Pontos und Akupressur: Selbstheilung – zwei professionelle Apps, die mit PhoneGap entwickelt wurden.

▣ Lesezeichen

http://phonegap.com

PhoneGap wird kostenlos zum Download angeboten. Der Hersteller wurde vor Kurzem von Adobe gekauft, das Produkt soll aber weiterhin kostenlos bleiben.

PhoneGap unterstützt iOS, Android und Windows Phone sowie auch noch die kleineren Plattformen BlackBerry, Symbian, WebOS und Bada. Allerdings werden auf diesen Plattformen nicht alle Funktionen angeboten. Nur die drei großen kommen in den Genuss sämtlicher Funktionen.

	iOS iPhone / iPhone 3G	iOS iPhone 3GS and newer	Android	OS 4.6-4.7	OS 5.x	OS 6.0+	WebOS	WP7	Symbian	Bada
ACCELEROMETER	✓	✓	✓	×	✓	✓	✓	✓	✓	✓
CAMERA	✓	✓	✓	×	✓	✓	✓	✓	✓	✓
COMPASS	×	✓	✓	×	×	×	×	✓	×	✓
CONTACTS	✓	✓	✓	×	✓	✓	×	✓	✓	✓
FILE	✓	✓	✓	×	✓	✓	×	✓	×	×
GEOLOCATION	✓	✓	✓	✓	✓	✓	✓	✓	✓	✓
MEDIA	✓	✓	✓	×	×	×	×	✓	×	×
NETWORK	✓	✓	✓	✓	✓	✓	✓	✓	✓	✓
NOTIFICATION (ALERT)	✓	✓	✓	✓	✓	✓	✓	✓	✓	✓
NOTIFICATION (SOUND)	✓	✓	✓	✓	✓	✓	✓	✓	✓	✓
NOTIFICATION (VIBRATION)	✓	✓	✓	✓	✓	✓	✓	✓	✓	✓
STORAGE	✓	✓	✓	×	✓	✓	✓	✓	✓	×

Bild 6.2: Von PhoneGap unterstützte Funktionen auf verschiedenen mobilen Plattformen.

Auf diese Weise ist es relativ einfach, gerätespezifische Funktionen wie Kamera, Beschleunigungssensor oder Geolokalisierung aus einer Web-App heraus zu nutzen. PhoneGap enthält ebenfalls bereits die von den Plattformen typischerweise verwendeten Bedienelemente und Grafiken, sodass Ihre Apps auf einfache Weise das Aussehen nativer Apps annehmen können.

PhoneGap arbeitet mit den offiziellen Entwicklungsumgebungen der Plattformen zusammen. Dazu werden Vorlagen mitgeliefert, die einfach in die entsprechenden Verzeichnisse der Entwicklungsumgebungen kopiert werden müssen. PhoneGap liefert ausführliche Dokumentationen dazu, welche Dateien in welche Verzeichnisse müssen. Folgende Voraussetzungen müssen für den Einsatz von PhoneGap erfüllt sein:

- **Android**: Eclipse 3.4+, Android-SDK, ADT-Plug-in
- **iOS**: Mac OS X Snow Leopard, Xcode
- **Windows Phone**: Visual Studio 2010 Express für Windows Phone

6.1.1 Auf dem Weg zur ersten App mit PhoneGap

Am Beispiel von Windows Phone, wo die Integration in die Entwicklungsumgebung am einfachsten ist, zeigen wir den grundsätzlichen Arbeitsablauf.

Kopieren Sie die Datei *PhoneGapStarter.zip* aus dem Verzeichnis *lib\windows* des PhoneGap-Archivs in das Verzeichnis *C:\Users\[USERNAME]\Documents\Visual Studio 2010\Templates\ProjectTemplates\Visual C#* der Visual Studio 2010 Express-Installation.

Starten Sie jetzt Visual Studio 2010 Express und legen Sie ein neues Projekt an. Wählen Sie dazu die neue Vorlage *PhoneGapStarter*.

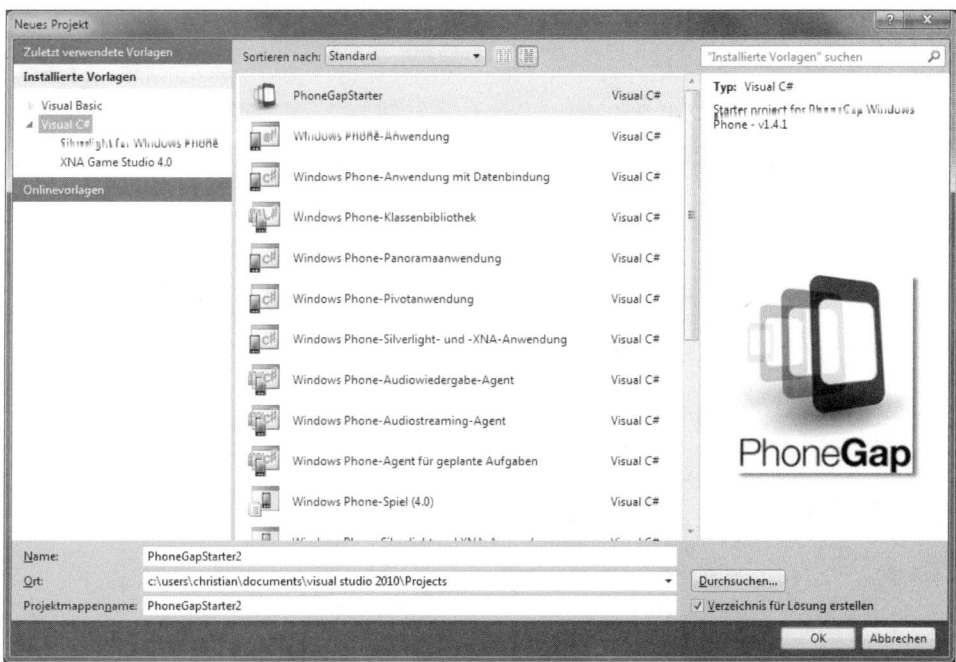

Bild 6.3: Die neue Vorlage *PhoneGapStarter*.

Das neue Projekt enthält ein einziges Bildschirmelement, das ein Internet Explorer-Fenster zeigt.

Bild 6.4: Das erste Projekt mit PhoneGap.

Im *Projektmappen-Explorer* finden Sie im Verzeichnis *www* eine Datei *index.html*. Dies ist die eigentliche Web-App, in die Sie Ihren eigenen HTML-Code eintragen können. Die `script`-Bereiche in der Vorlage müssen in der Datei bleiben, um die PhoneGap-Funktionen zu initialisieren.

Damit ist die App auch schon fertig. Den Rest erledigt PhoneGap. Sie können die App gleich aus Visual Studio 2010 Express heraus im Windows Phone Emulator testen.

Bild 6.5: Die PhoneGap-App im Windows Phone Emulator.

Wenn alles funktioniert, erzeugen Sie wie gewohnt eine XAP-Datei, um diese im Windows Phone Marketplace zu veröffentlichen.

Die grundlegende Vorgehensweise ist bei Android und iOS die gleiche, nur dass dort jeweils andere Entwicklungsumgebungen genutzt werden.

▣ Lesezeichen

http://build.phonegap.com

PhoneGap Build ist ein Onlineservice, bei dem Sie selbst gar keine Entwicklungsumgebung mehr installieren müssen. Nach einer Anmeldung, die für private Nutzer kostenlos ist, brauchen Sie nur noch ein ZIP-Archiv mit HTML-, CSS- und JavaScript-Dateien hochzuladen. PhoneGap Build baut daraus automatisch die für die verschiedenen Plattformen notwendigen Dateiformate.

6.2 appMobi HTML5 XDK: direkt aus der Cloud

Das Entwicklertool appMobi XDK geht einen ganz neuen Weg. Es läuft über Cloud-Dienste im Browser, sodass man sich selbst kein SDK mehr zu installieren braucht, um aus Web-Apps native Apps produktionsfertig für den Apple App Store oder den Android Market zu generieren.

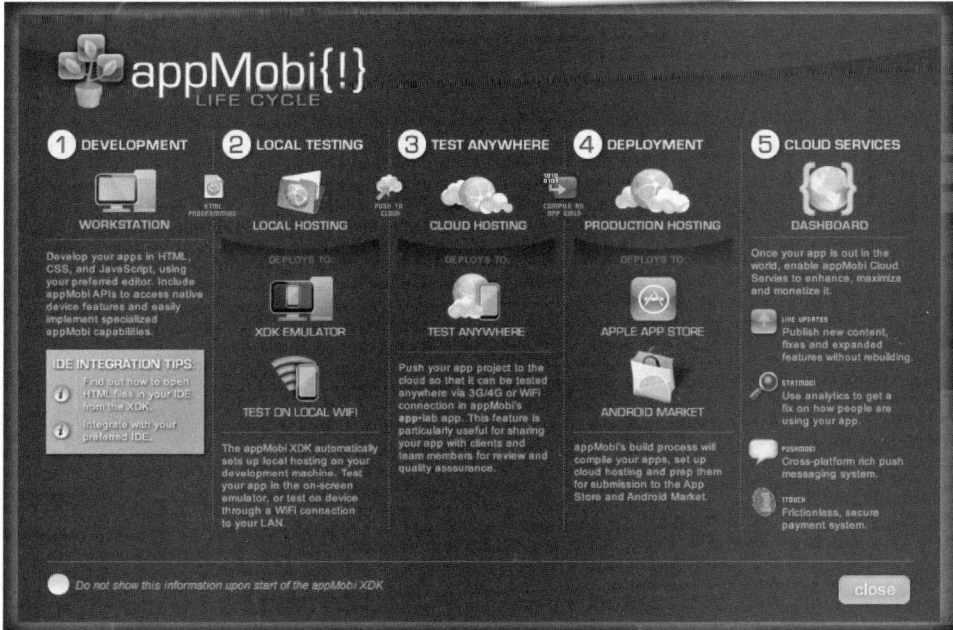

Bild 6.6: Das Funktionsprinzip von appMobi.

▣ Lesezeichen

http://xdk.appmobi.com

Das appMobi XDK ist eine Erweiterung für den Google Chrome-Browser und kann nur in diesem Browser genutzt werden. Alternativ zur Webseite des Herstellers finden Sie es auch im Chrome Web Store.

Während der Installation der Chrome-Erweiterung wird, wenn nicht vorhanden, automatisch Java auf dem PC installiert. Während der Installation haben Sie Zeit, sich bei *appmobi.com* ein kostenloses Benutzerkonto anzulegen, das Sie beim Start des XDK brauchen.

In diesem Benutzerkonto können Daten in der Cloud gespeichert werden. Die eigenen Projekte haben Sie ganz konventionell als HTML, CSS und JavaScript auf Ihrem eigenen Computer.

Das appMobi XDK startet im Chrome-Browser mit einer modernen interaktiven Oberfläche, die in der Mitte ein emuliertes Smartphone zeigt, auf dem eine Demo-App läuft.

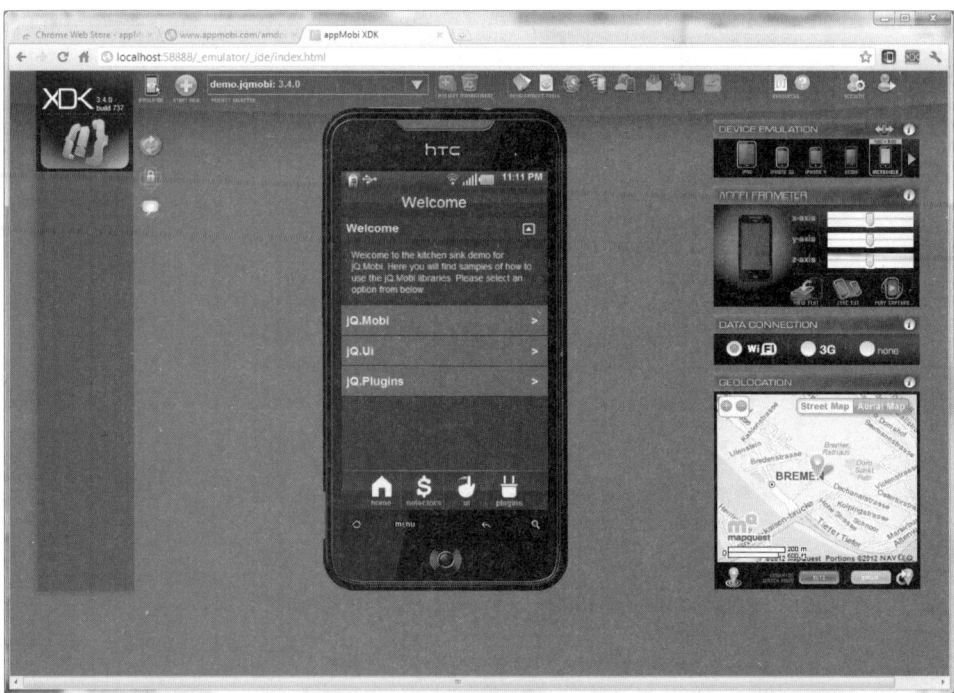

Bild 6.7: Das appMobi XDK im Chrome-Browser.

Rechts oben können Sie ein Gerät auswählen, das simuliert werden soll, aber hier sind vor allem die Bildschirmauflösungen wichtig. Gängige Auflösungen von Android-Geräten sowie iPhone und iPad stehen zur Auswahl.

Legen Sie jetzt über das Plussymbol links oben ein neues Projekt an. Dabei haben Sie die Wahl zwischen einer clientseitigen App, die auf dem Handy läuft, und einer serverseitigen Web-App, die als mobile Webseite im Browser läuft.

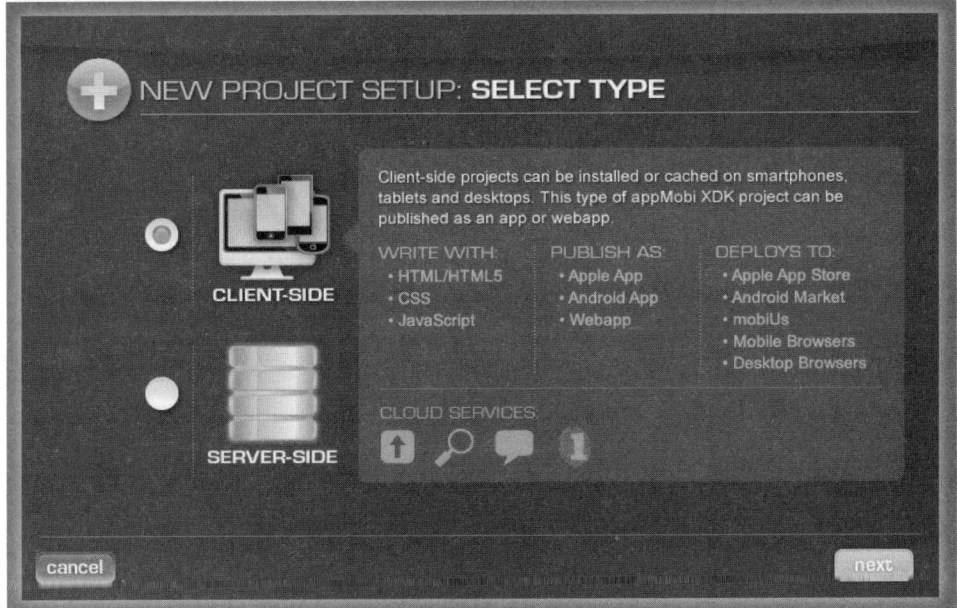

Bild 6.8: Auswahl zwischen clientseitiger und serverseitiger App.

Im nächsten Schritt müssen Sie einen Projektnamen wählen. Aus diesem Projektnamen, Ihrem Benutzerkonto und der aktuellen Versionsnummer der appMobi-JavaScript-Bibliothek wird die eindeutige ID des neuen Projekts gebildet, die später auch für den Dateinamen der Installationsdatei gebraucht wird.

Soll Ihre App besondere Funktionen des Handys wie Beschleunigungssensor, Geolokalisierung, Live-Update oder Ähnliches nutzen, können Sie die von appMobi bereitgestellten API-Elemente gleich mit in den HTML-Code integrieren lassen.

Sobald alle diese Angaben gemacht sind, wird das Projekt angelegt. Auf dem simulierten Smartphone erscheint eine leere Seite. Über den Button *Open Project Folder* in der oberen Symbolleiste finden Sie das lokale Projektverzeichnis auf Ihrem PC, wo das appMobi XDK bereits einige Dateien angelegt hat

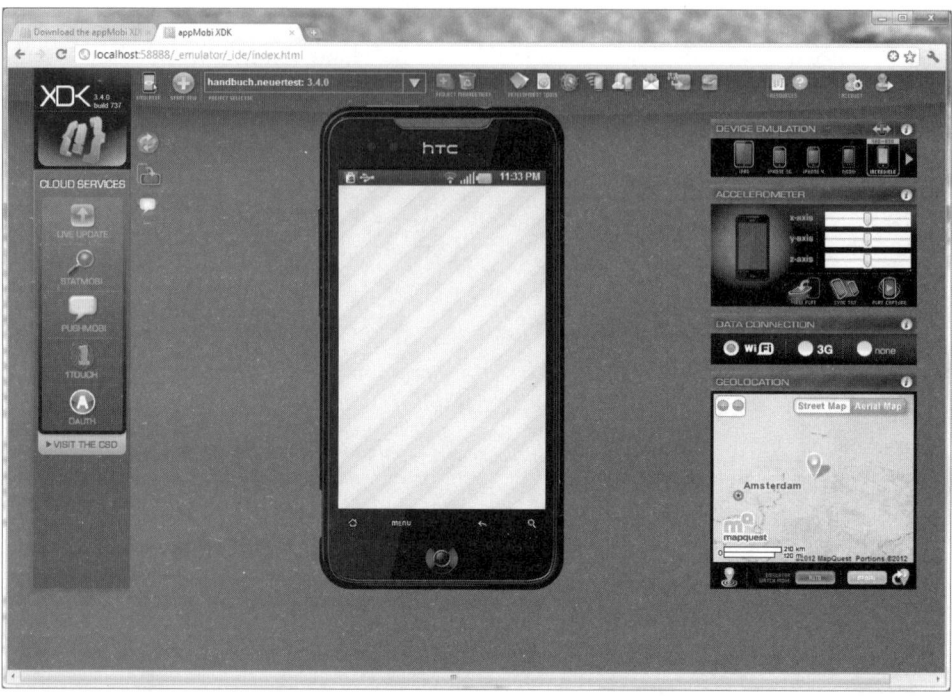

Bild 6.9: Das neue Projekt im appMobi XDK.

Bearbeiten Sie jetzt mit Ihrem gewohnten HTML-Editor die Dateien im Projektverzeichnis oder kopieren Sie Ihre vorhandene Web-App dort hinein, wobei die vorgegebenen Einträge in der *index.html* erhalten bleiben müssen. Sie können auch JavaScript und
CSS aus Frameworks wie jQuery mobile, iUI oder Sencha Touch in das appMobi XDK
übernehmen.

Haben Sie gerade keinen lokal installierten Editor zur Verfügung, schalten Sie über den
Button *Toggle Emulation/Editor Modes* links oben auf einen im appMobi XDK integrierten Editor um. Wenn Sie das dunkle Standardlayout dieses Editors stört, wählen Sie
über *Options* ein Layout mit hellem Hintergrund.

Wenn Sie den Code Ihrer App in diesem oder einem externen Editor bearbeitet haben,
schalten Sie wieder auf den Emulator zurück und klicken oben links auf *Reload App*, um
die App neu in den Emulator zu laden.

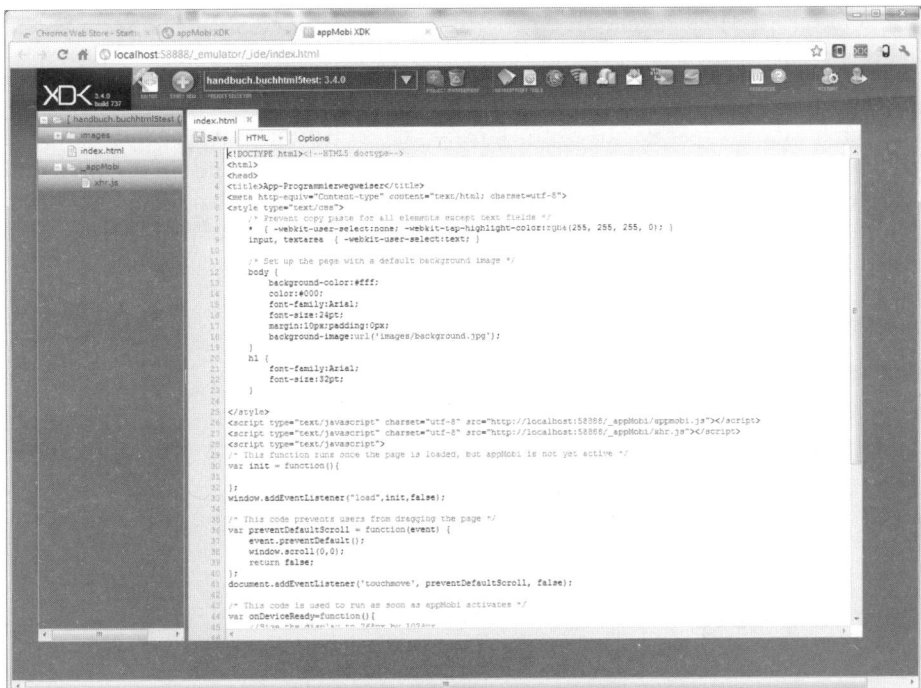

Bild 6.10: Der integrierte Editor im appMobi XDK.

Bild 6.11: Die eigene App im Emulator des appMobi XDK.

appMobi bietet die Möglichkeit, die App auch auf einem echten Smartphone zu testen, noch bevor sie tatsächlich veröffentlicht wird. Die App kann über das lokale WLAN oder die Cloud-Dienste von appMobi auf das Handy übertragen werden.

Installieren Sie dazu zunächst aus dem Android Market bzw. dem Apple App Store die kostenlose App applab von appMobi auf dem Smartphone. Starten Sie die App und tippen Sie oben auf *My Apps*. Jetzt können Sie sich mit Ihren appMobi-Benutzerdaten anmelden und sehen alle Ihre Projekte. Dazu wird der Browser auf dem Smartphone gestartet.

Bild 6.12: Die eigenen Projekte aus dem appMobi XDK auf dem Handy testen.

Wählen Sie das gewünschte Projekt aus. Die Projekte stehen zum Testen über das lokale WLAN automatisch zur Verfügung. Möchten Sie über eine Mobilfunkverbindung (*Anywhere*) testen, müssen Sie das Projekt zunächst im appMobi XDK mit dem Button *Test anywhere* in der oberen Symbolleiste auf dem appMobi Cloud-Server speichern.

Die letzte Seite vor dem eigentlichen Start der App sollten Sie sich als Lesezeichen im Browser ablegen. Dadurch kommen Sie jederzeit ganz einfach wieder zur aktuellen Version Ihrer App.

Bereits an dieser Stelle können Sie Ihre App auch an Freunde zum Testen weitergeben. Der Button *Send app link* oben im appMobi XDK versendet einen Link per E-Mail, über den man sich auch ohne Eingabe eines appMobi-Benutzerkontos die App ansehen kann.

6.2.1 Native Apps mit dem appMobi XDK generieren

Wenn die App so weit funktioniert, soll sie auch veröffentlicht werden. Hier fangen für viele Entwickler die Schwierigkeiten erst an. Aus der Web-App muss eine native App für Android oder iOS erstellt werden – dazu muss man auf dem klassischen Weg ein aufwendiges SDK installieren. appMobi generiert die Installationspakete für den Android

Market oder den App Store online. Nur das Hochladen in die Shops müssen Sie selbst übernehmen. Die Windows Phone-Plattform wird leider nicht unterstützt.

Klicken Sie dazu oben im appMobi XDK auf den Button *Build for Appstore*. Hier können Sie zwischen Android, Apple iOS und einer Web-App wählen, die bei appMobi gehostet wird. Als Beispiel wählen wir hier Android.

Android-Apps benötigen Icons in zwei verschiedenen Größen, zum einen zur Anzeige auf den Geräten und im Android Market, zum anderen einen Splashscreen, der angezeigt wird, solange die App auf dem Gerät geladen wird. Heutige Apps unterstützen drei Icongrößen (appMobi ist nicht ganz auf dem neuesten Stand). appMobi bietet fertige Iconvorlagen in den passenden Größen an, die Sie jetzt herunterladen sollten. Erstellen Sie daraus mit einem Grafikprogramm die Icons und Splashscreens für Ihre App.

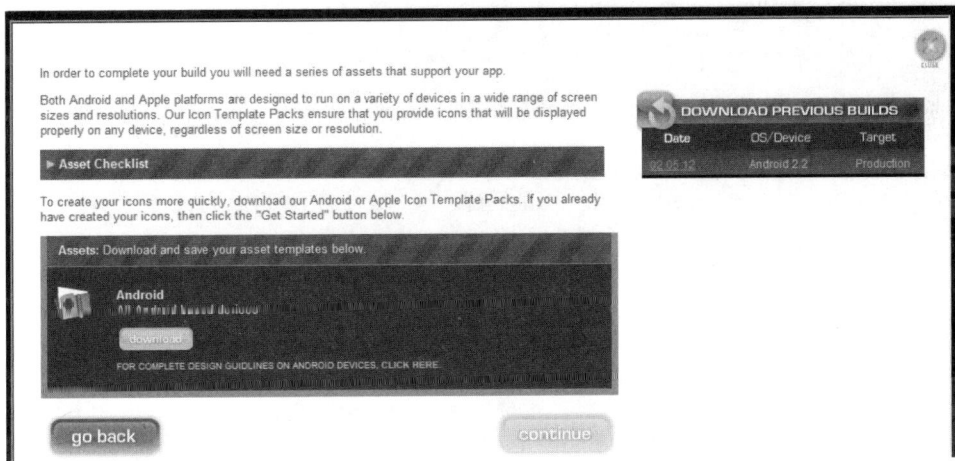

Bild 6.13: Vorlagen für Icons und Splashscreens herunterladen.

Im nächsten Schritt müssen Sie Ihrer App einen Namen geben. Einen internen Namen hat sie schon, bis jetzt fehlt aber noch der Name, den die Benutzer schließlich auf ihren Geräten sehen. Dieser Name sollte vor allem kurz und markant sein. appMobi lässt nicht mehr als 19 Zeichen zu. Auf den meisten Geräten werden schon deutlich kürzere Namen in der Liste der Apps abgeschnitten oder unschön umbrochen.

Weiterhin verlangt appMobi die Auswahl einer Android-Version, auf der die App laufen soll. Hier werden nur die relativ alten Versionen 2.1 und 2.2 zur Auswahl angeboten, was aber nicht weiter tragisch ist, da Apps für Android 2.2 auch auf allen neueren Versionen laufen.

Der nächste Schritt ist wieder sehr wichtig. Android benötigt zum Zugriff auf bestimmte Systemressourcen spezielle Berechtigungen. Diese können vom Entwickler problemlos vergeben werden. Allerdings sollten Sie nur die Berechtigungen einer App zuweisen, die diese auch wirklich braucht. Alle Berechtigungen einer App werden im Android Market angezeigt. Aufgrund der zahlreichen Negativschlagzeilen sind heutige Android-Nutzer deutlich sicherheitsbewusster geworden und schrecken vor der Installation von Apps zurück, die für den Benutzer nicht nachvollziehbare Berechtigungen haben.

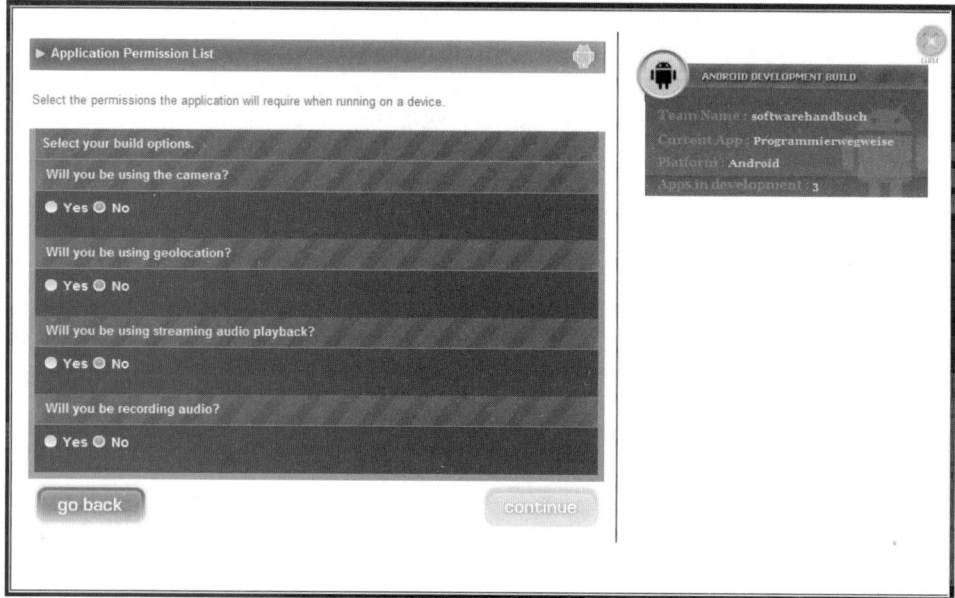

Bild 6.14: Berechtigungen für die App festlegen.

Sie können auch noch festlegen, ob das System Android Cloud to Device Messaging (C2DM) verwendet werden soll, um automatisierte Systemnachrichten zu senden. Möchten Sie dieses System einsetzen, sollten Sie dafür eine eigene Googlemail-Adresse einrichten und diese hier eintragen.

Laden Sie im nächsten Schritt die angepassten Icons und Splashscreens für Ihre App hoch und legen Sie fest, ob die App beim Start im Hochformat (*Portrait*) oder im Querformat (*Landscape*) starten soll.

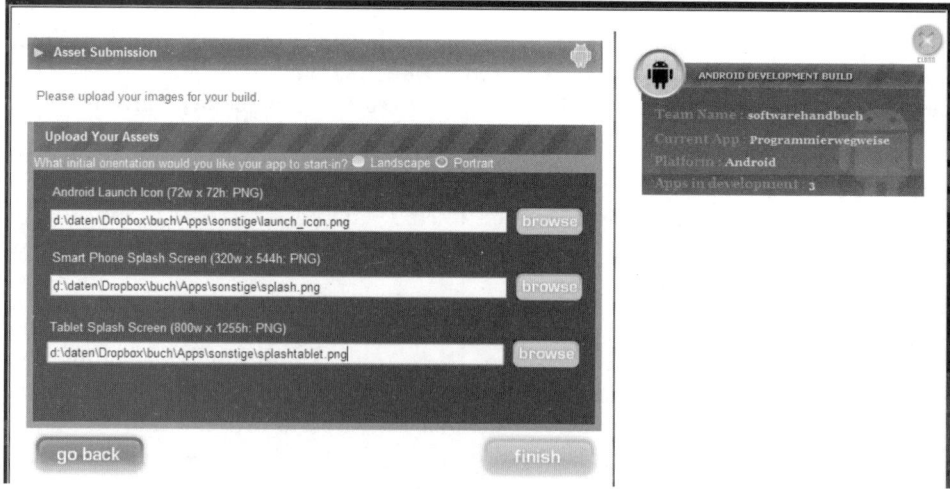

Bild 6.15: Icon und Splashscreens für die App hochladen.

Jetzt wird die App direkt auf dem Server von appMobi gebaut und steht zum Download als APK-Datei zur Verfügung. Sie können sie direkt auf Geräten installieren, über eigene Webseiten zum Download anbieten oder in den Android Market stellen. Das Android-SDK ist zur Installation auf Geräten, wie auf der Seite gesagt, natürlich nicht nötig. Hier hat appMobi wie so viele andere an der falschen Stelle abgeschrieben.

Apps für iOS generieren

Der Ablauf für iOS-Apps ist prinzipiell ähnlich. Die Systemberechtigungen gibt es hier nicht, dafür sind ein Zertifikat und ein privater Schlüssel notwendig. Zur Anforderung dieses Zertifikats bei Apple wird eine CSR-Datei generiert, die anschließend im Developer-Portal von Apple hochgeladen werden kann. Dort bekommt man ein Zertifikat zurück, das wiederum bei appMobi hochgeladen werden muss und dort direkt in die App eingebaut wird.

6.2.2 appMobi PhoneGap XDK für PhoneGap-Apps

Nach dem gleichen Schema wie das HTML5 XDK liefert appMobi auch ein spezielles XDK für PhoneGap-Apps. Hier können Sie alle Funktionen von PhoneGap nutzen. Auch dieses XDK läuft im Chrome-Browser. Zum Erstellen der fertigen nativen App über den PhoneGap Build-Service ist allerdings eine kostenpflichtige Registrierung bei appMobi erforderlich.

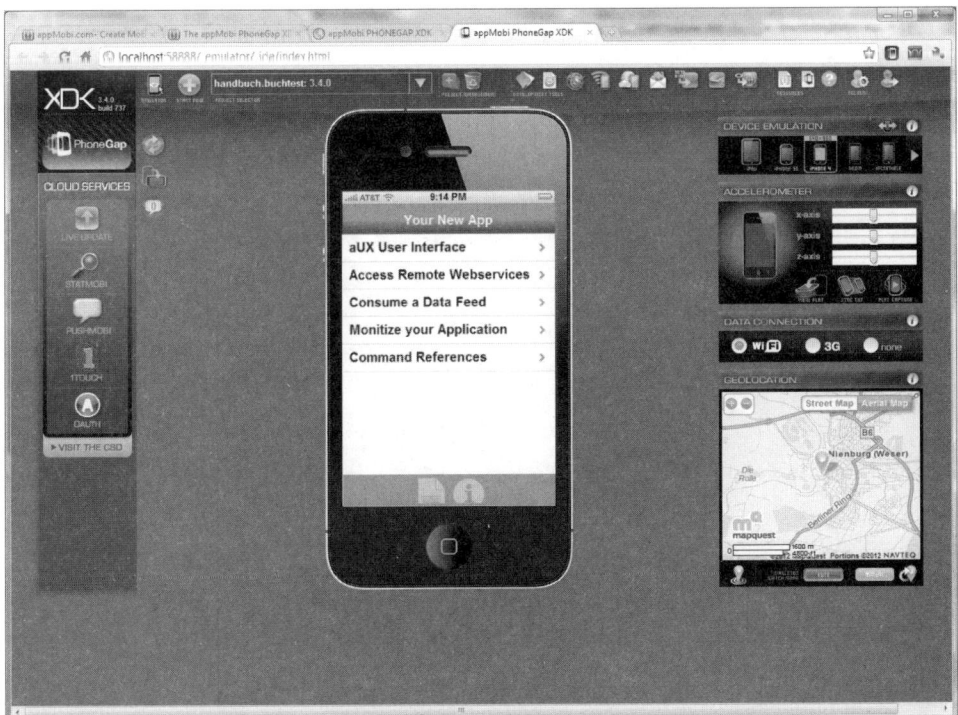

Bild 6.16: Das PhoneGap XDK von appMobi.

6.3 Appcelerator Titanium Mobile: native Apps

Appcelerator Titanium Mobile arbeitet nach einem ähnlichen Prinzip wie PhoneGap. Auch hier werden Web-Apps in native Apps für Android oder iOS umgebaut. Allerdings generiert Titanium Mobile deutlich mehr nativen Code und nicht nur einen Rahmen mit einem Browserfenster. Alle JavaScript-Elemente der Web-App werden direkt in nativen Code für die jeweilige Plattform – Java für Android und Objective-C für iOS – umgeschrieben.

▣ Lesezeichen

http://bit.ly/Asbs3H

Titanium Mobile ist die mobile Version des komplexen Entwicklungspakets Titanium, mit dem sich native Anwendungen für Windows, Linux und Mac OS basierend auf Webanwendungen erstellen lassen.

Bei der Entwicklung von Apps mit Titanium Mobile werden zwar Webtechnologien verwendet, man entwickelt aber eher eine Anwendung als eine Webseite, was die Arbeit deutlich aufwendiger macht als mit PhoneGap und auch mehr Vorkenntnisse voraussetzt. Titanium Mobile benötigt zur Arbeit die Original-SDKs für Android oder iOS, da der generierte Code anschließend über das SDK in die endgültige App kompiliert wird.

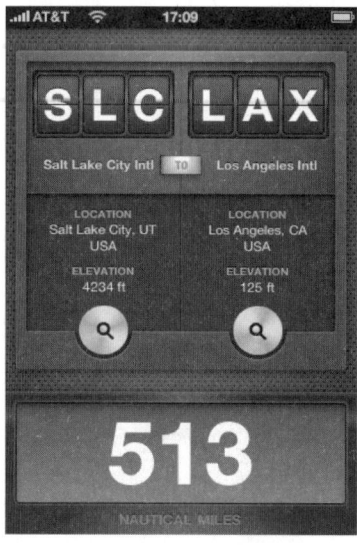

Bild 6.17: Beispiele für Apps, die mit Titanium Mobile erstellt wurden.

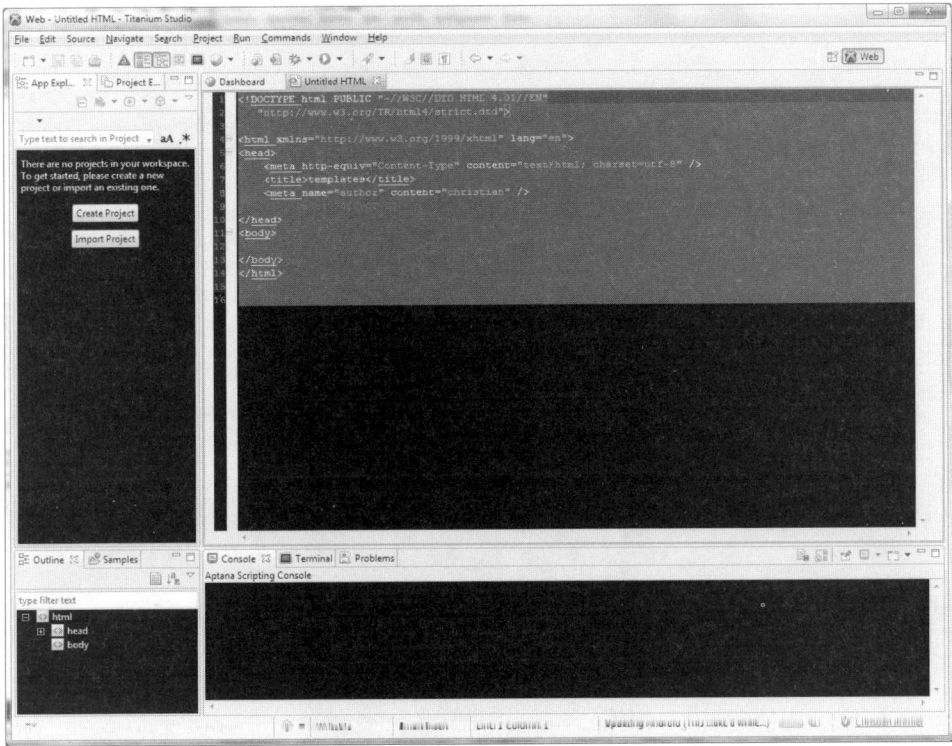

Bild 6.18: Die Entwicklungsumgebung Titanium Studio.

6.4 MobiOne Studio: Web-Apps im iOS-Design

MobiOne Studio ist eine kostenpflichtige Lösung, um sehr komfortabel Web-Apps im Design von iOS zu erstellen. Alle typischen Bedienelemente sind hier fertig vorhanden und brauchen nur noch auf den Bildschirm des simulierten iPhone gezogen zu werden.

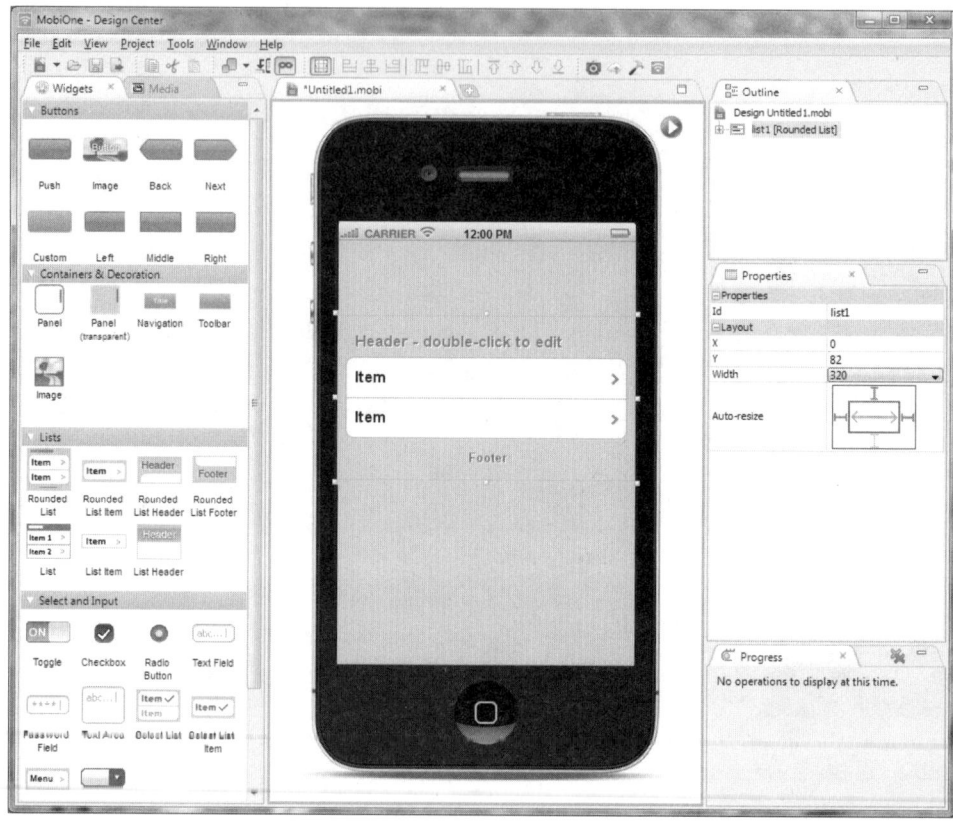

Bild 6.19: Das MobiOne Design Center.

MobiOne bietet einen Weg, auf einem Windows-PC eine IPA-Datei für iOS zu erstellen. Dazu müssen Sie bei Apple als Entwickler angemeldet sein und ein Zertifikat sowie einen privaten Schlüssel haben, die Sie in den iOS Build Application Wizard eintragen.

▣ Lesezeichen

http://genuitec.com/mobile

MobiOne bietet eine 15 Tage laufende Testversion der Entwicklungsumgebung zum kostenlosen Download an.

http://bit.ly/zuqf92

Hier wird ausführlich erklärt, wie man mit MobiOne Studio auf einem Windows-PC iOS-Apps erstellt.

6.5 Interessante Lösungen von weiteren Anbietern

Neben den bisher vorgestellten Lösungen gibt es noch ein paar interessante Entwicklungen von weiteren Anbietern, um auch mit anderen Programmiersprachen Apps für Smartphones zu entwickeln.

6.5.1 NS Basic App Studio für Android und iOS

Lange Zeit hat es kein Entwickler für möglich gehalten – man kann auch in Basic Apps für Android und iOS entwickeln. Das NS Basic App Studio, eine kostenpflichtige Entwicklungsumgebung, macht das möglich. Im Hintergrund läuft auf den Handys eine kleine NS Basic Runtime, die den Basic-Code in JavaScript und HTML5 übersetzt. NS Basic generiert in Wirklichkeit Web-Apps, die auch als solche über eigene Webseiten angeboten werden können.

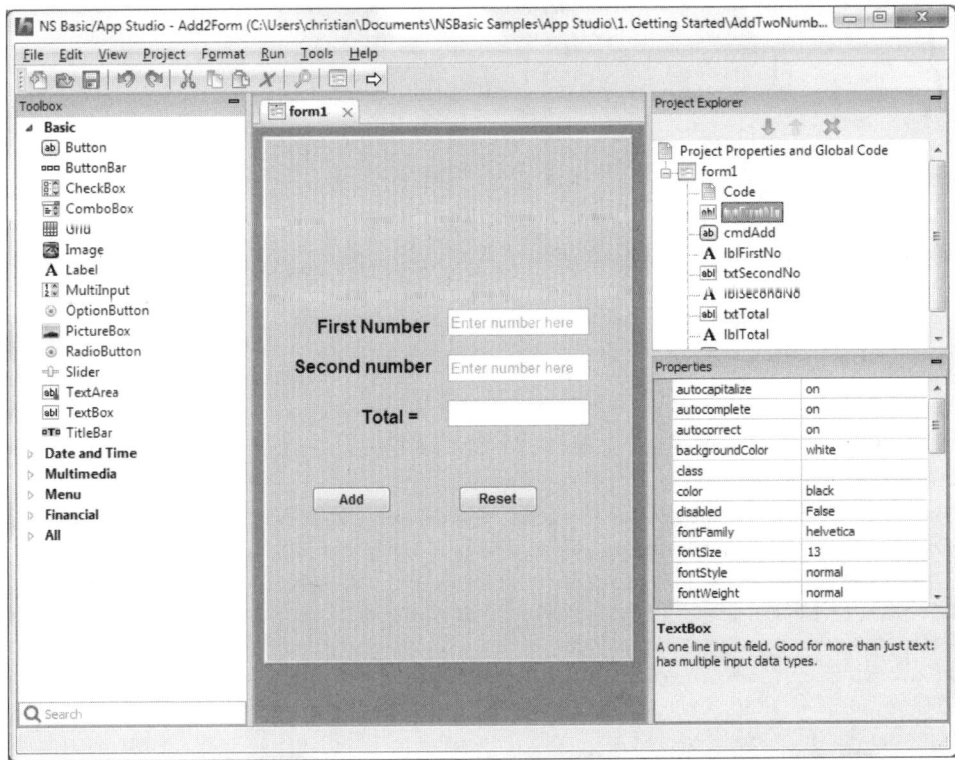

Bild 6.20: Die Entwicklungsumgebung von NS Basic mit einer Beispiel-App.

▣ Lesezeichen

http://www.nsbasic.com

Auf der Webseite von NS Basic finden Sie neben der Demoversion auch diverse FAQs und Tipps zum Programm.

Über einen trickreich eingebauten Umweg ermöglicht NS Basic es auch, native Apps für Android, Symbian, BlackBerry und Web OS zu generieren, um sie in den Appstores anzubieten. NS Basic hat dazu den Cloud-basierten Build-Service von PhoneGap integriert. Als Benutzer muss man dort nicht registriert sein, NS Basic meldet sich selbst dort an, lädt die Dateien hoch, und nach kurzer Zeit stehen die fertigen nativen Apps zum Download bereit.

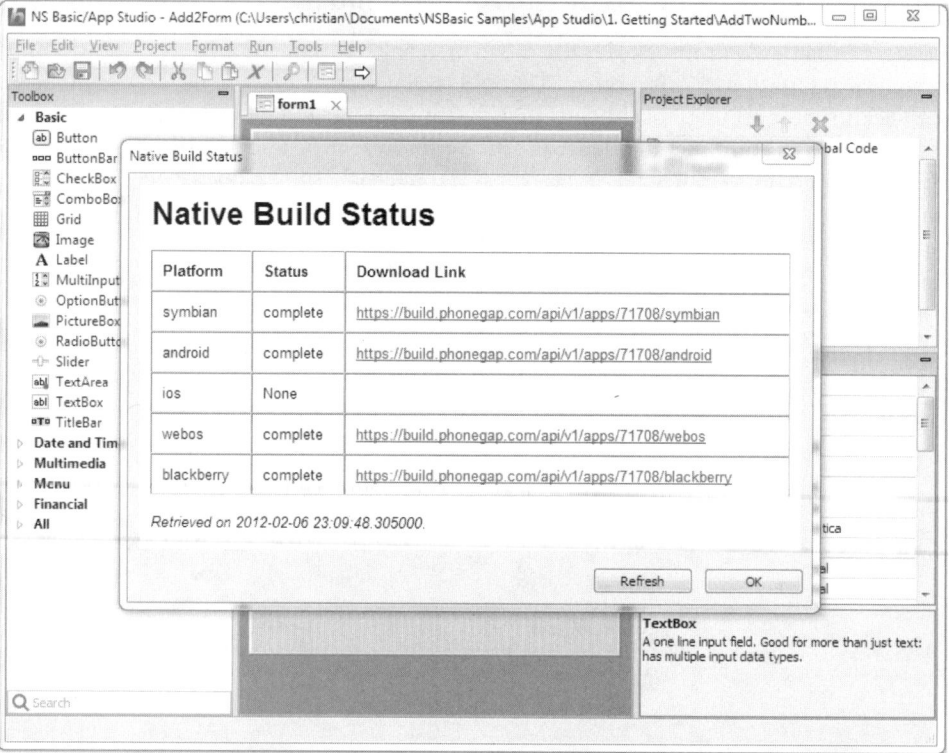

Bild 6.21: Mithilfe des integrierten PhoneGap Build-Service kann NS Basic native Apps für verschiedene Plattformen erstellen.

NS Basic verwendet Funktionen und eine Syntax, die weitgehend dem bekannten Visual Basic von Microsoft gleichen, aber an die Touchscreen-Bedienung und die mobilen Plattformen angepasst wurden. Es handelt sich um einen modernen Basic-Dialekt ohne Zeilennummern, dafür mit Subroutinen und vielfältigen Datentypen. Als Entwickler hat man bei NS Basic mit dem HTML- und JavaScript-Code nichts zu tun. Dieser wird vollautomatisch im Hintergrund erzeugt.

Die NS Basic-Entwicklungsumgebung erinnert ebenfalls an Visual Basic. In einem grafischen Designer entwirft man die Programmoberfläche aus vorgegebenen Elementen und weist diesen Elementen dann spezielle Eigenschaften und Funktionen in Form von Basic-Code zu.

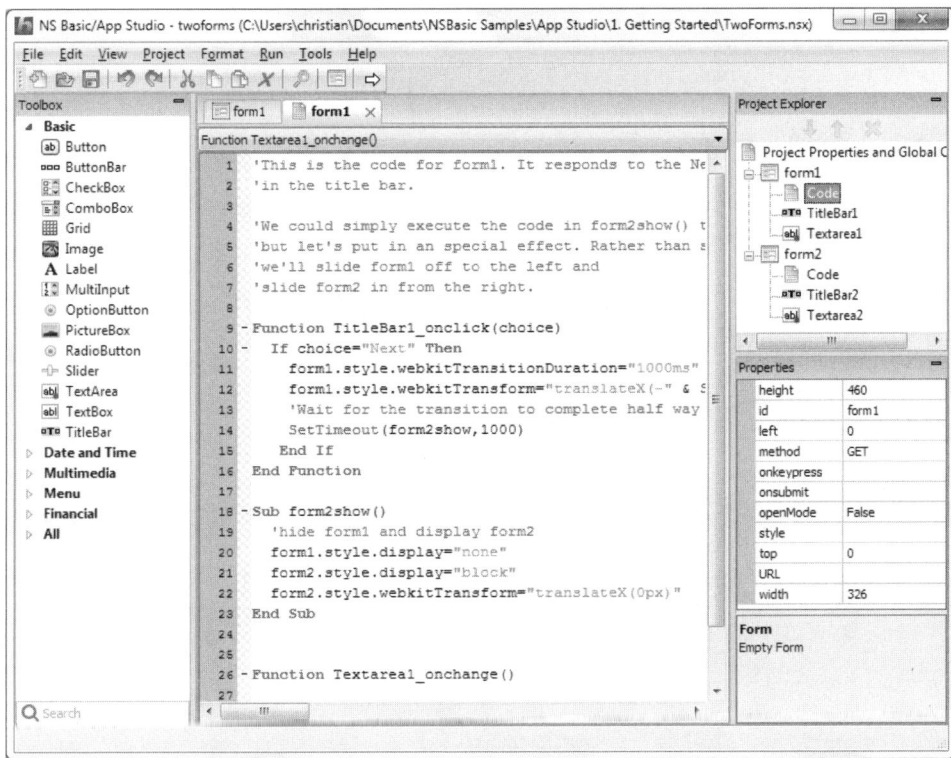

Bild 6.22: Der NS Basic-Code erinnert an Visual Basic.

Um während der Entwicklung die Web-Apps zu testen, können diese direkt im Browser auf dem PC gestartet werden. NS Basic verwendet WebKit-Funktionen, für beste Ergebnisse sollte man also Google Chrome oder Apple Safari verwenden.

Zum Testen auf einem Smartphone bietet NS Basic einen eigenen Hostingservice an. Die Web-App kann mit einem Tastendruck auf den Server *www.nsbapp.com* hochgeladen werden. Nach wenigen Sekunden bekommt man den direkten Link, der auf dem Handy eingegeben werden muss.

6.5.2 Basic4Android nur für Android

Basic4Android ist eine weitere auf der Programmiersprache Basic basierende Entwicklungsumgebung für Android-Apps. Basic4Android erstellt im Gegensatz zu NS Basic keine Web-Apps, sondern enthält einen eigenen Compiler, der aus dem Basic-Code einen Java-Code und daraus gleich fertige APK-Dateien erstellt, die nativ ohne zusätzliches Runtime-Modul auf den Smartphones laufen. Dafür ist zur Installation das Android-SDK auf dem eigenen Computer erforderlich. Basic4Android greift auf Bibliotheken aus dem SDK zu. Die fertigen Apps können ohne einen weiteren Zwischenschritt über PhoneGap oder ähnliche Tools im Android Market veröffentlicht werden. Die Entwicklung von Apps für iOS und Windows Phone ist, wie der Name schon sagt, mit Basic4Android nicht möglich.

▣ Lesezeichen

http://www.basic4ppc.com

Auf der Webseite von Basic4Android finden Sie neben der Demoversion auch diverse FAQs und Tipps zum Programm.

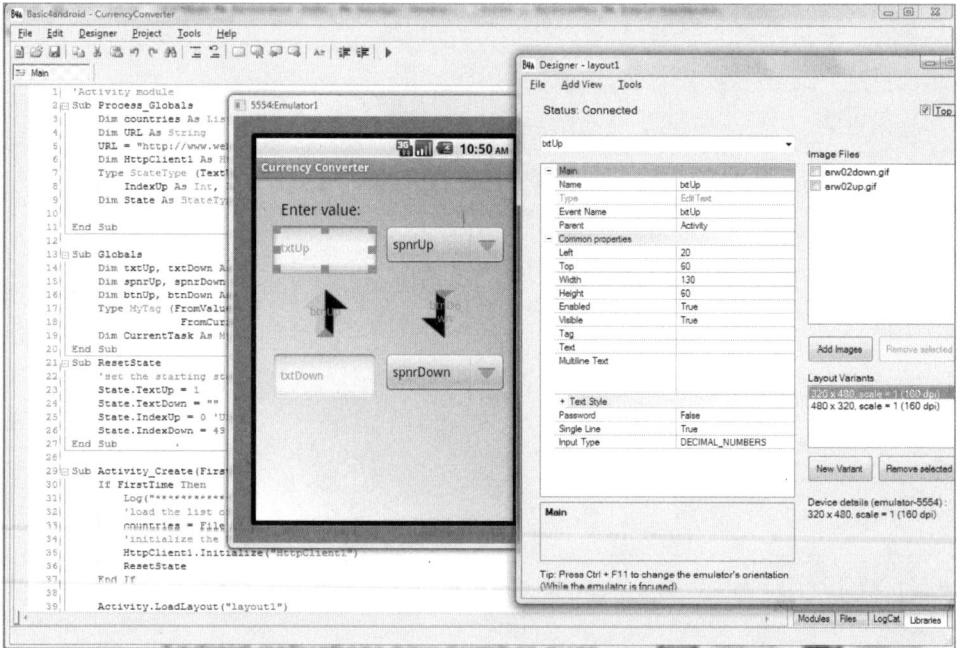

Bild 6.23: Die Entwicklungsumgebung Basic4Android.

Mit Basic4Android lassen sich sehr systemnahe Apps entwickeln, die Hardwarekomponenten der Geräte unterstützen, was mit Web-Apps nicht oder nur schwer möglich wäre. So kann man als Entwickler unter anderem auf Kamera- und Telefonfunktionen, GPS, Bluetooth, OpenGL, Gerätesensoren und VoIP zugreifen. Auch Live-Hintergrundbilder und Widgets für den Startbildschirm lassen sich mit Basic4Android erstellen.

 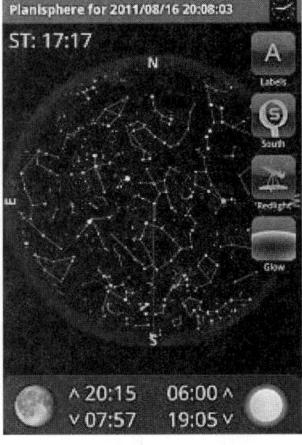

Bild 6.24: Beispiele für professionelle Apps, entwickelt mit Basic4Android.

6.5.3 ARM Development Studio 5 Community Edition

ARM, Hersteller der meisten Prozessoren für Android-Smartphones, liefert mit der Development Studio 5 Community Edition eine kostenlose Entwicklungsumgebung, mit der sich native Android-Apps in C oder C++ entwickeln lassen. Da das Entwicklertool sehr hardwarenah arbeitet, sollen die Apps bis zu viermal schneller laufen als typische mit Java entwickelte Apps und zudem deutlich weniger Strom verbrauchen. ARM Development Studio 5 Community Edition wird als Plug-in für Eclipse geliefert und muss zusammen mit dem Android-SDK in diese Entwicklungsumgebung integriert werden.

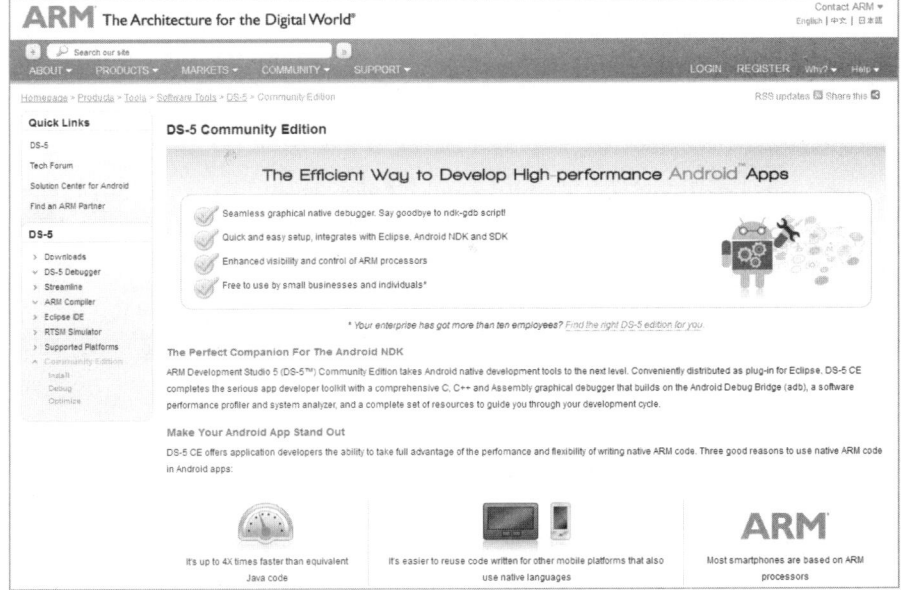

Bild 6.25: Das ARM Development Studio 5 Community Edition.

⊡ **Lesezeichen**

http://www.arm.com/ds5community

ARM Development Studio 5 Community Edition ist für unabhängige Softwareentwickler und kleine Firmen mit bis zu zehn Entwicklern kostenlos verfügbar. Forum und FAQ auf der Webseite bieten einen guten Einstieg. Allerdings sind gute Kenntnisse in C/C++ und Android-SDK nötig.

6.5.4   Rhomobile für Apps auf Ruby-Basis

Auch die Programmiersprache Ruby lässt sich zur Entwicklung von Apps nutzen. Rhomobile ist eine integrierte Entwicklungsumgebung, mit der man native Apps für Android, iOS, Windows Phone, Symbian und BlackBerry entwickeln kann.

Bild 6.26: Rhomobile zur Entwicklung von Smartphone-Apps mit der Programmiersprache Ruby.

Der grundsätzliche Programmcode in Ruby kann für alle Plattformen weitgehend gleich sein, die Bildschirmausgabe erfolgt über HTML-Templates, die an die jeweilige Plattform angepasst werden müssen. Der integrierte Compiler erzeugt dann native Apps, wobei die plattformspezifischen SDKs genutzt werden und installiert sein müssen.

Die Entwicklung in Ruby ist für Einsteiger mit hohem Einarbeitungsaufwand verbunden. Wer allerdings bereits mit Ruby arbeitet, kann mit Rhomobile sehr leicht auch Smartphone-Apps entwickeln.

⊡ **Lesezeichen**

http://rhomobile.com

Die komplette Entwicklungsumgebung Rhomobile wird für Hobbyentwickler kostenlos angeboten. Zur Entwicklung kommerzieller Apps muss eine Lizenz erworben werden.

7 Appstores und Markets

Alle drei großen Plattformen bieten eigene Appstores an, über die Apps auf die Geräte heruntergeladen werden können. iOS hat mit seinem App Store angefangen, der Android Market und der Windows Phone Marketplace folgen dieser Tradition. Trotz der Bezeichnungen »Store« und »Market« ist der größte Teil der dort angebotenen Apps für den Benutzer kostenlos.

Bild 7.1: Der Android Market und der Apple App Store.

Apple bietet zusätzlich zum App Store noch einen Web-Apps-Katalog an, in dem man eigene Web-Apps anbieten kann. Im Gegensatz zum App Store werden hier keine Dateien hochgeladen, es wird lediglich auf die jeweilige Web-App verlinkt. Allerdings macht dieser Web-Apps-Katalog den Eindruck, als sei er bereits seit einiger Zeit nicht mehr aktiv gepflegt worden.

7.1 Registrierung als Entwickler und Kosten

Bevor man seine Apps in einem der großen Appstores anbieten kann, sind zunächst noch einige Hürden zu überwinden, die manchen Entwicklern schwerer fallen als das Programmieren selbst. Die großen Appstores Android Market, Apple App Store und Microsoft Windows Phone Marketplace verlangen den Entwicklern einiges an Bürokratie ab und nehmen auch Registrierungsgebühren, eine Art Eintrittsgeld, um im Shop überhaupt Software anzubieten, selbst wenn es sich dabei um Freeware handelt. Die

Entwickleranmeldung in unabhängigen Shops, wie es sie nur für Android gibt, ist deutlich unkomplizierter und auch kostenlos.

7.1.1 Android

Die Entwicklung von Android-Apps an sich ist völlig kostenlos, auch alle Tools werden von Google selbst für kommerzielle Entwickler kostenlos angeboten. Die Veröffentlichung von Apps über eigene Webseiten oder unabhängige Appstores ist ebenfalls ohne Lizenzgebühren an Google möglich. Nur für den Zugang zum Android Market verlangt Google vom Entwickler eine einmalige Gebühr von 25 US-Dollar, die per Google Checkout zu bezahlen ist.

Bild 7.2: Anmeldung als Entwickler im Android Market.

▣ Lesezeichen

http://bit.ly/x7nuey

Hier können Sie sich als Entwickler im Android Market anmelden.

Neben einigen persönlichen Daten müssen Sie einen Entwicklernamen angeben, unter dem Ihre Apps im Android Market für die Nutzer zu sehen sind. Je nach Land, in dem Sie als Entwickler ansässig sind, müssen Sie unterschiedliche Bestimmungen bestätigen. Der Vertrieb von Apps über den Android Market ist noch lange nicht in allen Ländern der Welt möglich.

◉ **Lesezeichen**

http://bit.ly/zBO44y
Diese Liste zeigt, in welchen Ländern kostenlose und kostenpflichtige Apps im Android Market angeboten werden können.

7.1.2   iOS

Um iOS-Apps im App Store veröffentlichen zu können, ist auf jeden Fall die kosten-pflichtige Variante des Apple Developer-Programms notwendig. In den meisten Fällen werden Sie sich dort bereits angemeldet haben, da mit der kostenlosen Version keine App-Tests auf einem realen Gerät, sondern nur im Simulator möglich sind.

Auch die Zertifikate, die notwendig sind, damit eine App auf einem iOS-Gerät installiert werden kann, bekommen Sie nur über das Entwicklerkonto, für das 99 US-Dollar im Jahr fällig sind.

◉ **Lesezeichen**

http://developer.apple.com/ios
Auf dieser Seite können Sie sich für das iOS-Entwicklerprogramm bei Apple registrieren.

7.1.3   Windows Phone

Microsoft hat mit dem Windows Phone Marketplace ein ähnliches Registrierungssystem für Entwickler gestartet, wie man es von Android und iOS kennt. Auf der früheren Win-dows Mobile-Plattform waren die Entwicklung und der Vertrieb nicht an Microsoft gebunden.

Der App Hub ist die zentrale Plattform für Windows Phone und Xbox-Entwickler. Hier müssen Sie sich anmelden, um Apps für diese Plattformen zu veröffentlichen. Microsoft kassiert dafür wie Apple 99 US-Dollar pro Jahr. In dieser Gebühr ist die Veröffent-lichung von beliebig vielen kostenpflichtigen Apps enthalten, aber nur 100 kostenlose Apps dürfen veröffentlicht werden.

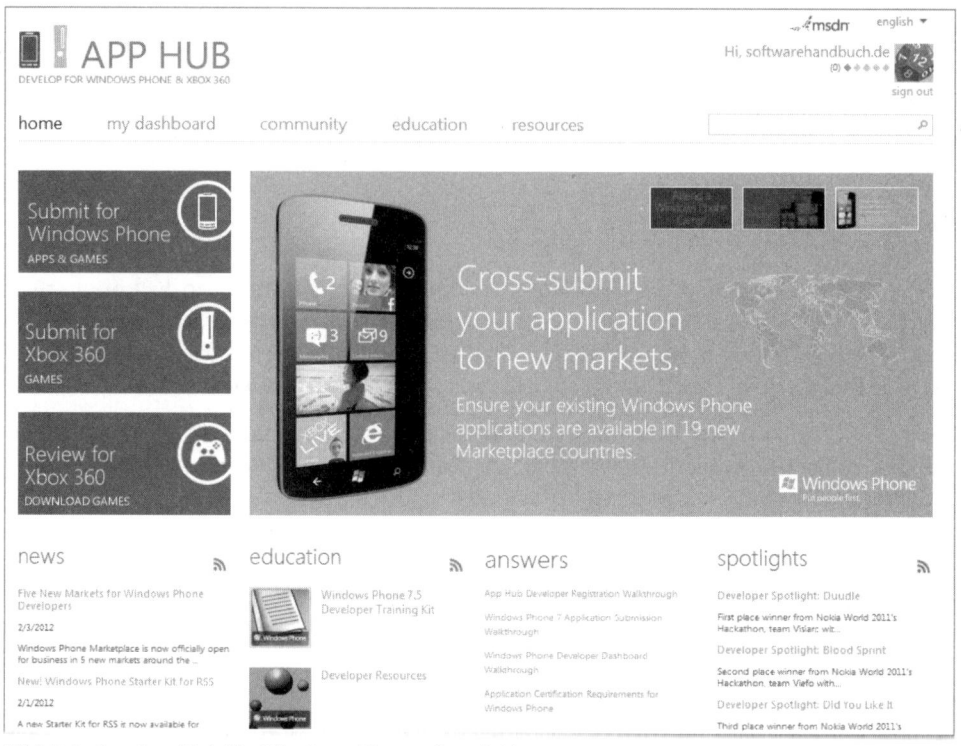

Bild 7.3: Der App Hub für Windows Phone-Entwickler.

▣ Lesezeichen

http://create.msdn.com

Der App Hub, die zentrale Seite für Windows Phone-Entwickler.

http://bit.ly/zsuhNh

Ausführliche FAQ von Microsoft zur Entwicklung und Distribution von Windows Phone-Apps.

Für die Anmeldung als Entwickler ist eine Windows Live ID erforderlich. Da über diese ID sowohl die Bezahlung als auch die Technik beim Hochladen der Apps geregelt wird, empfiehlt Microsoft Firmen, eine neue Windows Live ID anzulegen, auf die Entwicklung und Buchhaltung gleichermaßen Zugriff haben, und keine persönliche ID zu verwenden.

7.2 Screenshots der eigenen Apps erstellen

Spätestens wenn eine eigene App in einen der Appstores hochgeladen werden soll, benötigt man ein paar Screenshots der App. Aber auch für Dokumentation und Werbung ist es nützlich, den zukünftigen Benutzern zeigen zu können, wie die App aussieht. Die Plattformen bieten neben Emulatoren unterschiedliche Möglichkeiten, Screenshots von den Bildschirmen der Geräte zu erzeugen.

Keine grafischen Verbesserungen
Verzichten Sie auf jeden Fall darauf, Ihre Screenshots grafisch nachzubearbeiten. Jegliche Zierränder, Schatten oder andere Anfängerfehler führen schnell zur Ablehnung bei den Appstores.

7.2.1 Android

Der Android-Emulator aus dem SDK bietet natürlich die Möglichkeit, über Windowsbasierte Screenshot-Tools Bildschirmfotos vom emulierten Smartphone zu erzeugen. Manches sieht auf einem echten Gerät aber doch anders aus oder funktioniert im Emulator einfach nicht.

Im Android-SDK ist neben dem Emulator noch ein Tool namens Dalvik Debug Monitor enthalten, das diverse Daten von einem über USB angeschlossenen Android-Smartphone darstellen kann. Damit lassen sich auch Screenshots erzeugen.

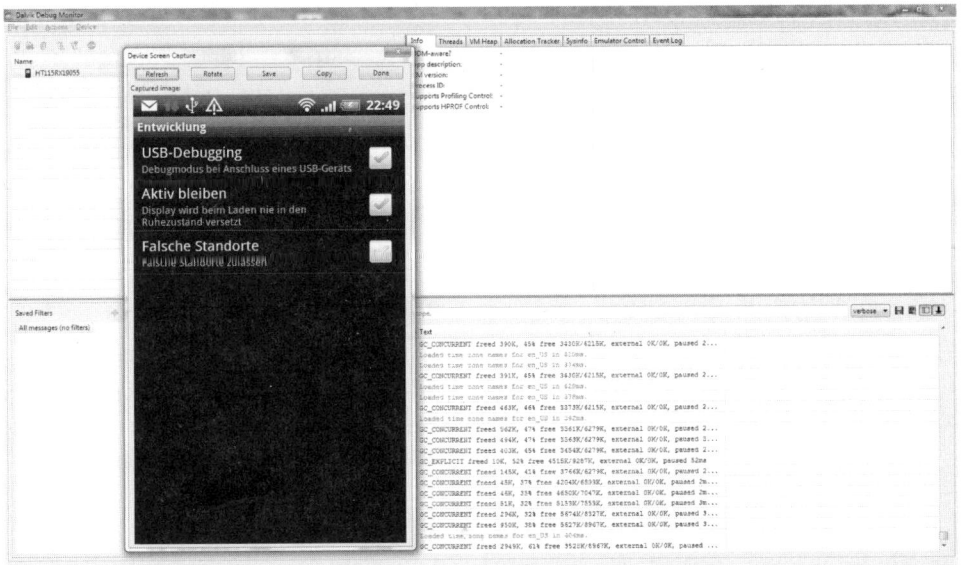

Bild 7.4: Screenshots vom Android-Handy mit dem Dalvik Debug Monitor erstellen.

Bevor dieses Tool genutzt werden kann, muss man auf dem Handy unter *Einstellungen/Anwendungen/Entwicklung* die Option *USB-Debugging* aktivieren. Beim Anschluss des Handys per USB-Kabel an den PC werden dann einige Treiber nachinstalliert. In einigen Fällen, wie zum Beispiel bei aktuellen HTC-Smartphones, ist zusätzlich die Installation der Synchronisationssoftware des Geräteherstellers nötig.

Jetzt können Sie mit der Datei *ddms.bat* aus dem *tools*-Verzeichnis des Android-SDK den Debug Monitor starten. Wählen Sie hier im linken oberen Fenster das angeschlossene Handy aus, es können auch mehrere Handys gleichzeitig angeschlossen sein. Über den Menüpunkt *Device/Screen Capture* erstellen Sie einen Screenshot des aktuellen Bildschirminhalts, den Sie hier auch direkt ohne Windows-Grafikprogramme abspeichern können.

Screenshot direkt auf dem Android-Handy

Seit Android 4.0 gibt es die Möglichkeit, direkt auf dem Handy einen Screenshot zu erzeugen. Früher war dies nur mit speziellen Apps auf gerooteten Geräten möglich. Drücken Sie dazu den Einschalter und die Lautstärketaste *leiser* gleichzeitig. Kurz darauf erscheint eine Benachrichtigung, und der Screenshot wird in der Galerie auf dem Handy gespeichert. Von dort kann er über alle Kommunikationswege weitergegeben werden.

7.2.2   iOS

Der iOS-Simulator innerhalb der Apple-Entwicklungsumgebung Xcode bietet die Möglichkeit, auf dem Mac Screenshots eigener Apps zu erstellen.

Screenshot direkt auf dem iPhone

Auf einem iPhone lassen sich sehr einfach Screenshots erzeugen. Halten Sie die Einschalttaste gedrückt und drücken dann kurz auf die Menütaste. Es ertönt ein Kamerageräusch, und der Screenshot wird bei den Fotos gespeichert. Von dort kann er über alle Kommunikationswege weitergegeben werden. Beim Anschluss des iPhone per USB-Kabel an einen PC oder Mac wird das Fotoverzeichnis als Laufwerk erkannt, und die Screenshots können auch direkt kopiert werden.

7.2.3   Windows Phone

Der Windows Phone Emulator ist der einzige offizielle Weg, Screenshots von Windows Phone-Apps zu erstellen. Leider hat es Microsoft versäumt, eine Screenshot-Funktion auch für »Nichtentwickler« zur Verfügung zu stellen, was der Plattform sicher nicht guttut. Blog- und Medienberichte halten sich zurück, wenn sie keine authentischen Bilder veröffentlichen können.

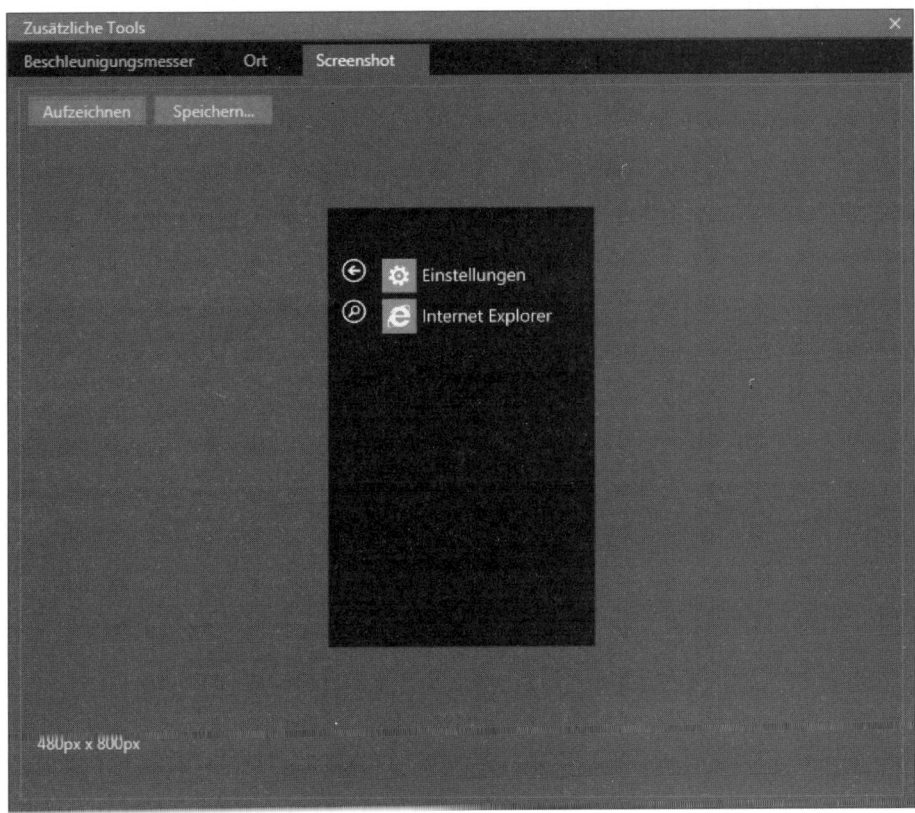

Bild 7.5: Das Screenshot-Tool im Windows Phone Emulator.

⊡ Lesezeichen

http://bit.ly/zye2BX

Microsoft veröffentlicht für Entwickler eine detaillierte Anleitung, wie Screenshots zu erstellen sind, die den Anforderungen des Windows Phone Marketplace genügen.

Screenshot direkt auf dem Windows Phone

Bedingt durch die strengen Restriktionen beim Zugriff auf Systemfunktionen konnte bisher auch noch kein Entwickler eine Screenshot-App für Windows Phones im Marketplace veröffentlichen. Einzig Microsofts eigene App touchdevelop ermöglicht es, Screenshots zu erzeugen, aber auch nur von Skripten innerhalb dieser App.

Das von Microsoft nicht lizenzierte Tool Screen Capturer kann direkt auf Windows Phones Screenshots erstellen. Dazu ist allerdings ein Developer unlocked Phone erforderlich, da das Tool als XAP-Datei ausgeliefert wird und mithilfe des Windows Phone-SDK auf dem Gerät installiert werden muss.

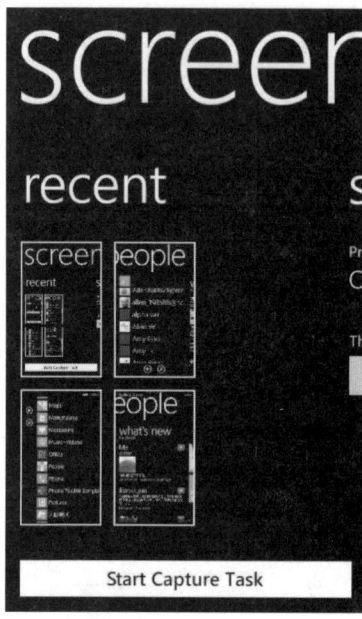

Bild 7.6: Screen Capturer für Windows Phone.

◉ **Lesezeichen**

http://bit.ly/wJGd5l

Screen Capturer als XAP-Download für Developer unlocked Phones.

Screen Capturer definiert für einen einstellbaren Zeitraum von einigen Minuten die Kamerataste um. Jetzt kann man in die gewünschte App wechseln und leicht auf die Kamerataste drücken, was normalerweise die Autofokusfunktion startet. Der Screenshot wird gespeichert, und es erscheint eine Abfrage, ob Screen Capturer beendet und die Kamerataste wieder auf ihre normale Funktion zurückgesetzt werden soll. Alternativ kann man das Programm weiter laufen lassen und noch mehr Screenshots erstellen.

Screen Capturer zeichnet nur Bildschirminhalte aus Silverlight-Anwendungen auf. DirectX- oder XNA-Spiele können nicht erfasst werden, hier bleibt das Bild schwarz.

7.3 Richtlinien und Qualitätssicherung

Natürlich möchte jeder Entwickler seine fertigen Apps im jeweiligen Appstore der entsprechenden Plattform veröffentlichen. Allerdings heißt das noch lange nicht, das jede App von den Appstores auch angenommen wird. Apple und Microsoft prüfen jede eingereichte App und schalten sie dann erst für den Appstore frei oder eben nicht. Dabei sind die Testkriterien unterschiedlich und häufig auch unklar. Neben automatischen Tests nehmen nach Angabe der Appstore-Betreiber auch reale, menschliche Tester die Apps unter die Lupe. Viele Entwickler befürchten daher, dass das Testergebnis unter anderem vom subjektiven Geschmack des jeweiligen App-Testers abhängt. Im Android Market ist eine veröffentlichte App nach wenigen Minuten online. Hier erfolgt nur ein automatischer Test. Menschliche Tester prüfen stichprobenhaft und bei Verdachtsmomenten und nehmen Apps, die nicht den Bedingungen entsprechen, nachträglich wieder aus dem Android Market heraus.

Auch wenn es viele anderslautende Gerüchte in Foren frustrierter Entwickler gibt, eine sauber programmierte App, die den Richtlinien der Plattform entspricht und keine offensichtlich illegalen Inhalte enthält, kommt auch durch die Prüfung und ist spätestens nach ein paar Tagen im Appstore zu sehen. Bei Ablehnung werden die Entwickler benachrichtigt. So eine Ablehnungsentscheidung ist eindeutig und nicht diskutierbar. Dem Entwickler bleibt nur die Möglichkeit, die Mängel in der App nachzubessern und die App dann neu einzureichen. In einigen Fällen kann auch die Beschreibung der App, die der Entwickler mit einreicht, zur Ablehnung führen. Vermeiden Sie hier Spamsprache, Texte, die ausschließlich dazu dienen, in Suchmaschinenergebnissen nach oben zu kommen, sowie offensichtliche Beleidigungen bestimmter Bevölkerungsgruppen.

Trotz aller Richtlinien und Sicherheitsprüfungen haben es Entwickler bereits geschafft, bösartige Apps in den Android Market einzuschleusen. Diese wurden von Google nach kurzer Zeit aber wieder entfernt. Auch diese Möglichkeit haben die Appstore-Betreiber jederzeit, wenn sich eine App nachträglich als regelwidrig erweist oder zum Beispiel illegale oder schädliche Daten nachlädt, die beim Einreichen der App noch nicht bekannt waren. Es gibt immer wieder Fälle, in denen Apps Webinhalte verwenden, die anfangs völlig harmlos sind und später, ohne Änderungen im Code der App selbst, serverseitig durch gefährliche Inhalte ersetzt werden. Und das passiert erst, nachdem die App durch die Prüfung gekommen ist, in den Downloadstatistiken einigermaßen gestiegen ist und auf diese Weise Seriosität vorgaukelt.

Alle Appstore-Betreiber legen großen Wert darauf, dass das Urheberrecht eingehalten wird. Wer in seinen Apps Musik oder Filme zeigt, ohne das Recht dazu zu haben, oder fremde Logos und Markennamen urheberrechtswidrig nutzt, kommt nicht in den Appstore. Apple hat vor einiger Zeit diverse Nachbauten bekannter Computerspiele aus dem App Store entfernt, die nicht vom Originalhersteller lizenziert waren.

Bei Inhalten sollte man bedenken, dass alle Prüfer in den Appstores in den USA ansässig sind und die dortigen Moralvorstellungen in die Prüfung einfließen lassen. So haben es Apps mit freizügigen Fotos deutlich schwerer, die Prüfung zu bestehen, als Neonazi-Apps, die immer mal wieder in einem der Appstores auftauchen.

7.3.1 Android

Google lässt im Vergleich zu anderen Plattformen den Entwicklern bisher weitgehende Freiheiten hinsichtlich der Gestaltung von Apps, während Apple und Microsoft deutlich mehr auf ihren Designvorstellungen beharren. Bei Inhalten und einigen technischen Vorgaben definiert Google aber klare Bedingungen, die eingehalten werden müssen.

⊡ Lesezeichen

http://bit.ly/wuQzxa
Google veröffentlicht hier die Richtlinien für den Android Market.

http://bit.ly/AtG5J6
Richtlinien zum Design von Android-Apps. Diese sind bisher nur als Empfehlung für Entwickler formuliert und noch nicht zwingend vorgeschrieben.

Inhalte

Google verbietet ganz deutlich alle Apps, die illegale Aktivitäten durchführen oder Nutzer dazu auffordern. Auch extreme Gewalt und Hass gegen bestimmte Menschen aufgrund ihrer Herkunft, Hautfarbe, Religion, ihres Geschlecht oder anderer Merkmale führen zur Ablehnung. Inhalte oder Dienste, die Onlineglücksspiele unterstützen, sind ebenfalls unzulässig. Hierzu gehören unter anderem auch Onlinekasinos, Sportwetten und Lotterien.

Google nimmt seine »Zero-Tolerance Policy« gegenüber Kinderpornografie sehr ernst. Sollten diesbezügliche Anzeichen in einer App auftauchen, wird der Entwickler sofort mit allen seinen Apps gesperrt, und die Strafverfolgung wird eingeschaltet.

Entwickler müssen ihre Anwendungen nach dem Bewertungssystem des Android Market in eine von vier Stufen einordnen: *Alle, Niedrige Stufe, Mittlere Stufe, Hohe Stufe*. Dabei müssen die folgenden Richtlinien beachtet werden. Dies bezieht sich auf alle Inhalte, auch von Nutzern erstellte Inhalte und Werbung:

Apps mit illegalen Inhalten sind im Android Market nicht erlaubt. Apps, die Verweise auf Drogen, Alkohol oder Tabakprodukte enthalten, müssen als *Mittlere Stufe* oder höher bewertet werden. Anwendungen, die sich hauptsächlich auf den Konsum oder Verkauf von Drogen, Alkohol oder Tabak beziehen, müssen als *Hohe Stufe* bewertet werden.

Apps für reales Glücksspiel sind nicht erlaubt. Apps mit Glücksspieldesign oder mit simulierten Glücksspielen müssen als *Mittlere Stufe* oder *Hohe Stufe* bewertet werden. Hassreden sind nicht zulässig. Apps mit aufrührerischem Inhalt müssen als *Mittlere Stufe* oder *Hohe Stufe* bewertet werden.

Apps, die Obszönitäten oder groben Humor enthalten, müssen als *Mittlere Stufe* oder *Hohe Stufe* bewertet werden. Pornografie ist im Android Market nicht zulässig. Apps, die anzügliche oder sexuelle Verweise enthalten, müssen als *Mittlere Stufe* oder *Hohe Stufe* bewertet werden. Apps, die hauptsächlich anzügliche oder sexuelle Verweise beinhalten, müssen als *Hohe Stufe* bewertet werden.

Apps mit leichter Gewalt in Cartoons oder Fantasieinhalten müssen als *Niedrige Stufe* oder höher bewertet werden. Apps, die realistische oder intensive Fantasiegewalt beinhalten, müssen als *Mittlere Stufe* oder *Hohe Stufe* bewertet werden. Apps mit grafisch dargestellter Gewalt müssen als *Hohe Stufe* bewertet werden. Drastische, echte Gewalt ist nicht zulässig.

Anwendungen mit der Bewertung *Alle* dürfen nicht den Standort von Nutzern erfragen. Apps, die auf Standortdaten zugreifen, müssen als *Niedrige Stufe* oder höher bewertet werden. Apps, die den Standort von Nutzern veröffentlichen oder an andere weitergeben, müssen als *Mittlere Stufe* oder *Hohe Stufe* bewertet werden. Anwendungen mit der Bewertung *Alle* dürfen keine von Nutzern erstellten Inhalte hosten oder die Kommunikation zwischen Nutzern ermöglichen. Anwendungen, die hauptsächlich dazu dienen, dass Nutzer sich finden und miteinander kommunizieren können, müssen als *Mittlere Stufe* oder *Hohe Stufe* bewertet werden.

Technik

Anwendungen dürfen die Netzwerke nicht unerwartet stark belasten, sodass die Servicegebühren der Nutzer oder das Netzwerk eines autorisierten Anbieters beeinträchtigt werden. Darüber hinaus dürfen die Anwendungen nicht bekanntermaßen gegen die Nutzungsbedingungen eines autorisierten Anbieters bzw. die Nutzungsbedingungen von Google verstoßen. Persönliche Daten anderer Benutzer dürfen in Apps nicht veröffentlicht werden, auch jegliche Art von Spyware oder Malware ist nicht zulässig.

Bezahlung

Da Android als einzige Plattform auch alternative Appstores zulässt, nimmt sich Google das Recht heraus, bei der Bezahlung von Apps im Android Market auf seinem eigenen Bezahlsystem Google Checkout zu bestehen.

Entwickler dürfen nur über einen autorisierten Zahlungsservice Gebühren für Anwendungen und Downloads aus dem Android Market erheben. Entwickler, die für eine im Android Market heruntergeladene Anwendung zusätzliche Inhalte, Waren oder Dienste anbieten, müssen einen autorisierten Zahlungsservice als Zahlungsoption anbieten. Entwickler dürfen Nutzer hinsichtlich der verkauften Anwendungen oder der anwendungsinternen Dienste, Waren, Inhalte oder Funktionen nicht täuschen.

Für die beiden oben genannten Voraussetzungen gelten die folgenden Ausnahmen:

- Es wird in erster Linie eine physische Ware oder eine entsprechende Dienstleistung bezahlt, beispielsweise Kinokarten oder eine Zeitungsanwendung, deren Preis außerdem ein Abonnement der Printversion beinhaltet.

- Es werden digitale Inhalte oder Waren bezahlt, die außerhalb der eigentlichen Anwendung genutzt werden können, beispielsweise Musiktitel, die mit anderen Musikplayern wiedergegeben werden können.

Wer seine App in mehreren Appstores anbietet, programmiert am einfachsten zwei Versionen mit unterschiedlichen Bezahlmethoden. Apps, die aus der App heraus weitere kostenpflichtige Inhalte wie zum Beispiel einen Freischaltschlüssel für eine Vollversion anbieten und in alternativen Appstores angeboten werden, verwenden eigene Bezahlfunktionen, meist PayPal anstatt Google Checkout.

Bild 7.7: Trotz aller Google-Richtlinien gibt es immer wieder Apps im Android Market, bei denen Entwickler es geschafft haben, auch alternative Appstores mit einzubinden.

7.3.2 iOS

Apple legt im App Store sehr strenge Richtlinien dazu fest, wie eine iOS-App auszusehen hat. Entwickler müssen sich beim Design der Oberflächen und bei der verwendeten Technologie strikt an Apples Vorgaben halten. Andernfalls werden die Apps nicht aufgenommen. Da es auf der iOS-Plattform keine (offizielle) Alternative zum App Store gibt, kann eine abgelehnte App nicht verbreitet oder verkauft werden.

Mit den Inhalten dagegen hatte es Apple lange Zeit nicht so genau genommen, möglicherweise um schnell eine große Zahl von Apps im App Store zu haben. Nur so ist zu erklären, dass erst in letzter Zeit zahlreiche Fälle bekannt werden, in denen ältere Apps aufgrund von Urheberrechtsverletzungen oder nicht genehmigter Inhalte nachträglich aus dem App Store entfernt wurden.

▣ Lesezeichen

http://bit.ly/yvrrg6

Auch Apple veröffentlicht die Richtlinien für den App Store. Allerdings sind diese nur für Entwickler zugänglich, die am kostenpflichtigen Apple Developer-Programm teilnehmen.

Technik

Einer der häufigsten Ablehnungsgründe im App Store ist die fehlende Überprüfung einer Netzwerkverbindung. Wenn eine App auf Inhalte aus dem Internet zugreift, was fast alle Apps tun, muss sichergestellt sein, dass auch eine Internetverbindung vorhanden ist. So kann es immer mal passieren, dass ein iPhone in ein Gebiet ohne Internetempfang kommt oder ein iPod das heimische WLAN verlässt. In diesen Fällen müssen deutliche Hinweise für den Benutzer erscheinen. Die App darf nicht einfach einen Fehler oder leere Seiten bringen.

Jedes Bedienelement muss auch eine Funktion haben, so dürfen Apps, die unter anderem auf Telefonfunktionen zugreifen, die entsprechenden Elemente der Oberfläche auf einem iPod nicht anzeigen.

Große Datenmengen über Mobilfunknetze sollten vermieden werden. Das gilt besonders für Musik- und Videostreams. Hier sollte, wenn keine WLAN-Verbindung verfügbar ist, ein alternativer Stream mit reduziertem Datenvolumen angeboten werden. Vorausladen oder Caching von Daten ist ebenfalls nicht zulässig. Apple begründet das mit der Lebensdauer des Flash-Speichers der Geräte.

Für Web-Apps und Zugriffe auf Webinhalte muss das WebKit-Framework verwendet werden. Daher gibt es auch kaum alternative Browser neben Safari. Ausnahmen: Opera hat es mit geschickten Aktionen geschafft, seinen Browser für iOS im App Store anzubieten.

 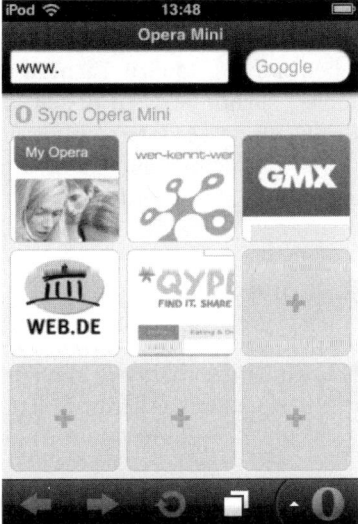

Bild 7.8:
Opera Mini, ein alternativer Browser im App Store.

Der alternative Browser Skyfire verwendet das WebKit-Framework mit einer eigenen Bedienoberfläche und bringt zusätzlich einen Serverdienst mit, der Videos komprimiert und sie auch ohne Flash auf iOS-Geräten darstellbar macht. Damit erfüllt er die Richtlinien zur Aufnahme in den App Store.

Neben der WebKit-Vorgabe ist auch sonst die Verwendung von APIs auf die von Apple dokumentierten beschränkt. Undokumentierte Funktionsbibliotheken, wie sie in Entwicklerforen in Mengen zu finden sind, können immer wieder zu Ablehnungen führen.

Apple-Eigenheiten

Apple war immer schon extrem auf seine Marke bedacht und hat sich bereits mehrfach in der Firmengeschichte sehr eigen gegenüber anderen Plattformen gezeigt. So ist es noch verständlich, dass Apple-Produkte unbedingt richtig geschrieben werden müssen. iPhone und iPod schreibt man genau so. Jede andere Form von Groß- und Kleinschreibung oder gar Bindestriche bedeuten ein sofortiges K. o. im Aufnahmetest für den App Store. Dass allerdings allein die Erwähnung einer anderen Plattform in der App oder auch nur in deren Beschreibung verboten ist, wirkt etwas befremdlich.

Ebenfalls sehr gewöhnungsbedürftig ist die Tatsache, dass keine Demo-, Test- oder Betaversionen von Apps angeboten werden dürfen, was jahrelang auf allen anderen Plattformen einschließlich Windows-PC-Software völlig normal war. Diese Begriffe dürfen nicht einmal in Beschreibungen oder Kommentaren auftauchen. Auch Versionsnummern, die mit 0.xx beginnen, sind nicht zulässig. Diese Eigenheit führte dazu, dass Entwickler von ihren Apps zwei Versionen bauten, eine kostenlose, als Freeware bezeichnet, mit eingeschränkten Funktionen sowie eine Kaufversion. Auf diese Weise kam der App Store sehr schnell zu deutlich höheren App-Zahlen. Als Entwickler dazu übergingen, dieses Prinzip auch auf andere Plattformen anzuwenden, war die Verwirrung bei den Nutzern perfekt, die von jeher das System von Demo- und Vollversion gewohnt waren.

Apples strikte Vorgaben, was die Verwendung von Systemsymbolen und Oberflächenelementen angeht, haben auch schon zu Lachern geführt. So soll es Forenbeiträgen zufolge eine App namens Calcbot gegeben haben, die das Uhrensymbol, das auf dem iPhone für die Anrufliste genutzt wird, tatsächlich für eine Uhrenfunktion verwendete. Diese App wurde erst in den App Store aufgenommen, als der Entwickler die symbolisch angezeigte Uhrzeit von 03:00 auf 09:00 änderte.

7.3.3 Windows Phone

Auch Microsoft macht den Entwicklern genaue Vorgaben, was eine App tun darf, was sie nicht darf und welche Inhalte enthalten sein dürfen. Viele der Vorgaben entsprechen sinngemäß denen anderer Appstores. Allerdings hat Windows Phone als jüngste Plattform aus den Fehlern der anderen gelernt und formuliert einige technische Bedingungen wesentlich klarer.

So legt Microsoft ganz deutlich fest, dass jede App einen Sinn und Nutzen für den Benutzer haben muss und nicht ausschließlich dazu dienen darf, eine Webseite oder Werbung anzuzeigen. Ein großer Teil der Apps aus dem Apple App Store würde abgelehnt, wenn es diese Vorschrift dort ebenfalls gäbe.

▣ Lesezeichen

http://bit.ly/wZvS4U
Microsoft veröffentlicht hier die Richtlinien für die Aufnahme in den Windows Phone Marketplace.

Inhalte

Microsofts Inhaltsrichtlinien entsprechen weitgehend dem, was man von anderen Appstores kennt, und enthalten eine lange Liste von verbotenen Inhalten, die von Rassenhass über terroristische Aktivitäten und Waffenhandel bis zu exzessivem Alkoholkonsum reicht. Urheberrechtlich geschützte Inhalte dürfen nur mit entsprechenden

Genehmigungen verwendet werden. Auch das Thema »Adult Content« (Inhalte für Erwachsene) ist ausführlich in den Vorschriften geregelt.

Bei Spielen gibt es besondere Regelungen, wenn diese von der USK oder anderen Organisationen für bestimmte Altersklassen freigegeben sind.

Je nach der Region auf der Welt, in der eine App zum Download angeboten wird, können bestimmte Inhalte weiter eingeschränkt werden. So gibt es zum Beispiel für China, Indonesien und Malaysia besondere Einschränkungen für die Darstellung von Menschen in freizügiger Kleidung, für Hinweise auf Religion oder Alkohol, für die Simulation von Glücksspielen oder für sogenannten »Badezimmerhumor«.

Technik

Eine App darf die Sicherheit oder Funktionsfähigkeit des Windows Phone oder des Windows Phone Marketplace nicht beeinträchtigen. Jede App muss nach der Installation aus dem Windows Phone Marketplace voll funktionsfähig sein. Eine Ausnahme bildet das Nachladen größerer Datenmengen beim ersten Start. In solchen Fällen muss die App die Datenmenge genau angeben und darauf hinweisen, dass für den Nutzer Kosten beim Netzbetreiber entstehen können. Es ist nicht zulässig, dass Benutzer Zahlungsinformationen in der App eingeben müssen, um bestimmte Funktionen freizuschalten. Und es ist nicht erlaubt, dass eine App Mobilfunkverträge bewirbt oder verkauft. Auch bei sonstiger Werbung in Apps macht Microsoft strenge Auflagen.

Apps, die Chatfunktionen oder anderweitige Kommunikation unterstützen und dem Benutzer erlauben, dafür direkt auf dem Windows Phone ein Benutzerkonto anzulegen, müssen sicherstellen, dass der Benutzer älter als 13 Jahre ist.

Anwendungen, die den Standort des Benutzers erfassen, müssen dies über die Microsoft Location Service API tun. Sie müssen in den Datenschutzbestimmungen darauf hinweisen, wie die Daten genutzt und geschützt werden und auch welche Kontrolle der Benutzer über die Verwendung dieser Daten hat. In der Anwendung muss es für den Benutzer die Möglichkeit geben, die Verwendung der Microsoft Location Service API abzuschalten. Hat der Benutzer die Verwendung der Standortdaten auf dem Windows Phone global deaktiviert, muss die Anwendung sich daran halten. Auch die Unterdrückung eventueller Meldungen oder das Ignorieren benutzerspezifischer Einstellungen der Microsoft Location Service API ist nicht zulässig. Werden die Standortdaten für andere (auch Werbeanbieter) zugänglich gemacht, muss der Benutzer dieser Freigabe explizit zustimmen, und die App muss ihm auch eine Gelegenheit geben, diese Zustimmung später zu widerrufen.

Sendet eine App persönliche Daten des Benutzers an Dritte, muss zuvor eine Datenschutzvereinbarung angezeigt werden. Der Benutzer muss dieser Freigabe explizit zustimmen, und die App muss ihm auch hier wieder eine Gelegenheit geben, diese Zustimmung später zu widerrufen.

Nutzt eine App den Microsoft Push Notification Service, muss der Benutzer diesem Dienst explizit zustimmen, und die App muss ihm auch hier wieder eine Gelegenheit geben, diese Zustimmung später zu widerrufen. Alle Benachrichtigungen müssen den Inhalten entsprechen, denen der Benutzer zugestimmt hat. Der Microsoft Push

Notification Service darf nicht zur Übertragung lebenswichtiger Daten verwendet werden, wie zum Beispiel Daten medizinischer Geräte.

7.4 Apps in den Appstores einreichen

Immer wieder liest man, die fertige App in einen Appstore zu bringen, sei fast genauso aufwendig, wie eine App zu programmieren. Dabei ist das Verkaufen einer App in einem Appstore auch nicht schwieriger, als irgendwelche anderen Waren über eBay oder Amazon anzubieten. Die Betreiber der Appstores liefern den Entwicklern ausführliche Hilfestellung, und spätestens bei der zweiten App ist alles ganz einfach.

Entwerfen Sie jetzt auch den Beschreibungstext für Ihre App. Dieser kann für alle Plattformen ähnlich sein, sollte aber die Nutzer der jeweiligen Plattform nicht verwirren. Im iOS App Store dürfen andere Plattformen nicht erwähnt werden. Dabei kann nicht oft genug wiederholt werden: Achten Sie bei Ihren Texten auf korrekte Rechtschreibung und Grammatik. Dieser Text ist der erste Eindruck, den ein Benutzer von der App bekommt. Marktschreierische Texte voller Schlagwörter und Ausrufezeichen, wie man sie in Amerika kennt, kommen bei deutschsprachigen Benutzern ebenfalls nicht gut an.

Sie können in den Appstores Texte in mehreren Sprachen hochladen. Wenn Sie Ihre App international bewerben möchten, lassen Sie Ihren Text von einem professionellen Übersetzer übersetzen. Nutzen Sie dafür nicht Google Translate. Sehen Sie sich nur einmal die deutschen Beschreibungen japanischer und chinesischer Apps an. Hier ist oftmals nicht zu erkennen, was Sinn und Zweck einer App ist. Ein solcher Text spricht nicht für Ihre App, sondern wirkt eher als Negativwerbung. Verzichten Sie also lieber darauf, Ihre App in einer fremden Region anzubieten, bevor Sie einen mit Google Translate übersetzten Text nutzen.

Deutscher Android Market-Text für eine japanische Videoabspiel-App
Der genaue Wortlaut: »So Baseball Faust! Messen Sie sich mit voller Länge Tiefdruck Königin in voller Video! - Nach der Installation der Anwendung, wird der interne Speicher des Terminals benötigen mehr als 110 MB, um Video-Dateien herunterladen. Interner Speicher kann von der folgenden Verfahren bestätigt werden. Terminal-Kapazität SD-Karte und Einstellungen Menü-Taste. Da Sie ein hochauflösendes Video-Dateien, gibt es eine Grenze der Leistungsfähigkeit auf dem Terminal-Seite gespielt werden können. Bitte genießen Sie mit einer Leistung von gleich oder größer als das Terminal oder Terminal, empfahl unten.«
Würden Sie diese App kaufen?

7.4.1 Android

Bevor eine Android-App in den Android Market gestellt werden kann, muss sie erst einmal wirklich fertig sein. Was sich selbstverständlich anhört, stellt sich oftmals bei der Anmeldung der App im Android Market als Problem heraus. Google nennt fünf Schritte, die bei der Vorbereitung einer App für den Android Market abgearbeitet werden müssen:

Materialien zusammenstellen

Spätestens jetzt braucht die App ein prägnantes Icon, das sie in der Liste der Apps auf dem Handy leicht erkennbar macht. Dieses Icon kann auch im Android Market in höherer Auflösung verwendet werden. Speichern Sie Ihr Icon in fünf verschiedenen Größen im PNG-Format, wie in der Tabelle beschrieben. Ein Alphakanal für transparente Bereiche ist möglich.

Auflösung für Icons				
ldpi (120 dpi)	mdpi (160 dpi)	hdpi (240 dpi)	xhdpi (320 dpi)	Market
36 x 36	48 x 48	72 x 72	96 x 96	512 x 512

Weiterhin werden im Android Market mindestens zwei Screenshots der App benötigt, bis zu acht Screenshots können angezeigt werden. Diese müssen senkrecht sein und folgenden Spezifikationen entsprechen: 320 x 480 oder 480 x 854, 24-Bit-PNG oder -JPG (kein Alpha), randlos, kein Rahmen im Bild.

Weiterhin können noch eine Werbegrafik und eine Funktionsgrafik im Android Market verwendet werden. Die Werbegrafik erscheint an verschiedenen Stellen im Android Market und muss folgenden Spezifikationen entsprechen: 180 x 120, 24-Bit-PNG oder -JPG (kein Alpha), randlos, kein Rahmen im Bild.

Die Funktionsgrafik wird oben auf den App-Seiten in der Browserversion des Android Market verwendet sowie in den Empfehlungsbereichen in der mobilen Version und der Browserversion des Android Market.

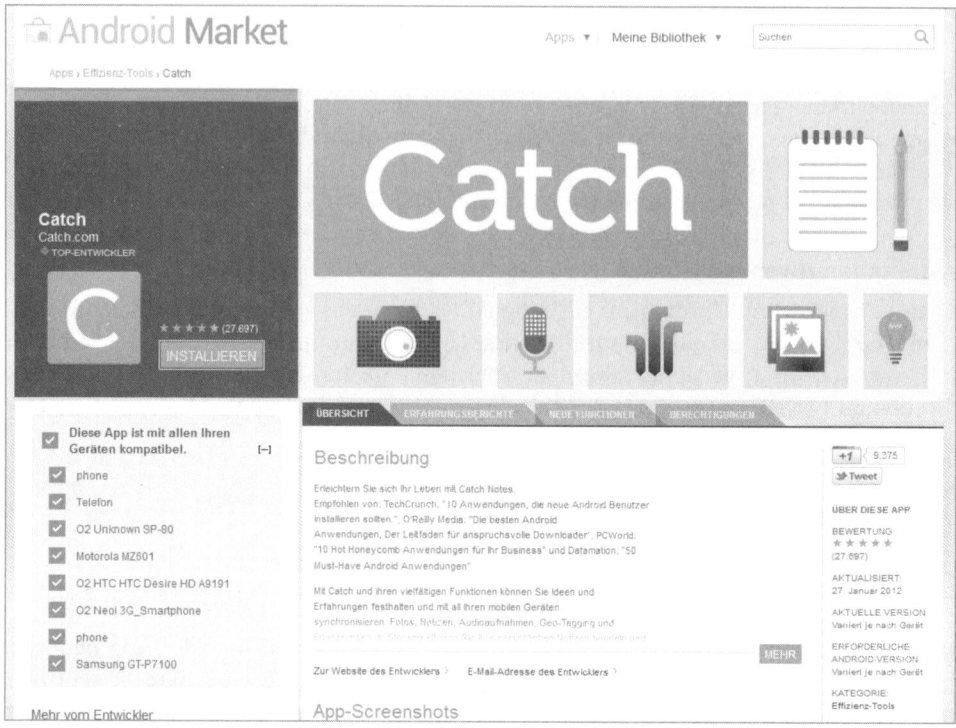

Bild 7.9: Funktionsgrafik im Android Market im Browser und auf dem Handy.

Wenn Sie Schrift in der Funktionsgrafik nutzen, verwenden Sie große Schriftgrößen. Die Grafik sollte einfach sein, da sie möglicherweise stark verkleinert wird. Diese Grafik muss folgenden Spezifikationen entsprechen: 1024 x 500, 24-Bit-PNG oder -JPG (kein Alpha), keine Transparenz, randlos, kein Rahmen im Bild.

Verwenden Sie einen sicheren Rahmen mit 924 x 400 Pixeln (50 Pixel sicherer Abstand auf jeder Seite). Alle wichtigen Inhalte der Grafik sollten sich innerhalb dieses sicheren Rahmens befinden. Pixel außerhalb dieses sicheren Rahmens können aus stilistischen Gründen abgeschnitten werden, wenn das Seitenverhältnis des Darstellungsbereichs nicht genau der Grafikvorlage entspricht.

Im Android Market können Sie zu jeder App auch eine Lizenzvereinbarung (End User License Agreement – EULA) mitliefern. Professionelle Entwickler haben hier fertige Texte, die nur noch von Fall zu Fall angepasst werden müssen. Eine solche Lizenzvereinbarung kann helfen, sich vor Missbrauch der App zu schützen.

Zur Veröffentlichung einer App im Android Market muss diese mit einem persönlichen Schlüssel signiert sein. Dieser Schlüssel muss mindestens bis 22.10.2033 gültig sein. Der Signierungsprozess kann direkt innerhalb von Eclipse beim Zusammenbau der APK-Datei erfolgen.

▣ Lesezeichen

http://bit.ly/y1uzEU
Hier erklärt Google das Signierungsverfahren und wie Sie zu Ihrem persönlichen Schlüssel kommen.

App zur Veröffentlichung konfigurieren

Im nächsten Schritt geht es darum, das App Projekt selbst so fertigzustellen, dass es hochgeladen werden kann.

- Wählen Sie einen geeigneten Paketnamen für die App. Dieser kann nachträglich nicht mehr geändert werden, da er unter anderem zur Identifikation der App im Android Market dient.

- Schalten Sie alle Debug-Funktionen aus und entfernen Sie Debug-Tracing-Aufrufe aus dem Programmcode. Setzen Sie in der Manifestdatei `android:debuggable` auf `false`.

- Räumen Sie die Projektverzeichnisse auf. Entfernen Sie dort Dateien, die nicht benötigt werden. Entfernen Sie Testbibliotheken aus dem *lib*-Verzeichnis, eventuell vorhandene JAR-Dateien aus dem *src*-Verzeichnis sowie alte Grafiken und nicht mehr verwendete Layouts aus dem *res*-Verzeichnis.

- Entfernen Sie nicht benötigte Berechtigungen aus dem `uses-permission`-Element in der Manifestdatei. Alle Berechtigungen werden im Android Market angezeigt. Benutzer scheuen vor Apps zurück, die unnachvollziehbare Berechtigungen verlangen.

- Prüfen Sie die Parameter `android:icon`, `android:label`, `android:versionCode` und `android:versionName` in der Manifestdatei auf die richtigen Werte.

- Wenn die App Webinhalte nutzt, prüfen Sie die angegebenen URLs auf Richtigkeit. In vielen Fällen verwendet man während der Entwicklung Testserver und nicht die öffentlichen URLs mit den wirklichen Daten.

Signierte App bauen

Bauen Sie jetzt mit Eclipse und dem ADT-Plug-in die endgültige App. Der Export Wizard in Eclipse erledigt auch den Signiervorgang mit Zertifikat und privatem Schlüssel.

Die fertige APK-Datei darf für den Android Market maximal 50 MByte groß sein. Bei anderen Distributionswegen können auch größere APK-Dateien verwendet werden. Achten Sie darauf, die Datei möglichst klein zu halten. Lassen Sie umfangreiche Inhalte lieber nach der Installation auf die Speicherkarte des Handys nachladen.

Server vorbereiten

Stellen Sie sicher, dass der Server, von dem die App Webinhalte holt, funktioniert und richtig konfiguriert ist. Wenn Sie per In-App-Billing aus der App heraus Inhalte verkaufen, stellen Sie ebenfalls sicher, dass alle hierfür notwendigen Daten verfügbar sind.

App testen

Testen Sie die fertige App auf verschiedenen Geräten mit verschiedenen Bildschirmauflösungen und Android-Versionen, nicht nur im Emulator. Geben Sie die App Freunden zum Test. Ein Dritter benutzt eine App ganz anders, als der Entwickler selbst es tun würde. Sie können die APK-Datei auch auf Ihrer eigenen Webseite oder in Foren zum öffentlichen Betatest als Download anbieten, bevor Sie sie in den Android Market stellen.

▣ Lesezeichen

http://bit.ly/zNKPlk
Hier gibt Google einige Hinweise zum Testen von Android-Apps vor der Veröffentlichung im Android Market.

Nach erfolgreich verlaufenen Tests ist der Zeitpunkt gekommen, die App sowie Screenshots, Werbegrafiken, Icons und den Beschreibungstext bei *https://market.android.com/publish* hochzuladen.

Wählen Sie eine sinnvolle Kategorie für Ihre App, in der ein Benutzer sie auch suchen würde.

Wenn Sie mehrere Sprachen angeben wollen, können Sie im Android Market in jeder Sprache nicht nur einen eigenen Beschreibungstext, sondern auch eigene Namen für die App nutzen. Der App-Name darf maximal 30 Zeichen lang sein. Verwenden Sie aber nach Möglichkeit nur 16 Zeichen oder weniger, damit der Name auf den Geräten ungekürzt darstellbar ist.

7.4.2 iOS

Wenn Ihre App so weit fertig ist, dass sie im iOS-Simulator problemlos läuft, können Sie so langsam damit beginnen, sie auf echten Geräten zu testen und im App Store zur Veröffentlichung anzumelden.

Im iOS Provisioning Portal in Ihrem Entwicklerkonto bei Apple bekommen Sie nach einer Zertifikatsanfrage, die mithilfe eines speziellen Tools auf Ihrem Mac gestellt wird, ein Zertifikat, mit dem Sie dann ein sogenanntes Provisioning Profile generieren können.

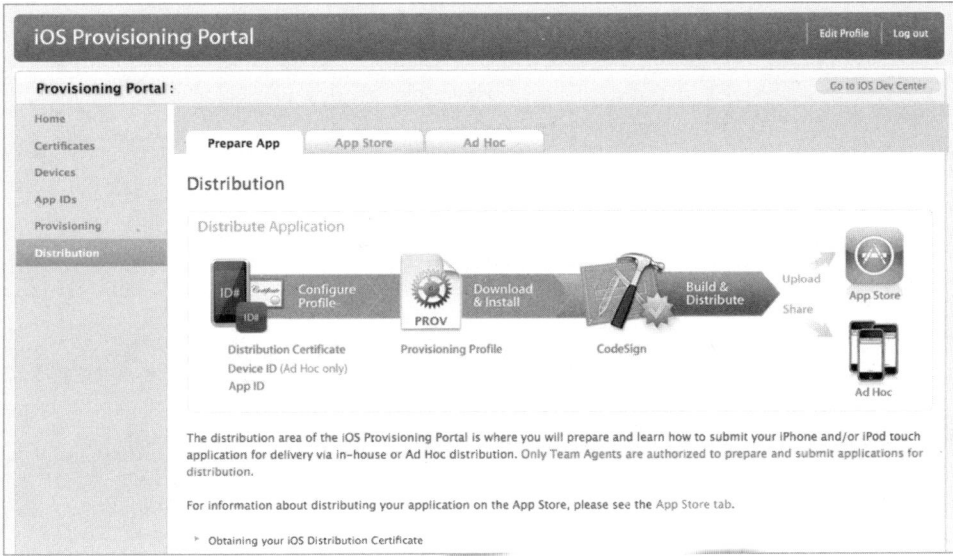

Bild 7.10: Das iOS Provisioning Portal.

Ein Onlineassistent führt durch diese Schritte. Mit dem Zertifikat und dem Provisioning Profile erstellen Sie jetzt in Xcode eine neue Version der App, die auch auf Geräten ausgeführt werden kann.

Dazu erstellen Sie neben dem Debug Profile ein Distribution Profile in Xcode, mit dem die endgültige App gebaut wird.

Spätestens jetzt braucht die App auch ein prägnantes Icon, mit dem sie in der Liste der Apps auf dem iPhone und im App Store leicht zu erkennen ist. Erstellen Sie Ihr Icon in fünf verschiedenen Größen im PNG-Format, wie in der Tabelle beschrieben. Verwenden Sie hier einfache quadratische Icons ohne die typischen abgerundeten Ecken und den bogenförmigen Glanzeffekt. Diese Effekte werden automatisch von iOS und auch im App Store über die Bilder gelegt.

Auflösungen für Icons				
iPhone, iPod touch	iPad	iPhone 4	Suchergebnisse	App Store
57 x 57	72 x 72	114 x 114	29 x 29	512 x 512

Möchten Sie Ihre App vor der endgültigen Veröffentlichung firmenintern testen oder an ausgewählte Betatester verschicken, bietet Apple die Möglichkeit, ein Ad Hoc Profile anzulegen. Apps, die damit kompiliert wurden, können auf zuvor angemeldeten Geräten getestet werden. Sie haben die Möglichkeit, hierfür bis zu 100 Geräte anzumelden. Die

Nutzer können Ihre App dann mithilfe von Xcode oder aber auch über einen speziellen iTunes-Link installieren und testen, ohne dass die App öffentlich im App Store stehen muss.

Erst die mit dem Distribution Profile erstellte Version der App kann für den App Store angemeldet werden. Melden Sie sich dazu mit Ihren Entwicklerdaten bei *itunesconnect.apple.com* an.

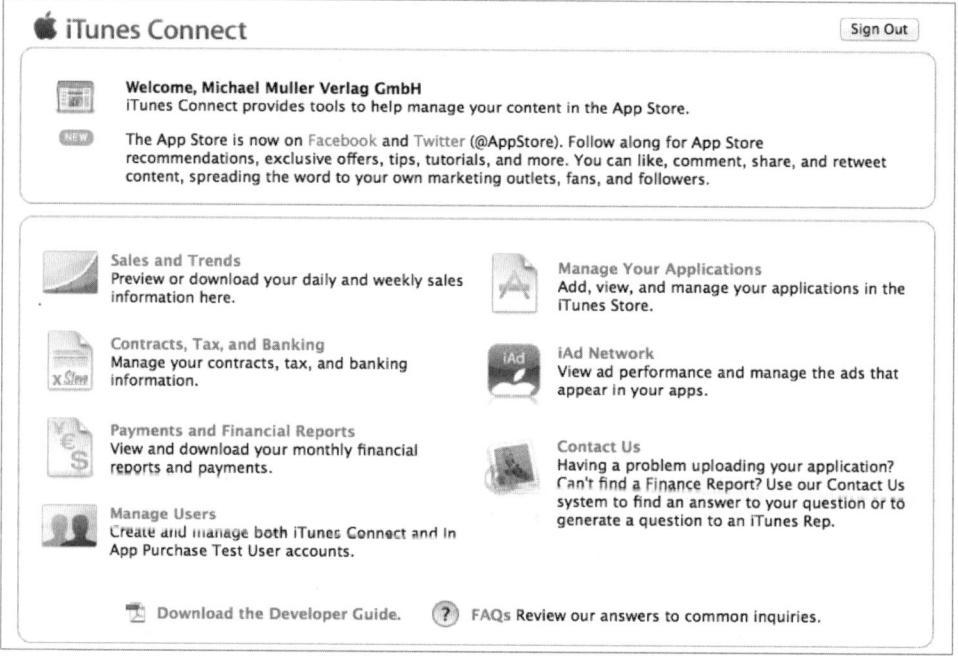

Bild 7.11: iTunes Connect, der Entwicklerzugang zum App Store.

In iTunes Connect verwalten Sie alle Ihre Apps und sehen auch Ihre Verkaufs- und Umsatzstatistiken. Anstatt über das Entwicklerportal können Sie diese Daten auch mit der *iTunes Connect Mobile App* einsehen, die im App Store kostenlos erhältlich ist.

▣ Lesezeichen

http://bit.ly/xkrvOH

Apple liefert hier ausführliche Informationen zur Bedienung von iTunes Connect und zur Anmeldung von Apps für den App Store.

Legen Sie über *Manage Your Applications* eine neue App an. Wie auf allen Plattformen müssen Sie an dieser Stelle eine Produktbeschreibung in sauberer deutscher Sprache verfassen. Je nach geplantem Verbreitungsgebiet können Sie auch Beschreibungen in anderen Sprachen anlegen. Außerdem muss die App in eine Kategorie einsortiert werden.

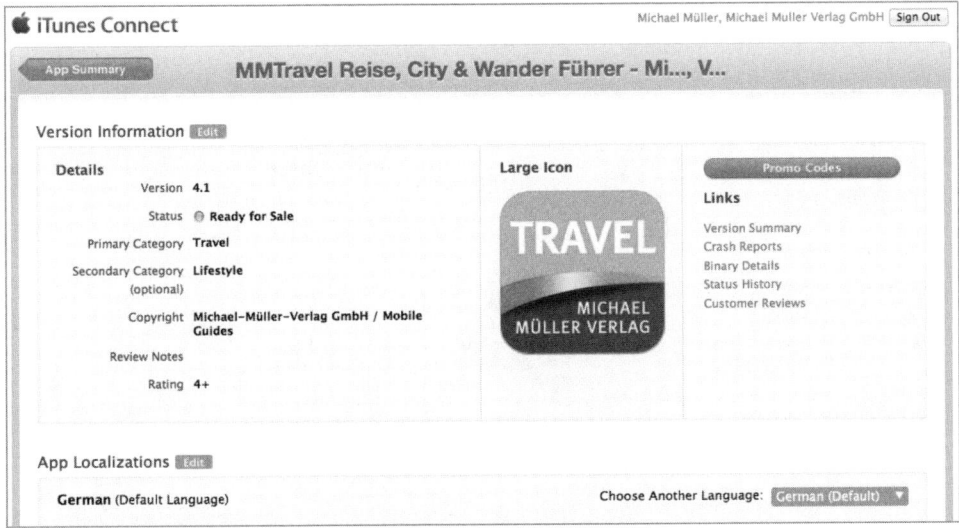

Bild 7.12: Beschreibung und Bilder für die App hochladen.

Laden Sie jetzt auch Screenshots der App hoch. Bisher forderte Apple Screenshots der Größe 320 x 480, was der klassischen iPhone-Auflösung entspricht. Seit Anfang Februar 2012 sind nur noch Screenshots in der Auflösung des iPhone 4 von 640 x 960 Pixeln im Hochformat oder 960 x 640 Pixeln im Querformat erlaubt. Je nach App können Sie auch nur den aktiven Bereich des Bildschirms ohne die obere, 40 Pixel breite, Statusleiste abbilden. Dann ergeben sich Auflösungen von 640 x 920 Pixeln im Hochformat und 960 x 600 Pixeln im Querformat

Auch bei kleinen Updates müssen Entwickler jetzt neue Screenshots in dieser hohen Auflösung hochladen, um ihre App wieder freigeschaltet zu bekommen. Damit will Apple sicherstellen, dass alle neuen oder aktualisierten Apps für die Darstellung auf den Retina-Displays geeignet sind.

Das Icon für den App Store muss eine Auflösung von 512 x 512 Pixeln haben, obwohl es nirgendwo in dieser Größe angezeigt wird, sondern überall nur skaliert.

Nachdem alles fertig ist, klicken Sie auf *Ready to upload binary*. Waren die bisherigen Schritte noch mit jedem Browser der Welt möglich, hat Apple jetzt wieder eine Sperre eingebaut. Damit Apps für iOS auch wirklich nur unter Mac OS X erstellt werden können, gibt es nicht einfach ein Formular für einen Browserupload, stattdessen muss, nachdem der Status der App im Browser auf *Waiting for Upload* umgeschaltet wurde, ein spezieller Application Loader gestartet werden, der nur für Mac OS X verfügbar ist. Mit diesem Programm laden Sie Ihre fertige App auf den Apple-Server hoch.

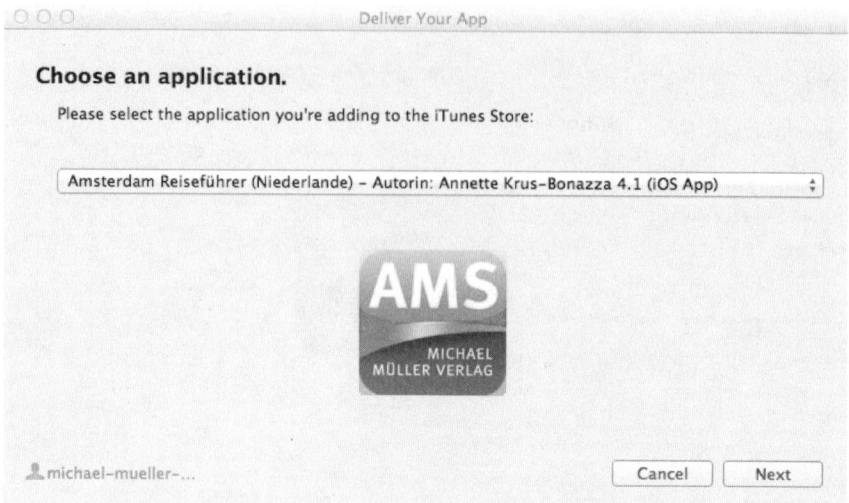

Bild 7.13: Der Application Loader zum Hochladen einer App in iTunes Connect.

Nach dem Hochladen springt der Status auf *Upload Received* um. Danach kann es einige Minuten bis Stunden dauern, bis die App automatisch in die Warteschlange der zu prüfenden Apps eingereiht wird. Ist das geschehen, erscheint als Status *Waiting for Review*. Während dieser Zeit haben Sie noch die Möglichkeit, die Beschreibung zu bearbeiten.

Hat sich jemand vom Review-Team Ihrer App angenommen, springt der Status auf *In Review*. Jetzt ist für den Entwickler jegliche Bearbeitung in iTunes Connect gesperrt, da genau dieser Status geprüft und später veröffentlicht wird. Je nach App und Auslastung bei Apple kann die Prüfung der App eine Woche oder auch länger dauern.

Ist alles in Ordnung und hat die App den Test bestanden, springt der Status auf *Ready for Sale* um, und die App ist öffentlich im App Store sichtbar. Wurde beim Test etwas beanstandet, springt der Status auf *Rejected*, und Sie bekommen eine Mail von Apple mit der Begründung für die Ablehnung.

7.4.3 Windows Phone

Auch beim Windows Phone Marketplace gilt, dass die App fertig sein muss, bevor Sie mit dem Hochladen beginnen. Außerdem brauchen Sie eine aussagekräftige Beschreibung, Screenshots und Icons.

Microsoft beschreibt den Vorgang des Veröffentlichens einer Windows Phone-App in folgenden Schritten:

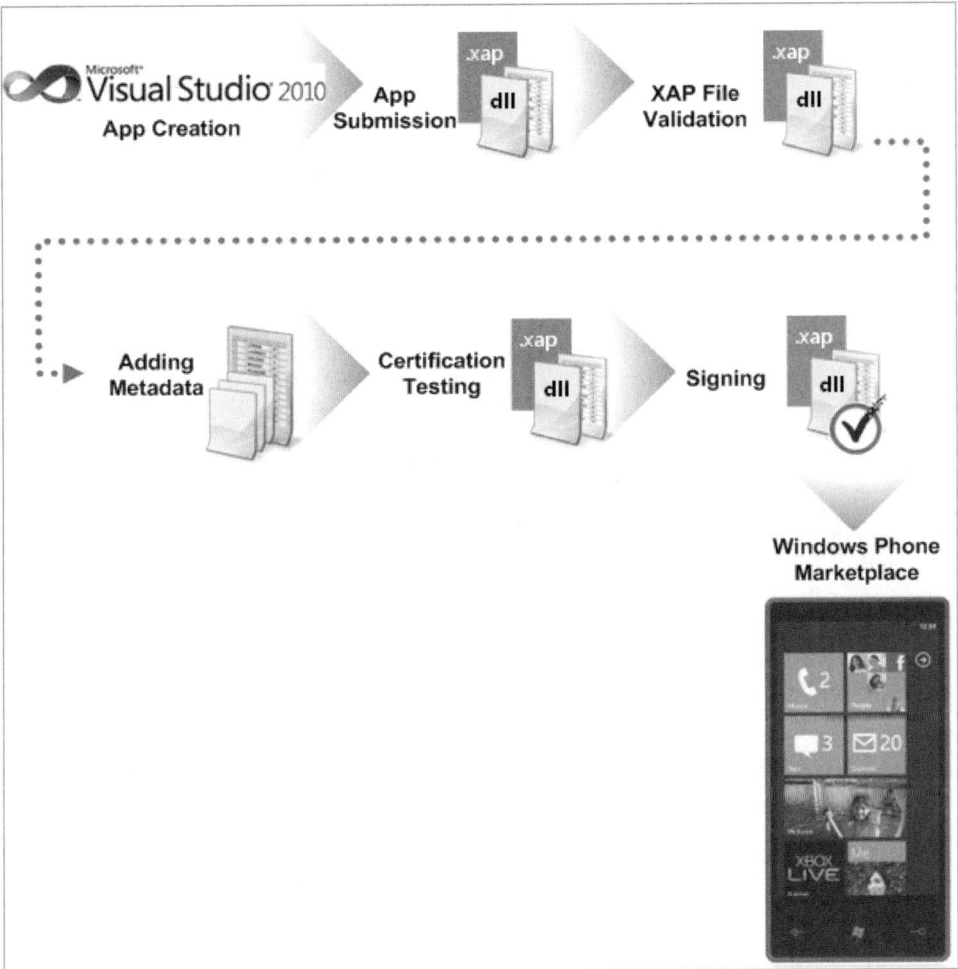

Bild 7.14: Veröffentlichung einer Windows Phone-App.

Die in Visual Studio 2010 Express für Windows Phone erstellte XAP-Datei wird im App Hub hochgeladen (*App Submission*) und dort zunächst automatisch getestet (*XAP File Validation*). Währenddessen gibt der Entwickler Metadaten wie unter anderem den Namen und die Beschreibung der App ein (*Adding Metadata*). Jetzt wird die App auf dem Microsoft-Server neu gepackt und dem Produkttestteam übergeben (*Certification Testing*). Besteht die App den Aufnahmetest für den Windows Phone Marketplace, wird sie digital signiert (*Signing*) und veröffentlicht.

Grafiken zusammenstellen

Im Windows Phone Marketplace muss mindestens ein Screenshot zu jeder App hochgeladen werden. Maximal sind acht Screenshots möglich, die folgenden Spezifikationen entsprechen müssen: 480 x 800, 24-Bit-PNG (keine Transparenz), randlos, kein Rahmen im Bild. Microsoft akzeptiert keinerlei grafische »Verbesserungen« an den

Screenshots, keine Glanz- oder Schatteneffekte, einfach nur die reinen Screenshots aus dem Windows Phone-Emulator im Hochformat.

Spätestens jetzt braucht die App ein prägnantes Icon, das sie in der Liste der Apps auf dem Handy leicht erkennbar macht. Dieses Icon kann auch im Windows Phone Marketplace in höherer Auflösung verwendet werden. Bauen Sie Ihr Icon in verschiedenen Größen im PNG-Format, wie in der Tabelle beschrieben. Transparenz ist nicht zulässig.

Auflösungen für Icons				
App-Liste auf dem Windows Phone	Startbildschirm auf dem Windows Phone	Kleines Icon im Windows Phone Marketplace	Großes Icon im Windows Phone Marketplace	PC-Version des Windows Phone Marketplace
62 x 62	173 x 173	99 x 99	173 x 173	200 x 200

Zusätzlich kann im Windows Phone Marketplace ein Panoramabild verwendet werden. Dieses sollte dem Panoramahintergrund in der App entsprechen und folgenden Spezifikationen entsprechen: 1.000 x 800, 24-Bit-PNG (keine Transparenz), randlos, kein Rahmen im Bild. Das Panoramabild wird nur für empfohlene Apps im Windows Phone Marketplace angezeigt.

Release-Version der XAP-Datei erstellen

Während der Entwicklung in Visual Studio 2010 Express für Windows Phone werden immer wieder Debug-Versionen einer App produziert, die noch zusätzlichen Code enthalten, der in der endgültigen Version nicht mehr erforderlich ist.

Wählen Sie dazu im Menü von Visual Studio 2010 Express für Windows Phone *Projekt/ Eigenschaften* und schalten Sie im Register *Erstellen* die *Konfiguration* auf *Release* um.

Wählen Sie jetzt noch im Register *Anwendung* einen geeigneten Titel für die App. Microsoft empfiehlt, einen zwischen 11 und 15 Zeichen langen Titel zu wählen, längere werden möglicherweise abgeschnitten.

Wählen Sie an dieser Stelle unter *Symbol* das kleine Icon für die Liste der Apps und unter *Hintergrundbild* das große Icon für die Kachel auf dem Startbildschirm. Die deutsche Bezeichnung ist hier verwirrend. Es handelt sich nicht um das Hintergrundbild der App.

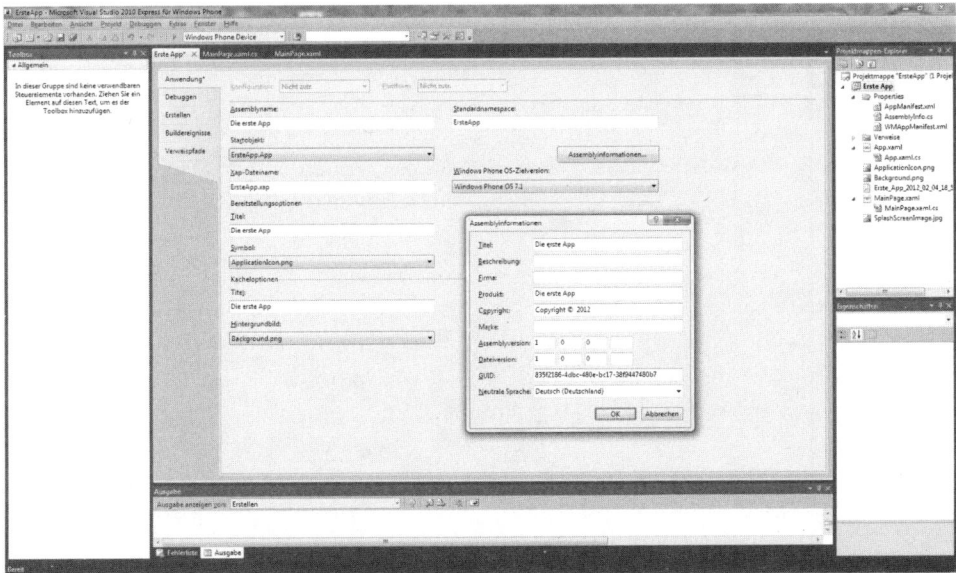

Bild 7.15: App-Titel, Icons und Sprache auswählen.

Klicken Sie auf die Schaltfläche *Assemblyinformationen*. Hier können Sie noch die Standardsprache der App auswählen. In diesem Dialogfeld finden Sie bereits die GUID, unter der Ihre App im Windows Phone Marketplace erscheinen wird.

Erstellen Sie jetzt die endgültige XAP-Datei, die Sie auf einem eigenen Windows Phone und nicht nur im Emulator testen können.

Die fertige XAP-Datei darf für den Windows Phone Marketplace maximal 225 MByte groß sein. Achten Sie darauf, die Datei möglichst klein zu halten. Lassen Sie umfangreiche Inhalte lieber nach der Installation auf das Windows Phone nachladen.

App vor dem Hochladen testen

Neben dem persönlichen Test auf einem eigenen Gerät gibt es noch verschiedene automatisierte Tests, die Sie ebenfalls ausführen sollten, damit mögliche versteckte Fehler nicht erst den Testern von Microsoft auffallen.

Starten Sie dazu unter *Projekt/Marketplace Testkit öffnen* im Visual Studio 2010 Express für Windows Phone das Testkit.

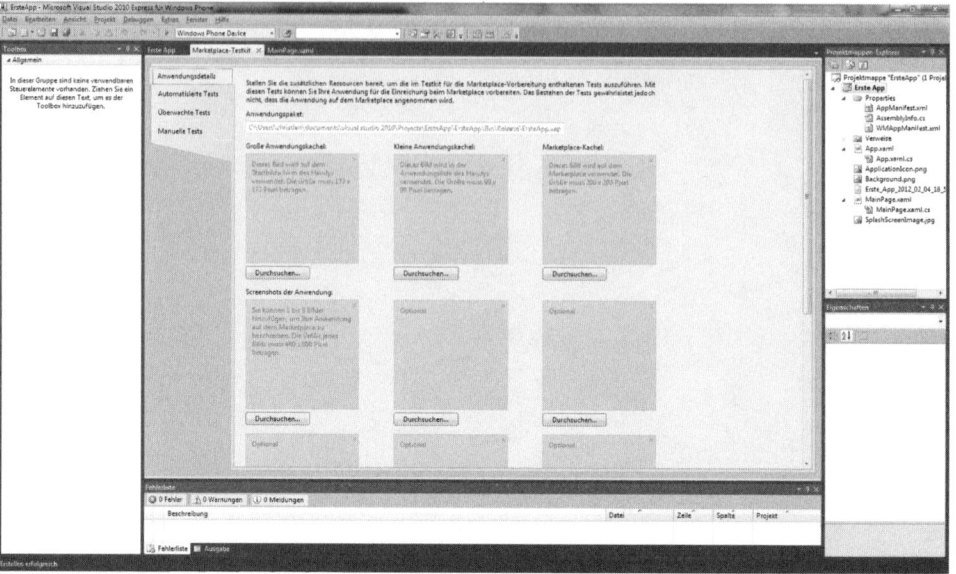

Bild 7.16: Automatische Tests vor dem Hochladen in den Windows Phone Marketplace.

Legen Sie hier noch mal die Icons der App fest. Danach können Sie auf den anderen Registerkarten automatisierte Tests durchführen.

App hochladen

Wenn die Tests alle erfolgreich verlaufen sind, melden Sie sich mit Ihren Entwicklerdaten beim App Hub an und legen dort eine neue App an.

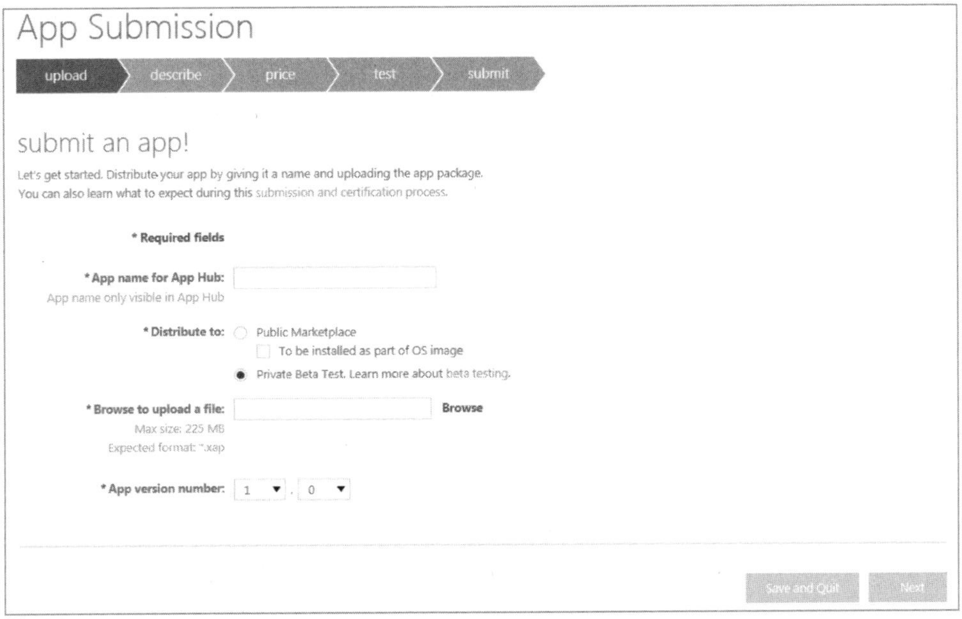

Bild 7.17: App im App Hub hochladen.

Beim Hochladen geben Sie der App einen internen Namen, unter dem Sie sie im App Hub identifizieren können. Der für die Nutzer sichtbare Name wird automatisch aus der XAP-Datei übernommen.

An dieser Stelle können Sie die App, wenn Sie sich noch nicht ganz sicher sind, dass alles optimal läuft, auch zuerst zum Betatest veröffentlichen. Die App ist dann im öffentlichen Windows Phone Marketplace nicht verfügbar. Sie können aber beliebigen Personen einen Link zum Betatest schicken. Diese haben dann die Möglichkeit, über den Windows Phone Marketplace die App auf ihren Geräten zu installieren und zu testen, ohne dass sie eigens dafür freigeschaltete Entwicklergeräte benötigen. Die Betatest-Apps laufen nach 90 Tagen automatisch ab und zählen auch bei der Begrenzung der Anzahl veröffentlichter Apps im Entwicklerkonto.

Beschreibung der App anlegen

Im nächsten Schritt wählen Sie eine Kategorie, unter der die App im Windows Phone Marketplace erscheinen soll.

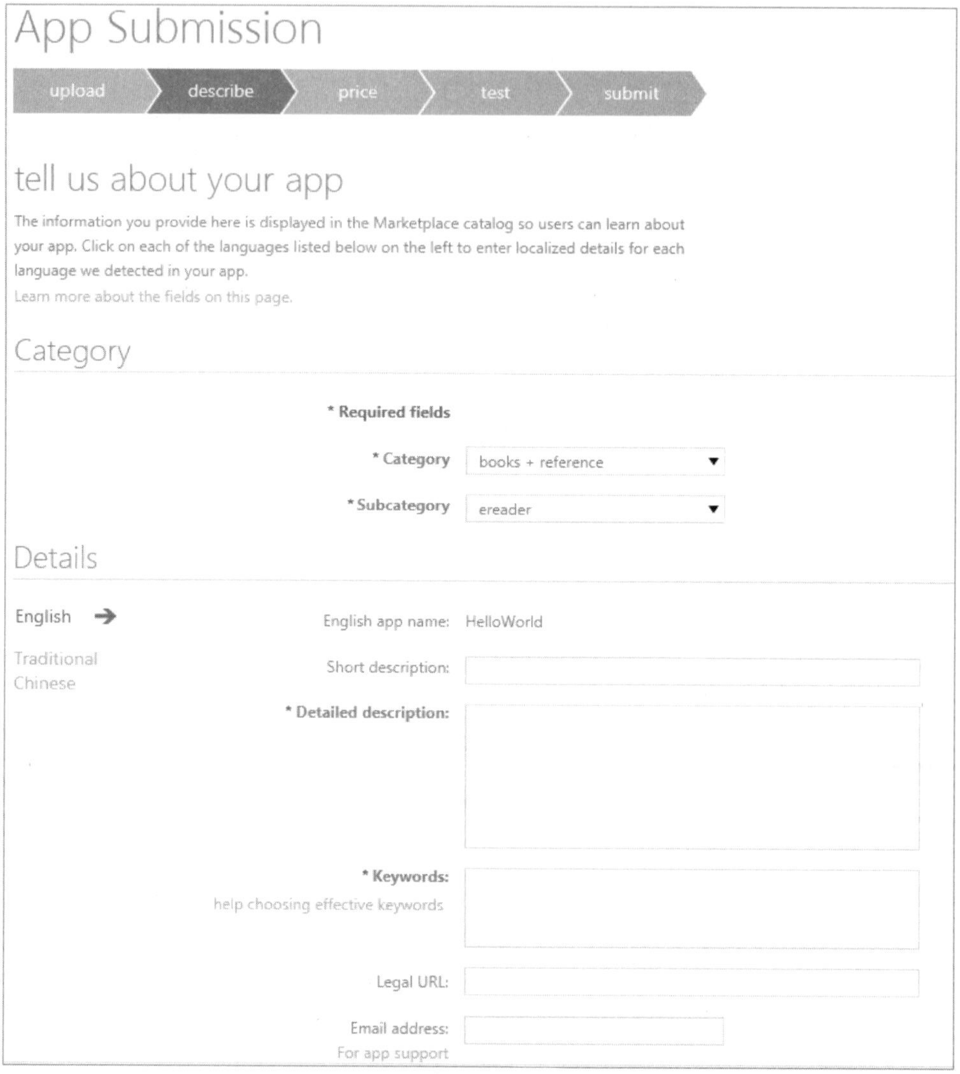

App Submission

upload › describe › price › test › submit

tell us about your app

The information you provide here is displayed in the Marketplace catalog so users can learn about your app. Click on each of the languages listed below on the left to enter localized details for each language we detected in your app.

Learn more about the fields on this page.

Category

* Required fields	
* Category	books + reference ▼
* Subcategory	ereader ▼

Details

English →		
Traditional Chinese	English app name:	HelloWorld
	Short description:	
	* Detailed description:	
	* Keywords: help choosing effective keywords	
	Legal URL:	
	Email address: For app support	

Bild 7.18: Kategorien und Beschreibung für die App.

Geben Sie noch eine Kurzbeschreibung mit maximal 25 Zeichen sowie die eigentliche Beschreibung der App ein. Hier liegt das Limit bei 2.000 Zeichen. Zusätzlich können bis zu fünf Schlüsselwörter angegeben werden, unter denen die App in der Suche gefunden werden soll.

Haben Sie für Ihre App eine spezielle Datenschutzvereinbarung oder einen Lizenztext, geben Sie im Feld *Legal URL* an, wo Benutzer diesen finden können. Danach laden Sie über das Formular die Icons und Screenshots für die App im Windows Phone Marketplace hoch.

Daten zum Verkauf der App

Möchten Sie Ihre App im Windows Phone Marketplace verkaufen, legen Sie als Nächstes einen Preis fest. Microsoft hat vorgegebene Preisgruppen in US-Dollar, die in den Ländern entsprechend automatisch umgerechnet werden. Wählen Sie, in welchen Regionen die App verfügbar sein soll.

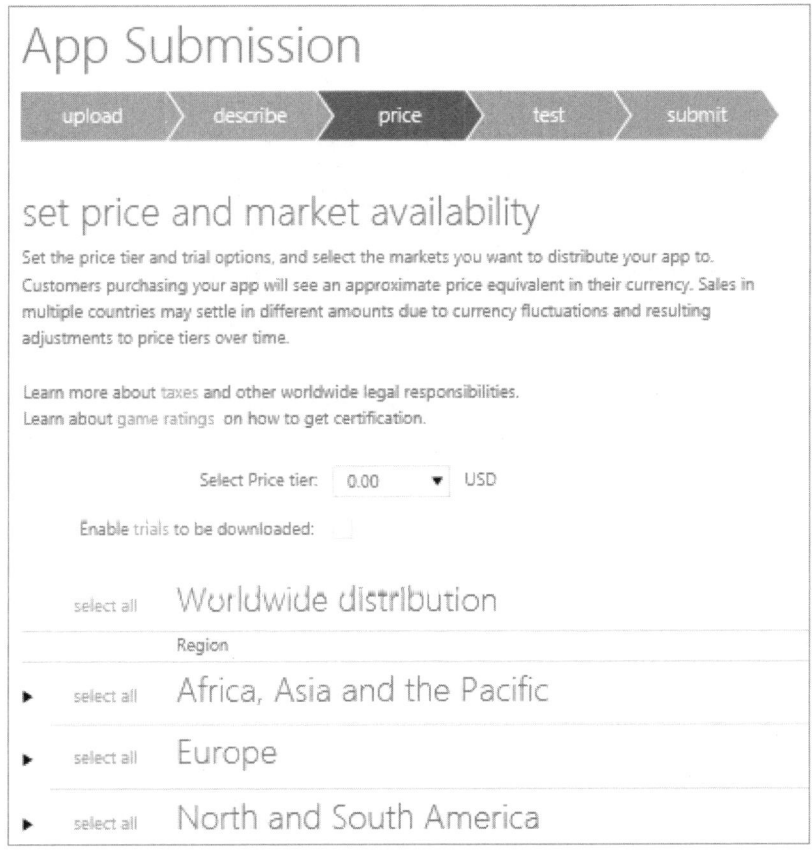

Bild 7.19: Preis und Regionen für den Verkauf festlegen.

Windows Phone bietet Möglichkeiten für Testversionen, mit denen die Benutzer kostenlos die App vor dem Kauf testen können. Microsoft bietet dafür Trial-APIs an, die Entwickler in ihre Apps integrieren können und die Methoden enthalten, bestimmte Funktionen der App oder den Nutzungszeitraum zu begrenzen. Benutzer können direkt aus der Trial-Version der App heraus die Vollversion im Windows Phone Marketplace kaufen. Demoversion und Vollversion sind in derselben XAP-Datei zusammengepackt, sodass man keine zwei Dateien verwalten muss und Benutzer auch nur eine App herunterladen.

◪ Lesezeichen

http://bit.ly/zqYK8g

Hier erklärt Microsoft die Einbindung von Trial-Code in Windows Phone-Apps, um den Benutzern kostenlose Demoversionen anbieten zu können.

Veröffentlichung der App beantragen

Jetzt ist nur noch ein entscheidender Schritt nötig, um die App im Windows Phone Marketplace zu veröffentlichen. Mit dem letzten Klick muss die App zu Test und Zertifizierung an das Marketplace-Testteam geschickt werden. Vorher legen Sie noch fest, ob die App nach bestandenem Test automatisch im Windows Phone Marketplace öffentlich sichtbar sein soll oder ob Sie sie manuell freigeben möchten, wenn Sie zum Beispiel den Produktstart mit einer Pressemitteilung ankündigen. Sie können die App auch versteckt in den Windows Phone Marketplace stellen. Sie ist dann nur für Nutzer aufzufinden, die einen direkten Link darauf haben.

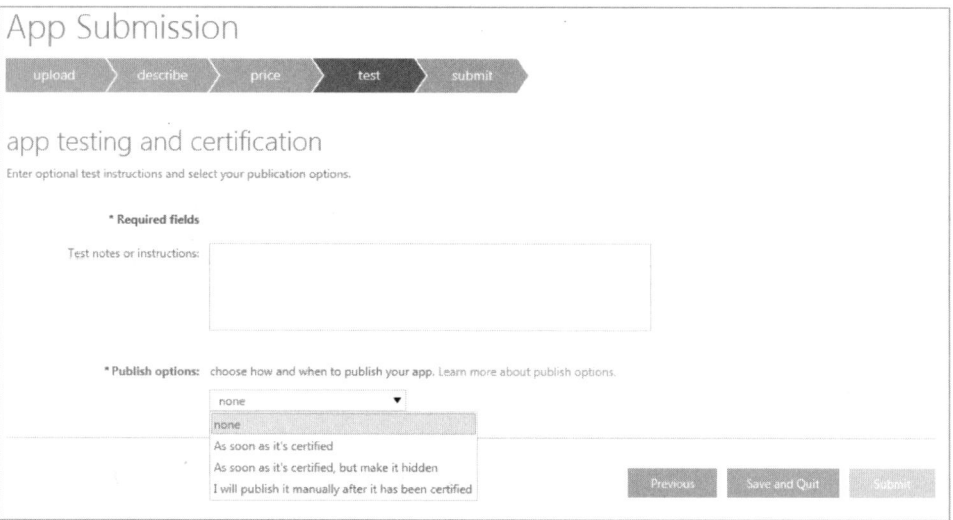

Bild 7.20: App zum Test und zur Zertifizierung geben.

7.5 Eigene Apps bekannt machen

Wer eine eigene Webseite betreibt, kann diese dazu nutzen, für seine Apps zu werben. Natürlich kann man auch Links bei Freunden, in Foren oder sozialen Netzen anbieten. Nur Android-Apps lassen sich direkt als APK-Download auf einer eigenen Webseite präsentieren. Die anderen Plattformen bieten diese Art der Distribution nicht. Alle Appstores haben aber die Möglichkeit, direkt auf eine bestimmte App zu verlinken. Auch Links, die direkt auf dem Smartphone in den jeweiligen Appstore verlinken, sind möglich. Auf Webseiten für PCs wie auch in gedruckten Medien bieten sich QR-Codes an, die man mit dem Handy nur abfotografieren muss, anstatt mühsam einen Link auf der Bildschirmtastatur einzugeben.

Bild 7.21: QR-Code mit Link zum Android Market auf der Webseite eines App-Entwicklers.

Das Firefox-Add on QRLink Maker ermöglicht es, zu jeder im Browser angezeigten Webseite oder auch zu einem beliebigen Link auf der Seite einen QR-Code zu generieren. Diesen speichern Sie einfach per Rechtsklick als Grafik und binden ihn in Ihre Webseite ein.

Bild 7.22: QR-Code mit QRLink Maker erstellen.

Ein Rechtsklick auf das QRLink Maker-Symbol in der Firefox-Symbolleiste bietet die Möglichkeit, den vorgegebenen Link noch zu bearbeiten, bevor der QR-Code generiert wird.

7.5.1   Android

Jede Android-App hat einen internen Namen, der sich unter anderem aus dem Firmennamen und dem Produktnamen zusammensetzt. Aus diesem App-Namen lassen sich direkte Links in den Android Market generieren, die sowohl auf dem PC wie auch auf dem Smartphone funktionieren.

https://market.android.com/details?id=com.rovio.angrybirds

Dieser Link (*com.rovio.angrybirds* ist hierbei der interne App-Name) führt direkt auf das beliebte Spiel Angry Birds im Android Market auf dem PC. Auf dem Smartphone wird bei der Eingabe des Links eine Auswahl verschiedener Browser und Apps angezeigt, die den Link verarbeiten können.

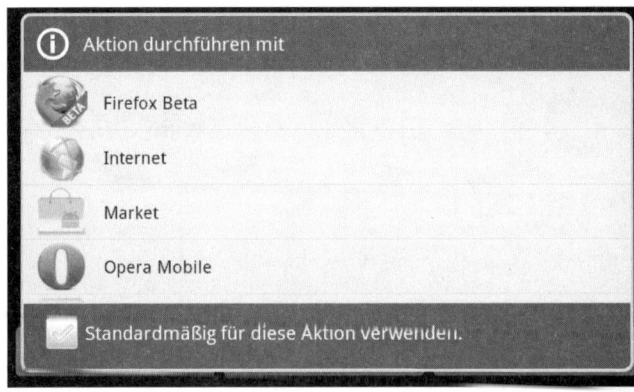

Bild 7.23: Auswahl eines Browsers oder der Market-App.

Die meisten Benutzer werden hier intuitiv den Market auswählen. Für Links auf mobilen Seiten oder für QR-Codes, die immer nur vom Smartphone aufgerufen werden, können spezielle Links generiert werden, die diese Abfrage umgehen und immer gleich den Android Market starten.

market://details?id=com.rovio.angrybirds

Dieser Link führt auf dem Smartphone direkt in den Android Market, funktioniert allerdings auf dem PC nicht.

Bild 7.24: Die beiden Links als QR-Codes im Vergleich.

⊡ Lesezeichen

http://bit.ly/zC6ixF

Google bietet die Möglichkeit, sich selbst online Buttons für eigene Webseiten zu generieren, die direkt auf eine eigene App im Android Market verlinken.

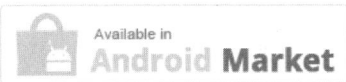

Links im pdassi App Shop

Der pdassi App Shop für Android-Apps verwendet für jede App eine eindeutige ID, eine meist sechsstellige Nummer. Die Links mit dieser ID funktionieren sowohl auf dem PC als auch auf dem Smartphone.

http://android.pdassi.de/123586

Bild 7.25: Der gleiche Link als QR-Code.

7.5.2　iOS

Links zu Apps im iOS App Store funktionieren nach einem ähnlichen Schema. Auch hier bekommt jede App eine eindeutige ID. Das Beispiel führt zur kostenlosen Version des Spiels Angry Birds.

http://itunes.apple.com/de/app/id409807569

Bild 7.26: Der gleiche Link als QR-Code.

Links in diesem Format führen auf dem PC in die iTunes-Vorschau, aus der heraus Benutzer direkt die iTunes-Software starten oder herunterladen können. Auf dem iPhone führen die gleichen Links in den App Store.

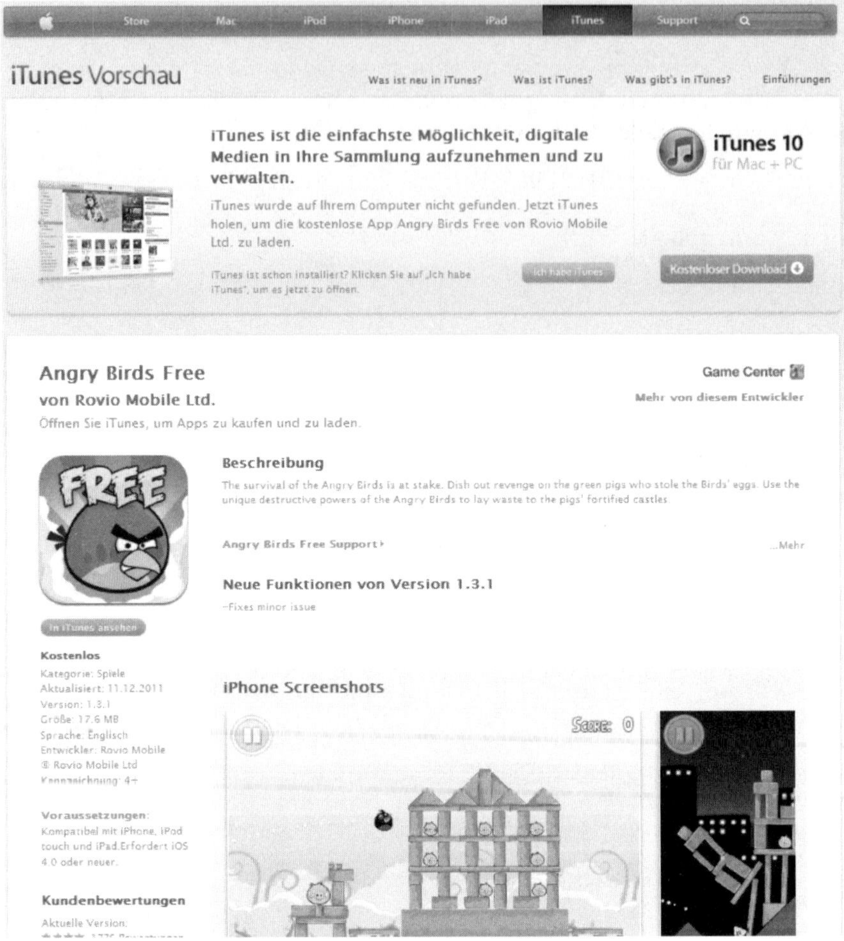

iTunes Vorschau

Was ist neu in iTunes?   Was ist iTunes?   Was gibt's in iTunes?   Einführungen

iTunes ist die einfachste Möglichkeit, digitale Medien in Ihre Sammlung aufzunehmen und zu verwalten.

iTunes wurde auf Ihrem Computer nicht gefunden. Jetzt iTunes holen, um die kostenlose App Angry Birds Free von Rovio Mobile Ltd. zu laden.

iTunes ist schon installiert? Klicken Sie auf „Ich habe iTunes", um es jetzt zu öffnen.

iTunes 10 für Mac + PC

Ich habe iTunes   Kostenloser Download

Angry Birds Free
von Rovio Mobile Ltd.

Öffnen Sie iTunes, um Apps zu kaufen und zu laden.

Game Center

Mehr von diesem Entwickler

Beschreibung

The survival of the Angry Birds is at stake. Dish out revenge on the green pigs who stole the Birds' eggs. Use the unique destructive powers of the Angry Birds to lay waste to the pigs' fortified castles

Angry Birds Free Support›   ...Mehr

Neue Funktionen von Version 1.3.1

–Fixes minor issue

In iTunes ansehen

Kostenlos
Kategorie: Spiele
Aktualisiert: 11.12.2011
Version: 1.3.1
Größe: 17.6 MB
Sprache: Englisch
Entwickler: Rovio Mobile
© Rovio Mobile Ltd
Kennzeichnung: 4+

Voraussetzungen:
Kompatibel mit iPhone, iPod touch und iPad.Erfordert iOS 4.0 oder neuer.

Kundenbewertungen

Aktuelle Version:

iPhone Screenshots

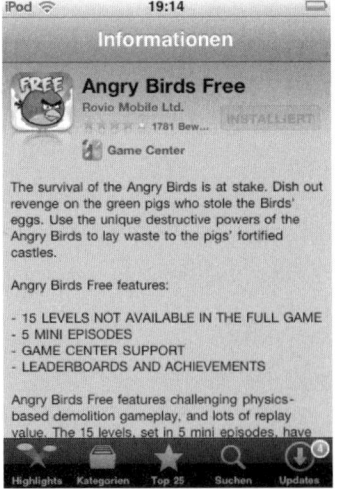

Bild 7.27: Der gleiche Link auf dem PC und auf dem iPhone.

7.5.3 Windows Phone

Der Windows Phone Marketplace verwendet sehr lange, eindeutige GUIDs für jede App. Aus diesen GUIDs können Sie Links generieren, die ebenfalls auf dem PC wie auf dem Windows Phone gleichermaßen funktionieren.

http://windowsphone.com/s?appId=218a0ebb-1585-4c7e-a9ec-054cf4569a79

Das Beispiel führt zur derzeit beliebtesten kostenlosen App im Windows Phone Marketplace, dem Messenger WhatsApp.

Bild 7.28: Der gleiche Link als QR-Code.

▣ **Lesezeichen**

http://bit.ly/yN3NmD

Microsoft bietet Buttons für eigene Webseiten in verschiedenen Sprachen an, mit denen man auf eine eigene App im Windows Phone Marketplace verlinken kann.

7.6 Geld verdienen mit Apps

Viele Einsteiger in die App-Programmierung stellen sich die Frage: Kann ich mit meiner App reich werden?

Theoretisch ist das möglich, wie die erfolgreichsten Apps in den Appstores zeigen. Voraussetzung ist eine wirklich geniale App, die oft mit hohem Marketingaufwand in sehr großen Stückzahlen verkauft wird. Im Android Market finden sich in der Liste der erfolgreichsten Apps einige wenige, die bei einem Preis von 10 Euro und mehr über 100.000 Installationen haben, also bereits eine Summe von 1 Million Euro erreichen konnten.

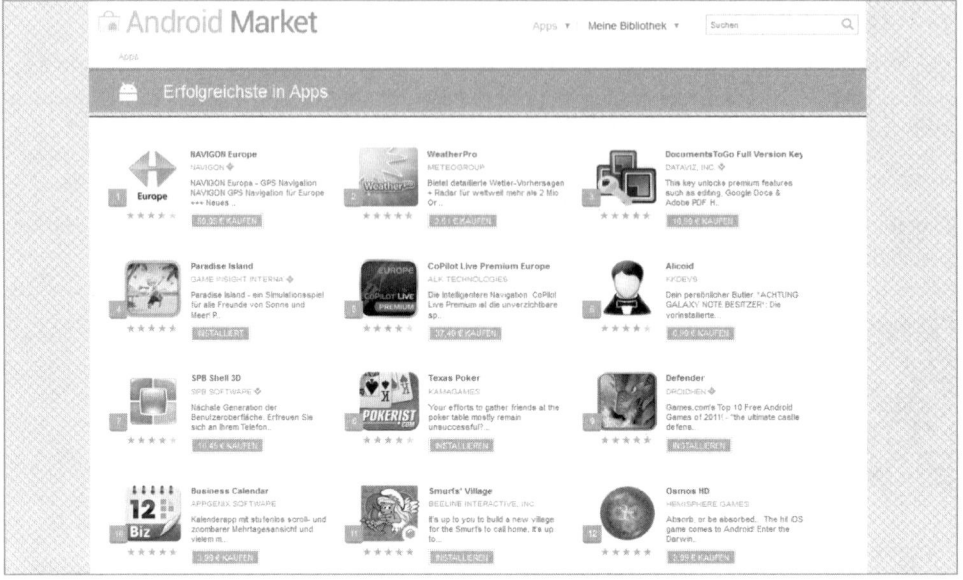

Bild 7.29: Die derzeit erfolgreichsten Apps im Android Market.

Allerdings liegt der typische Preis einer Kauf-App heute bei 79 oder 99 Cent, und Installationszahlen von über 100.000 schaffen auch die wenigsten. Alle Appstores sind so aufgebaut, dass lediglich die erfolgreichsten Apps mit den meisten Downloads wirklich präsent sind. Alle anderen sind nur mühsam zu finden, tauchen in keiner Liste auf und müssen sich erst langsam nach oben arbeiten.

Eine Studie des Marktforschungsunternehmens Nielsen fand heraus, dass 43 % der gesamten App-Nutzung auf allen Android-Smartphones auf das Konto der zehn erstplatzierten Apps im Android Market gehen. Die 50 besten Apps erzielen zusammen 61 % der Aufmerksamkeit der Nutzer. Die übrigen 39 % Aufmerksamkeit müssen sich weitere 360.000 Apps teilen. Grob verallgemeinert, lässt sich daraus schätzen, dass 99 % aller Apps wirtschaftlich kaum erfolgreich sein können.

7.6.1 Der richtige Preis für eine App

Der richtige Preis einer App kann für den wirtschaftlichen Erfolg entscheidend sein. Typische Spiel- und Spaß-Apps werden im Android Market für 0,79 bis 2,99 Euro verkauft. Die gleichen Preise gelten auch im Apple App Store. Microsoft verkauft Windows Phone-Spiele auch noch für 2,99 bis 4,99 Euro. Hier liegt der Mindestpreis für eine App bei 0,99 US-Dollar, umgerechnet etwa 0,79 Euro.

Professionelle Apps wie Office-Pakete lassen sich auch noch für etwa 10 Euro verkaufen, allerdings ist hier die Auswahl deutlich geringer als bei Spielen. Die hohen Preise der Navigationssysteme und Wörterbücher sind meist in den Lizenzkosten für die digitalen Inhalte begründet.

Alle Appstores übernehmen die komplette Abrechnung mit dem Kunden und dem Entwickler. Man braucht sich um nichts zu kümmern, dafür kassieren die Appstores üblicherweise 30 % der Einnahmen.

7.6.2 Der Trick mit der Freeware

Auf den ersten Blick scheint es verwunderlich, wie viele Entwickler ihre Apps ganz uneigennützig kostenlos anbieten und dafür sogar noch die Registrierungsgebühren der Appstores bezahlen. Spätestens wenn man sich die Listen der erfolgreichsten bzw. umsatzstärksten Apps ansieht und dort Freeware findet, wird einem klar, dass diese Apps nicht wirklich kostenlos sein können.

Die Idee, mit kostenlosen Anwendungen Geld zu verdienen, ist nicht neu. Schon lange sind einige Softwarehersteller dazu übergegangen, ihre Produkte nicht vom Schwächsten in der Wertschöpfungskette, dem Endnutzer, bezahlen zu lassen, sondern sich einen stärkeren Partner zu suchen, der dafür zahlt, dass Endkunden seine Inhalte oder Dienste nutzen, und damit die App finanziert. Viele der erfolgreichen kostenlosen Anwendungen basieren auf diesem Prinzip. So finden sich die Apps von Facebook, eBay oder die Fahrplanauskunft der Deutschen Bahn immer ganz oben in den Top-Downloadlisten. Alle diese Apps wurden mit hohem Aufwand sehr professionell entwickelt und kosten den Benutzer keinen Cent.

Das Freemium-Prinzip

Das neue Kunstwort »Freemium«, eine Kombination aus Free und Premium, ist für immer mehr Entwickler, besonders bei Spielen, der Schlüssel zum Erfolg. Hier ist das eigentliche Spiel kostenlos und kann auch im Gegensatz zu Demoversionen uneingeschränkt kostenlos genutzt werden.

Ambitionierte Spieler, die besondere Funktionen freischalten möchten oder einfach mehr Spielgeld brauchen, um ihre Spielwelt auszubauen, können dies im Laufe des Spiels hinzukaufen.

Bild 7.30: Paradise Island – eines der erfolgreichsten Freemium-Spiele.

Das Prinzip gleicht dem der immer beliebter werdenden Browserspiele auf dem PC, bei denen Spielgeld oder andere Inventargegenstände oder besondere Fähigkeiten mit echtem Geld gekauft werden müssen.

Da das Spiel selbst kostenlos ist, erreicht es schnell eine deutlich größere Downloadzahl und Installationsbasis als ein kostenpflichtiges Spiel. Professionelle Programmierung und gutes Design vorausgesetzt, können sich etwa 0,5 bis 5 Prozent aller Spieler für ein Freemium-Spiel so begeistern, dass sie im Spiel Geld ausgeben – und davon deutlich mehr als bei einem typischen Kaufspiel von 1 oder 2 Euro.

Apple führte diesen sogenannten »In-App-Purchase« bereits vor einiger Zeit ein, auf der Android-Plattform realisierten viele Entwickler das gleiche Prinzip über PayPal, bis Google hier für sich auch eine Einnahmequelle sah und das »In-App-Billing« über den Android Market ermöglichte.

Bild 7.31: Neues Spielgeld für Paradise Island mit echtem Geld kaufen.

☐ **Lesezeichen**

http://bit.ly/w8nlnw
Hier erklärt Google für Entwickler das Prinzip des In-App-Billing im Android Market und die Einbindung in eigene Apps.

Mittlerweile stellen kostenlose Apps etwa 75 der 100 umsatzstärksten Apps. Der klassische Verkauf von Apps tritt dabei immer mehr in den Hintergrund. Flurry Analytics (*www.flurry.com*), ein Analysetool, das Entwickler in ihre eigenen Apps einbauen können, stellte im Juni 2011 fest, dass 65 % der Einnahmen aus den 100 umsatzstärksten Spielen nach dem Freemium-Prinzip erwirtschaftet wurden, nur 35 % durch klassischen Verkauf von Apps. Im Januar 2011 waren es erst 39 % Freemium-Einnahmen gegenüber 61 % Einnahmen durch App-Verkauf.

7.6.3   Werbung in Apps

Eine weitere Methode, eine App zu finanzieren, ist eingeblendete Werbung, wie man sie von Webseiten bereits tausendfach kennt. Allerdings reagieren Smartphone-Nutzer deutlich kritischer auf Werbung als typische Internetsurfer, die Werbebanner problemlos ignorieren können. Als App-Entwickler sollte man den Einsatz von Werbung sorgfältig planen und sehr sensibel ein passendes Mittelmaß zwischen Benutzerbelästigung und Einnahmequelle finden.

 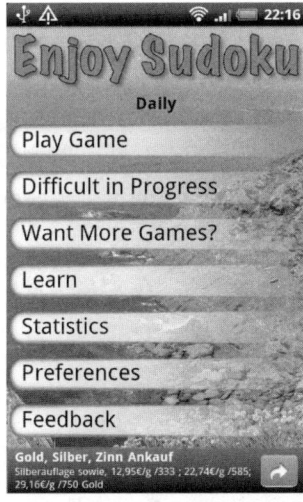

Bild 7.32: Typische Werbebanner in bekannten Apps.

Google selbst bietet die Möglichkeit, über seinen eigenen Dienst AdMob Werbebanner in Apps einzublenden. Diese Art der Werbung wird noch von den meisten Nutzern akzeptiert, da sie kaum aufdringlich ist und die sonstige Nutzung außerhalb der betroffenen App nicht einschränkt.

⊡ Lesezeichen

http://bit.ly/zhuC5E
Hier erklärt Google für Entwickler die Einbindung von AdMob-Werbung in eigene Apps.

http://de.admob.com
Der Werbebanneranbieter AdMob informiert über die Möglichkeiten mobiler Werbung für Werbetreibende und App-Entwickler.

Werbung über Suchmaschine

Der Werbeanbieter StartApp (*www.startapp.com*) betreibt eine Suchmaschine, über die mit gesponserten Suchergebnissen Werbeeinnahmen erzielt werden können.

App-Entwickler, die diese Art von Werbung nutzen möchten, erhalten ein komplettes SDK zur Einbindung in ihre eigenen Apps. Der Benutzer der App bekommt, ohne dass er von der Installation etwas merkt, ein neues Suchsymbol auf den Startbildschirm seines Handys, ein neues Lesezeichen *Web Search* sowie eine neue Startseite im Browser. Alle drei Verknüpfungen verweisen auf die Suchmaschine *www.searchmobileonline.com*, verbunden mit einer persönlichen App-ID, über die die Werbeeinnahmen abgerechnet werden.

Viele Benutzer werden die Veränderung gar nicht wahrnehmen, da die Suchseite dem Design der mobilen Google-Suche angeglichen ist. Wen die neue Suchmaschine stört, der kann das Symbol auf dem Startbildschirm und das Lesezeichen einfach löschen und die Startseite im Browser wieder auf seine ursprüngliche Startseite zurücksetzen. Allerdings werden die Änderungen bei jedem Start der werbefinanzierten App erneut vorgenommen.

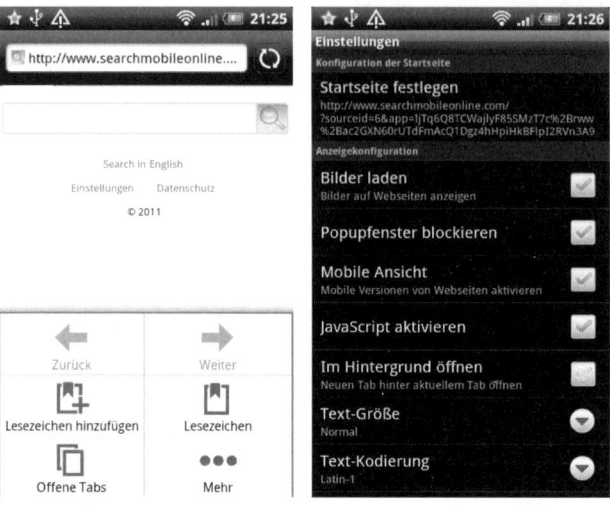

Bild 7.33: Suchseite und ausgetauschte Startseite bei StartApp-Werbung.

StartApp fordert von den Entwicklern die Einbindung eines eigenen Disclaimer-Texts in die Produktbeschreibungen aller Apps im Android Market, die dieses Werbesystem nutzen.

Airpush-Werbung

Airpush (*de.airpush.com*) startete eine neuartige, für den Benutzer besonders penetrante Form von Werbung, die mittlerweile andere Werbeanbieter wie LeadBoltAds oder Appenda übernommen haben.

Wurde das Airpush-System über eine darüber finanzierte App einmal gestartet, erscheinen immer wieder Werbeanzeigen in Form von Systembenachrichtigungen in der Benachrichtigungsleiste am oberen Bildschirmrand. Zieht der Benutzer diese nach unten, erscheint die Werbeanzeige. Tippt man sie an, um sie zu entfernen, öffnet sich sofort ein Browser und springt zur beworbenen Webseite.

Die Benachrichtigung enthält zwar einen Hinweis auf einen Opt-out-Link, worüber sich der Benutzer gegen Airpush-Werbung wehren kann. Dieser Link ist aber faktisch nicht erreichbar, da ein Antippen sofort die Werbung öffnet.

Airpush-Werbung wird häufig von Anbietern zweifelhafter Apps genutzt, die im Android Market abgelehnt wurden. Diese versuchen, über im Design dem Android Market sehr nahe Webseiten ihre Apps an die Nutzer zu bringen – ein Verfahren, das in Googles Android Market-Richtlinien ausdrücklich untersagt ist.

Bild 7.34: Airpush-Werbung in Aktion.

⊡ Lesezeichen

http://www.airpush.com/optout

Hier können Benutzer über ihre IMEI-Nummer permanent der Airpush-Werbung widersprechen. Das angegebene Handy wird davor geschützt.

market://details?id=com.airpush.optoutapp
Airpush permanent opt-out-App im Android Market.

market://details?id=com.brosmike.airpushdetector
Airpush Detector im Android Market.

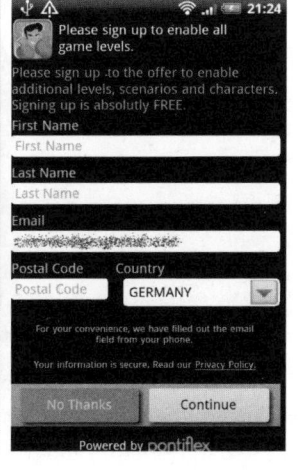

Bild 7.35: Links der AirPush Detector – rechts die Anmeldung für Pontiflex-Werbung.

Die App Airpush Detector listet alle installierten Apps auf, die Werbung von Airpush oder ähnlichen Anbietern nutzen, und bietet eine schnelle Möglichkeit, diese Apps direkt zu deinstallieren.

Personalisierte Werbung mit Opt-in

Im Gegensatz zu Airpush, bei der ein Benutzer mühsam versuchen muss, sich wieder abzumelden, generiert der Werbeanbieter Pontiflex (*www.pontiflex.com*) Werbeanzeigen, die speziell auf die Interessen des Nutzers abgestimmt sind. Der Benutzer muss sich dazu explizit anmelden und seine Interessen kundtun. Entwickler, die ihre Apps mit Pontiflex-Werbung finanzieren möchten, können den Nutzern der App bestimmte Funktionen zusätzlich freischalten, wenn diese sich für die Pontiflex-Werbung angemeldet haben. Pontiflex stellt den Entwicklern dazu ein eigenes SDK zur Verfügung, das ein Standardformular zur Anmeldung enthält. Dieses übernimmt automatisch die auf dem Handy registrierte E-Mail-Adresse des Benutzers, um so mit hoher Wahrscheinlichkeit eine Adresse zu bekommen, die auch auf dem Smartphone gelesen wird.

7.7   Alternative Markets

Android ist die einzige Plattform, die es App-Entwicklern ermöglicht, ihre Apps auch außerhalb des offiziellen Android Market über alternative Appstores oder direkt über die eigene Webseite anzubieten. Auf der iOS-Plattform können nur Geräte mit Jailbreak Apps aus alternativen Appshops installieren. Der Android Market wirkt auf den ersten Blick wie eine Ideallösung, um Apps auf das Smartphone herunterzuladen oder auch kostenpflichtige Apps zu kaufen. Es gibt aber nicht nur Vorteile.

Zum Download von Apps aus dem Android Market ist ein Google-Konto erforderlich. Kostenpflichtige Apps lassen sich im Android Market nur mit Google Checkout kaufen, dazu ist eine Kreditkarte notwendig. Auf diese Weise werden jüngere Nutzer und auch diverse andere Zielgruppen ausgeschlossen. Gerade in Deutschland hat lange nicht jeder eine Kreditkarte oder ist nicht bereit, deren Daten auf einem Google-Server zu speichern.

Ein weiteres Problem ist eher technischer Art. Nicht alle Apps werden auf jedem Gerät tatsächlich angezeigt. Dies kann verschiedene Ursachen haben. Zahlreiche Entwickler sind aus den genannten Gründen dazu übergegangen, ihre Apps zusätzlich auch über ihre eigenen Webseiten oder unabhängige Onlineportale wie z. B. *android.pdassi.de* zum Download anzubieten. Hier finden Sie jede Menge kostenlose Apps, kostenpflichtige Apps können per Bankeinzug, Überweisung, PayPal oder Kreditkarte gekauft werden.

Alternative Appstores bringen bei Kauf-Apps zwar meist nur einen Bruchteil des Umsatzes gegenüber dem Android Market, sorgen aber erheblich für Popularität der Apps, da Benutzer, die keinen Zugang zum Market haben, hier gezielt suchen. Außerdem sind die Marketingmöglichkeiten über Testberichte, Newsletter oder kurzfristige Preisaktionen in den alternativen Appstores oft wesentlich besser als im Android Market.

Android-Apps werden außerhalb des Android Market in Downloadarchiven oder auf Herstellerwebseiten als APK-Dateien zum Download angeboten. In den Anfangszeiten von Android vertraten viele Medien die Meinung, zur Installation von APK-Dateien müssten Benutzer das Android-SDK auf dem PC installieren. Dies ist natürlich nicht der Fall. Als Entwickler können Sie eine APK-Datei direkt als Download auf Ihrer Webseite anbieten. Der Android-Browser lädt die Datei herunter und bietet danach die Installation an.

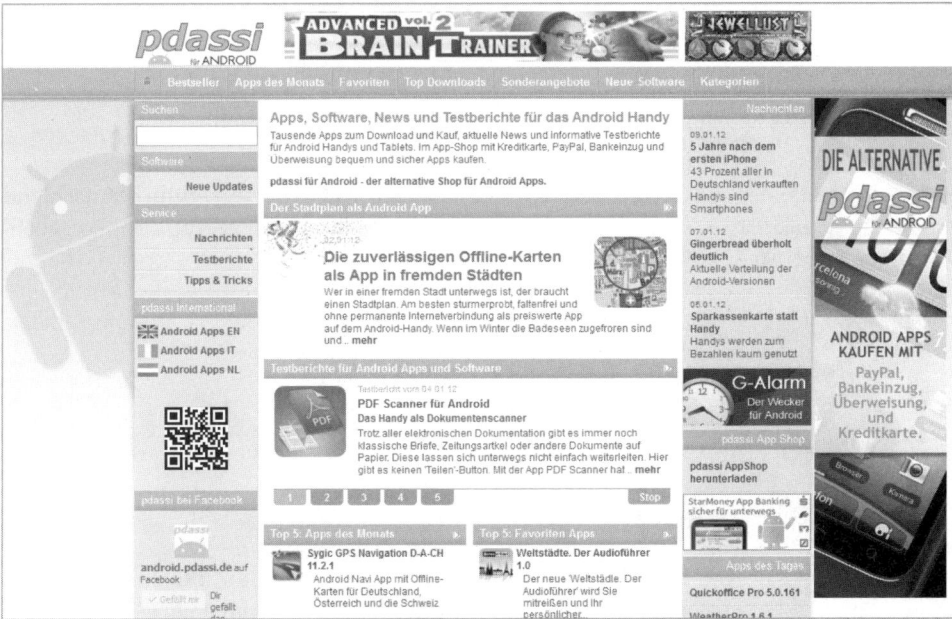

Bild 7.36: Das Android-Downloadportal *android.pdassi.de*.

Die meisten der zahlreich angebotenen Dateimanager für Android enthalten eine Funktion zur Installation von APK-Dateien, die auf der Speicherkarte des Smartphones liegen. Dorthin können sie z. B. als E-Mail-Anhang oder über eine USB-Kabelverbindung vom PC gelangt sein.

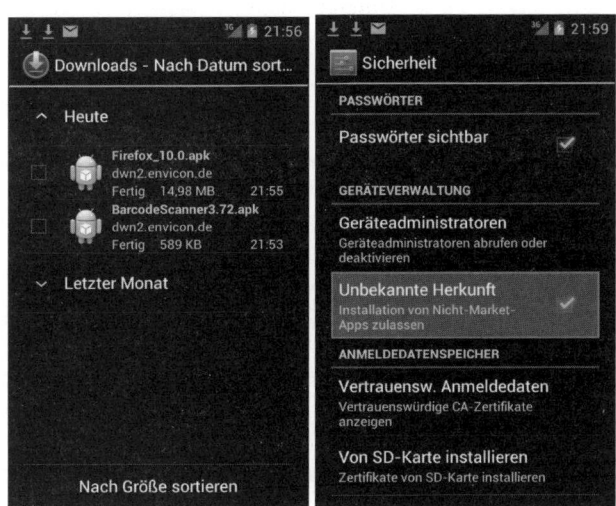

Bild 7.37: Links heruntergeladene APK-Dateien im Browser, rechts wird Installation aus unbekannten Quellen zugelassen.

Je nach Einstellung des Smartphones kann bei der ersten Installation einer APK-Datei ein Warnhinweis erscheinen, der besagt, dass Installationen aus unbekannten Quellen nicht zulässig sind. Direkt aus dieser Meldung heraus besteht für den Benutzer Zugriff auf die zugehörige Systemeinstellung, mit der die Installation aus Nicht-Market-Quellen zugelassen werden kann.

7.7.1 Amazon Appstore

Amazon bietet einen eigenen Appstore für Android-Apps an, der zurzeit in Deutschland aber noch nicht freigeschaltet ist. Sie können sich jetzt schon in dem Appstore umsehen, haben aber noch keine Möglichkeit, Apps herunterzuladen.

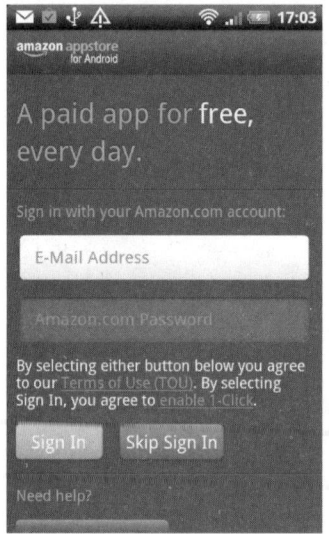 

Bild 7.38: Jeden Tag gibt es im Amazon Appstore eine Bezahl-App kostenlos. Bis jetzt gibt es noch keine Informationen darüber, wann der Amazon Appstore auch In Deutschland verfügbar sein wird.

▣ Lesezeichen

http://bit.ly/Aewcse

Die amerikanische Infoseite über den Amazon Appstore. Hier können Sie sich den Downloadlink für die Appstore-App als E-Mail aufs Handy schicken lassen. Apps anderer Appstores sind im Android Market nicht zu finden.

http://www.amazon.com/amazonappstoreapp

Direkter Downloadlink der Amazon Appstore-App.

8 Glossar

Hier werden die wichtigsten Begriffe und Plattformen kurz erklärt.

Android

Die von Google initiierte Plattform für Smartphones und Tablets ist auf dem besten Weg, die führende Plattform für mobile Geräte zu werden. Bereits im November 2011 war Android das am weitesten verbreitete Smartphone-Betriebssystem in Deutschland.

BlackBerry

Der Handyhersteller Research in Motion (RIM) machte mit seiner BlackBerry-Plattform den E-Mail-Empfang und -Versand auf Handys populär. Die seinerzeit völlig neuartige Pushmail-Technologie wird inzwischen auch auf anderen Smartphone-Plattformen eingesetzt. BlackBerry hat seine führende Stellung unter den Smartphone-Plattformen verloren und versucht derzeit, mit einem komplett neuen Betriebssystem wieder Marktanteile zu gewinnen.

Chrome

Chrome ist ein von Google entwickelter Webbrowser, der sich in kürzester Zeit enorme Anteile am PC-basierten Browsermarkt sichern konnte. Chrome bietet einen eigenen Web-Store für Anwendungen, die direkt im Browser laufen, und unterstützt auch den WebKit-Standard, sodass sich Web-Apps mit diesem Browser sehr gut auf dem PC testen lassen.

Feature Phone

Bezeichnung für einfache Handys, die kein standardisiertes Betriebssystem haben, aber simple Smartphone-Funktionen wie einen Kalender oder eine einfache Internetanbindung anbieten.

Firefox

Viele Statistiken geben den Firefox-Browser als den am weitesten verbreiteten Browser an. Der Browser wird von der Mozilla Foundation entwickelt und ist seit einiger Zeit auch für Android verfügbar.

Internet Explorer

Der bei Windows mitgelieferte Internet Explorer verhält sich nicht kompatibel zu vielen Webstandards, hat aber wegen seiner weiten Verbreitung bei Webentwicklern einen eigenen Pseudostandard geschaffen. Microsoft verwendet eine spezielle Version des Internet Explorer auch auf der Windows Phone-Plattform.

iOS

Apple benannte das Betriebssystem iPhone OS in iOS um, da es sowohl auf dem iPhone als auch auf iPod touch und iPad läuft. iOS ist trotz starker Konkurrenz von Android in vielen Regionen der Welt die am weitesten verbreitete mobile Plattform.

iPad

Mit dem iPad veröffentlichte Apple seinen ersten Tablet-Computer und machte damit diese Geräteklasse schnell populär. Vorher waren Tablets kaum beachtete Nischenprodukte für Spezialanwendungen.

iPhone

Steve Jobs entwickelte das iPhone mit dem Ziel, die bisherige Welt der Mobiltelefone komplett auf den Kopf zu stellen. Das ist ihm gelungen. Das iPhone läutete die neue Smartphone-Generation ein.

iPod

Apple entwickelt schon seit dem Jahr 2001 unter dem Namen iPod mobile Musikabspielgeräte. Der iPod touch brachte erstmals die iOS-Oberfläche auf die iPod-Plattform. Auf aktuellen iPod touch-Modellen können die gleichen Apps wie auf dem iPhone genutzt werden.

Native App

Eine native App läuft als echtes Programm auf dem Smartphone und kann, im Gegensatz zu einer Web-App, die im Browser läuft, dessen Möglichkeiten komplett nutzen.

Palm OS

Die erste Plattform für mobile Geräte, die weltweit erfolgreich war. Noch vor der Zeit der Smartphones lieferte Palm sogenannte PDAs (Personal Digital Assistants), am Anfang zwar ohne Internetzugang, aber schon mit der Möglichkeit, Software darauf zu installieren. Den Begriff »App« gab es damals noch nicht.

Safari

Der Browser von Apple wird bei Mac OS mitgeliefert, aber auch für Windows zum Download angeboten. Der Browser auf der iOS-Plattform heißt ebenfalls Safari und basiert auf der gleichen WebKit-Technologie.

Smartphone

Ein mobiler Computer mit Telefonfunktion oder ein Mobiltelefon mit Internet und Computerfunktion. Heute wird dieser Begriff als Abgrenzung zu Feature Phones für Handys verwendet, die die großen mobilen Plattformen nutzen: Android, iOS, Windows Phone, Symbian.

Symbian

Diese Smartphone-Plattform wurde vor einigen Jahren von diversen Handyherstellern genutzt und weiterentwickelt. Danach hat Nokia die Plattform komplett übernommen und stattetete als einziger Hersteller Smartphones damit aus. Mit dem seit Februar 2012 ausgelieferten Betriebssystem Nokia Belle ist der Name Symbian endgültig verschwunden.

Tablet

Gerät für den mobilen Internetzugang über WLAN oder Mobilfunknetz. Tablets haben deutlich größere Bildschirme als Smartphones, üblicherweise mit einer Diagonale ab etwa 18 cm (7 Zoll), und in den meisten Fällen keine Telefonfunktion. Apple bietet mit dem iPad ein iOS-Tablet an, viele Hersteller setzen auf Android als Tablet-Plattform. Mit Windows 8 wird auch Microsoft eine dritte Tablet-Plattform auf dem Markt etablieren.

webOS

Eine von Palm entwickelte Smartphone-Plattform, die der Nachfolger von Palm OS werden sollte. Trotz innovativer Oberfläche und sehr interessanter Funktionen war webOS kein wirtschaftlicher Erfolg. Die Plattform wurde von HP übernommen und wird im Laufe des Jahres 2012 als Open Source veröffentlicht.

Web-App

Eine App, die innerhalb eines Webbrowsers auf einem Smartphone läuft. Dank HTML5 und JavaScript bieten Web-Apps mittlerweile viele der Möglichkeiten von nativen Apps, sind aber deutlich einfacher zu entwickeln.

WebKit

Die Browsertechnologie der meisten Smartphone-Browser. Web-Apps setzen auf diese Technik, die vielfältige Methoden zum Design und zur Steuerung von Apps bietet. Auf dem PC unterstützen die Browser Chrome und Safari WebKit, daher eignen sie sich besonders gut zum Testen von Web-Apps.

Windows Mobile

Die erste mobile Plattform von Microsoft, auch unter den Namen Windows CE und Pocket PC bekannt, sollte ursprünglich nach dem Start von Windows Phone noch eine Zeit lang als »Windows Phone Classic« parallel weiterlaufen, ist aber inzwischen komplett von den Webseiten von Microsoft wie auch aus dem Smartphone-Markt verschwunden.

Windows Phone

Microsofts neue Smartphone-Plattform, die im Jahr 2010 gestartet wurde, hat das frühere Windows Mobile vollständig abgelöst, hat aber technisch wie optisch mit dem Vorgänger nichts gemeinsam. Windows Phone wird von vielen Analysten als dritte starke Plattform auf dem Smartphone-Markt gesehen und könnte iOS im Marktanteil bald überholen.

Stichwortverzeichnis

Bildnachweis

App-Plattformen – die Großen Drei
Christian Immler
HTC
Google
Samsung
Sony Ericsson
Deutsche Telekom
Apple
Nokia

App-Typen, ohne die nichts geht
Christian Immler

Von der einfachen Webseite zur Web-App
Christian Immler

Anforderungen an das User-Interface-Design
Christian Immler
Android.com

Offizielle Entwicklertools und Emulatoren
Christian Immler

Plattformübergreifende Frameworks
Christian Immler

Appstores und Markets
Christian Immler
Microsoft
Android.com